主编简介

邓纯东 男，1957年生，马克思主义研究院党委书记、院长，研究员、硕士，博士后合作导师、中国社会科学院研究生院博士生导师，第十三届全国政协委员，全国政协社会和法制专门委员会委员。

主持国家重大交办委托课题和特别重大交办委托课题多项；主持国家社科基金课题4项。筹划马克思主义研究院每年主办的马克思主义及其中国化系列国内论坛10余个，国际论坛3个。

在《人民日报》《光明日报》《求是》等报刊发表理论文章10余篇。主编《中国特色社会主义理论"新思想 新观点 新论断"研究丛书》（6本），《社会主义核心价值观丛书》（12本），《中国梦与中国特色社会主义研究丛书》（10本），《中国道路为什么能成功丛书》（10本），《马克思主义中国化最新成果研究报告》（2013年起每年一卷）等丛书多部。

中国社会科学院
马克思主义理论学科建设与
理论研究工程项目

治国理政思想专题研究文库

共享发展思想研究

邓纯东　主编

GongXiang
FaZhan SiXiang
YanJiu

人民日报出版社

图书在版编目（CIP）数据

共享发展思想研究／邓纯东主编 . —北京：人民日报
出版社，2018.1
ISBN 978 - 7 - 5115 - 5229 - 7

Ⅰ.①共… Ⅱ.①邓… Ⅲ.①中国经济—经济发展—
文集 Ⅳ.①F124-53

中国版本图书馆 CIP 数据核字（2018）第 005583 号

书　　名：共享发展思想研究
作　　者：邓纯东

出 版 人：董　伟
责任编辑：周海燕　孙　祺
封面设计：中联学林

出版发行：人民日报出版社
社　　址：北京金台西路 2 号
邮政编码：100733
发行热线：(010）65369509　65369846　65363528　65369512
邮购热线：(010）65369530　65363527
编辑热线：(010）65369518
网　　址：www.peopledailypress.com
经　　销：新华书店
印　　刷：三河市华东印刷有限公司

开　　本：710mm×1000mm　1/16
字　　数：278 千字
印　　张：15.5
印　　次：2018 年 9 月第 1 版　　2018 年 9 月第 1 次印刷

书　　号：ISBN 978 - 7 - 5115 - 5229 - 7
定　　价：68.00 元

编者说明

　　中国共产党是高度重视理论指导、不断推进马克思主义中国化、善于进行理论创新的党。同时,我们党重视对马克思主义理论的学习和研究工作,重视用马克思主义中国化最新理论成果武装全党和教育人民,推进马克思主义大众化。

　　党的十八大以来,以习近平同志为核心的党中央坚持以马克思列宁主义、毛泽东思想、邓小平理论、"三个代表"重要思想、科学发展观为指导,坚持解放思想、实事求是、与时俱进、求真务实,坚持辩证唯物主义和历史唯物主义,紧密结合新时代条件和实践要求,以巨大的政治勇气和强烈的责任担当,对经济、政治、法治、科技、文化、教育、民生、民族、宗教、社会、生态文明、国家安全、国防和军队、"一国两制"和祖国统一、统一战线、外交、党的建设等各方面都做出了理论上的回答,以全新的视野深化对共产党执政规律、社会主义建设规律、人类社会发展规律的认识,进行艰辛理论探索,取得重大理论创新成果,提出一系列治国理政新理念新思想新战略。

　　围绕习近平总书记关于系列治国理政新理念新思想新战略的相关论述,学术界理论界发表了非常多的高质量的阐释性、研究性文章。为了更好地配合学习、研究和宣传习近平系列重要讲话精神,为了更好地推进和加强对习近平关于治国理政思想的研究,中国社会科学院马克思主义理论学科建设与理论研究工程决定编辑出版这套《治国理政思想专题研究文库》。文库从丰富的治国理政思想中撷取二十个方面的重要思想,分二十专题编辑出版。包括:《中国梦思想研究》《全面建成小康社会思想研究》《全面深化改革思想研究》《全面依法治国思想研究》《全面从严治党思想研究》《创新发展思想研究》《协调发展思想研究》《绿色发展思想研究》《开放发展思想研究》《共享发展思想研究》《意识形态工作思想研究》《民主政治建设思想研究》《经济建设思想研究》《社会建设思想研究》《文化建设思想研究》《生态文明建设思想研究》《民族工作思想研究》《国防军队外交思想研究》《"一带一路"思想研究》《人类命运共同体思想研究》。文库采集的论文来自党的十八大至党的十九大期间,在重要报刊上发表的部分理论和学术文章。

　　限于篇幅,不能把所有的高质量文章收入;基于编者水平,可能会遗漏一些高质量文章,另外,本书在选编工作中难免出现错误与不妥之处,敬请作者与读者一一谅解与指正。

2017 年 10 月

目　录
CONTENTS

共享发展:消除两极分化,实现共同富裕

——新常态下优化公有制经济"主体"功能探析*

习近平反复强调,共享发展是"社会主义的本质要求,是社会主义制度优越性的集中体现"。① 如果说五大理念中前四个(创新、协调、绿色、开放)是回答怎样发展的问题,那么共享则是回答为谁发展、靠谁发展的问题,它是社会主义生产力发展的出发点和归宿。习近平在阐明共享发展时有针对性地指出:"我国经济发展的'蛋糕'不断做大,但分配不公问题比较突出,收入差距、城乡区域公共服务水平差距较大","绝不能出现'富者累巨万,而贫者食糟糠'的现象。"②即防止和消除两极分化、实现共同富裕的问题。这需要通过完善基本经济制度和基本分配制度,充分发挥其优越性来解决。鉴此,我们应当深刻领会共享发展的要求,全面贯彻"托底"的社会政策。

一、共同富裕根植于社会主义公有制

邓小平总结了国内的历史经验,做了科学的概括:"社会主义的本质,是解放生产力,发展生产力,消灭剥削,消除两极分化,最终达到共同富裕。"③这一科学定义,将社会主义的根本属性与具体形式、手段区别开来,体现了生产力

---

* 本文作者:杨承训,河南财经政法大学河南经济伦理研究中心;李怡静,中国人民大学哲学学院。

① 习近平:《在党的十八届五中全会第二次全体会议上的讲话(节选)》,《求是》2016年第1期。

② 习近平:《在党的十八届五中全会第二次全体会议上的讲话(节选)》,《求是》2016年第1期。

③ 《邓小平文选》第3卷,人民出版社1993年版,第373页。

与生产关系的统一,解放生产力和发展生产力互动,消灭剥削、消除两极分化与共同富裕紧密联系,最终目标与实现过程的延续连接。中国特色社会主义一切经济范畴均由这一本质的大逻辑派生而立。党的领导集体不断贯彻和丰富这一主要观点。以习近平为总书记的党中央,则把它展开为"推进共享发展"的新理念,使之具体化、对象化(人民主体)、制度化,并加上了"绿色发展"的新内容(人与自然的和谐),创新了中国特色社会主义政治经济学。

为什么社会主义本质是共同富裕?因为它的根基是社会主义公有制。公有制实现了联合的劳动者与生产资料的直接结合,消除了人与人的剥削关系,是按劳分配的直接基础,根本目标是共同富裕。没有公有制就不能消除两极分化,消除贫困。这是最大的公平,也是实现人的自由而全面发展的物质条件,因为它本质上为所有劳动者的幸福和发展服务,不是为少数人发财谋利,是能够铲除迫使人畸形化的经济条件。同时,只有在这个基础上消除了人民的根本利益冲突,通过解决人民内部矛盾达到各得其所,而又和谐相处,也是自我完善机制(改革)的根基。尽管在改革和发展的进程中还存在着诸多问题,但最终要实现共同富裕。这是同资本主义私有制(存在根本利益冲突)相比较最大的优势所在。所以,公有制是劳动群众共同富裕的制度保证。没有这个经济基础,就失去了最大的公平。

邓小平在这里为什么不讲生产关系的核心内容所有制问题,未标明公有制和按劳分配的主体地位?这是许多人经常提出的问题。在1992年以前,他曾多次提出公有制为主体,是社会主义的特点,第一,"消灭剥削,消除两极分化"必然以生产资料公有制为主要基础,公有制正是这两项要求的前提条件,二者互为表里(一个是属性,一个是条件),坚持公有制主体为其应有之义。第二,他是在更高层次上表述,主要讲根本属性,而不过多地涉及具体实现形式,免得以具体形式及其具体结构束缚人们的思想。第三,社会主义制度会存在一个很长的过程,公有制的比重和具体形式以及分配的形式会发生很大的变化,而且还有其他的辅助经济手段(如调节税等)。

也有人会问:现在是社会主义初级阶段,存在多种所有制经济,能否体现社会主义特点?这里必须明确"社会主义初级阶段"是社会主义的一个阶段,是社会主义性质的,虽然存在多种所有制经济,但主体是公有制,起主导作用的是国有经济,而不是其他所有制经济。

马克思主义的政治经济学基本原理告诉我们:生产资料所有制决定分配的原则和方式。社会主义公有制决定它的分配方式是按劳分配,排斥了人剥削人的因素。在公有制为主体、多种所有制经济共同发展的社会主义初级阶段,分配原则是按劳分配为主、多种分配方式共存,这是我国现阶段的基本分配制度。虽然多种生产要素(技术、资本、管理等)参与分配,但主体形式仍然是按劳分配,其他分配方式也要坚持公平分配原则,而总体上不允许残酷的剥削制度和分配方式,不允许非法虐待劳动者。与此相对应,我国工人阶级就是领导阶级,农民工是工人阶级的新鲜血液,逐步融入工人阶级主流,整个工人阶级和广大农民及其他劳动者,仍是我国政权的阶级基础,歧视、压榨劳动人民是法律所不允许的。总体上说,我国现阶段的公平分配是按贡献分配加社会保障制度。这是因为,在社会主义初级阶段和社会主义市场经济条件下,由于所有制形式的多样化、利益的多元化、投资的多向化,分配关系和分配方式也会复杂化,在同一个人身上可能会享有多种分配形式的收益,有的以劳动为主,有的以要素贡献为主,不可能形成清一色的单调模式。

有人说,现在是市场决定分配关系和分配形式,而不是所有制关系。这是不全面的。客观上市场会带来利益与竞争主体多元性、供求关系的多变性以及由此引起的价格起伏性、市场经营的风险性与经济发展的周期性、市场经济的国际性带来经济风险的连锁性等,这就影响分配关系稳定性,形成参与分配的多因性和形式的多样性,并且由生产领域扩展到分配领域。其中价格对分配的影响最大。但是,价格的影响不会改变基本的所有制关系及由此决定的分配制度。无论在资本主义社会还是在社会主义市场经济中,都是如此。美国是市场经济比较完善的,生产要素价格影响很大,但并未实现初次分配的公平,那里有着一个庞大的贫困阶层。可见,不能把分配制度主要归咎于市场机制及要素价格。再进一步说,任何市场经济都不能脱离它的所有制基础。资本主义市场经济是以资本主义私有制为主体支撑,社会主义市场经济是以公有制经济为主体支撑,现在我国的市场经济是以我们基本经济制度为基础的。所有制关系不仅决定分配关系,而且决定市场经济的性质。这才是中国特色社会主义理论体系的一个基本观点。

二、共享发展的宗旨在于缩小收入差距、消除两极分化

习近平强调推进共享发展,就是以人民为中心、走向共同富裕。他要求决不能出现"富者累巨万,而贫者食糟糠"的现象,就是防止和消除两极分化。这同邓小平的思想一脉相承。邓小平指出:"十二亿人口怎样实现富裕,富裕起来以后财富怎样分配,这都是大问题。题目已经出来了,解决这个问题比解决发展起来的问题还困难。"①其原则是"既不鼓励懒汉,又不能造成打'内仗'"。

然而,我国居民的收入差距不是缩小了,而是扩大了。正像邓小平所指出的两极分化是"自然出现"的,有其客观原因,也有主观因素,这就是过程的复杂性,应做客观的分析。

历史地看,我国居民收入水平总体是大大提高了,解决了5亿人口的贫困问题,同旧中国相比,人均收入提高100多倍;20世纪50年代初至今提高了30多倍;20世纪80年代初至今提高了12倍。由于二元结构十分突出,城乡居民收入差距是缩小的,二者之比旧中国为15:1,新中国成立初期为8:1,改革开放之始为5:1,近几年又缩小为2.98:1。地区之间收入差距,就东中西三大区域而言,旧中国为5:2:1,50—60年代为4:2:1,改革开放后有所扩大,现在为3:2:1.5。突出体现在人均收入差距上,形成一个倒U字形曲线:50年代后期至80年代为6:1,从90年代开始明显扩大为20:1,进入21世纪上升为30:1,近几年虽有缩小,但无明显变化。

我国目前城市中,10%的高收入者占有全部财富的45%,10%的低收入者仅占1.4%。② 再如拥有的房产,最高20%和最低20%之间的差距高达60多倍。金融资产方面,67.2%以上的金融资产实际掌握在20%的富裕者手里。③财富迅速向高收入阶层集中。此外,我国城乡还有1.5亿贫困人口(绝对贫困近3000万,农村相对贫困人口加城市低收入者约1.2亿)。国外也有许多分析家认为,目前中国贫富悬殊现象相当严重,"产生了一个新的超富阶层"。④ 所以,对收入分配差距扩大问题不可等闲视之。

对于造成收入差距过大的最主要因素可谓众说纷纭。在2008年我们曾提出一个"综合重度系数",就是人均收入差距×涉及居民人数÷收入差距全社会总量,算出诸因素的权重。经过演算,行业差距(垄断行业与低收入行业)权

---

① 《邓小平年谱》,中央文献出版社2004年版,第1364页。

② 黄泰岩,崔万田:《经济增长转型中的居民收入分配调节》,《求是》2006年第13期。

③ 李培林:《2006年中国经济社会形势发布会实录》,中国网2005年12月21日。

④ 《英〈金融时报〉:中国超级富豪致富为何如此之快?》,新华网2008年7月1日。

重占 2.73%，城乡收入差距权重占 32.94%，区域收入差距权重占 18.15%，私营企业主与雇佣工人收入差距占 46.50%。说明私营企业造成的收入差距的权重最大，几乎占到一半，是造成贫富悬殊的最重要的因素。① 私营企业主收入与雇工收入之比（包括家庭成员）平均为 200：1。2014 年私企主利润平均为 1029.28 万元，职工平均工资年平均为 36390 元，前者为后者的 282.85 倍，这比前几年还有减少的趋势，如 2013 年为 327.42 倍，2012 年为 399.15 倍，2011 年为 409.36 倍。②

从实际工资横向看，城镇私企职工是最低的，大体是平均工资的 2/3。以 2014 年为例，城镇私企职工比城市职工平均低 35.41%，比国企职工低 36.49%，比集体企业职工低 14.67%，比股份合作单位低 33.61%。这就是说，私企职工是构成最低收入阶层中的重要部分。况且经常加班加点，许多私企平均工作 10 个小时，且缺乏社会保障。更有甚者，一些私企还千方百计地拖欠农民工工资，致使工人白白劳动，无薪回家，造成讨薪的群体事件，影响社会安定。

客观上说，多种经济成分要发展，必然有资本主义经济成分的大批企业出现，它们对社会经济发展和克服平均主义起了一定的积极作用，对此不能全盘否定。

这里，我们还应当深化"共享发展"的内在关系：发展是手段和过程，共享是目的和动力。没有"共享"的发展不是社会主义的发展；没有发展的"共享"，共享就成了空谈。邓小平强调"发展是硬道理"，是以发展作为社会主义富足富强的基础，而不是以"发展"牺牲社会主义。正如社会主义市场经济是社会主义基本制度与市场经济结合的整体一样，共享发展也是一个整体。我们应当用马克思主义政治经济学的整体观念领会"发展是第一要务"的基本内涵，决不能把"发展"视为消灭公有制、违反共同富裕的"硬道理"，不能为发展而发展，更不能为少数人"累巨万"牺牲多数人共享而发展。这是中国特色社会主义的根本要求，必须牢记，不可动摇。

---

① 杨承训等：《中国特色社会主义经济学》，人民出版社 2009 年版，第 444－448 页。
② 根据国家统计局年度数据推算。

三、在全面深化改革中增强放大公有制的"主体"功能

习近平指出:"在共享改革发展成果上,无论是实际情况还是制度设计,都有不完善的地方。"①"要坚持把增进人民福祉、促进人的全面发展、朝着共同富裕方向稳步前进作为经济发展的出发点和落脚点"。为此,必须"坚持和完善社会主义基本经济制度","公有制主体地位不能动摇,国有经济主导作用不能动摇,这是保证我国各族人民共享发展成果的制度性保证,也是巩固党的执政地位、坚持我国社会主义制度的重要保证"。② 实践证明,在全面改革中为推进共享发展,最根本的还是要坚持提升公有经济的主体地位,正确发挥它的主导作用,既能尽力"做大蛋糕",又能公平"切好蛋糕"。在这个方面还存在许多认识和执行上的偏误,需要澄清和端正。从现实看,需要以五大理念更新思路,至少从以下几个方面探索扩大公有经济主体功能的路子。

首先,在深化改革中增强国有经济的活力、竞争力、影响力、抗风险能力,以提高经济质量为前提逐步扩大数量。目前,国有经济仍然是我国质量最高、力量最强的经济成分,拥有强大的经济和技术实力,集中了最大最优的技术、管理人才,是现代产业工人最集中的劳动生产栖息地,控制着国民经济最关键的部门,包括国防工业,是支撑整个国民经济稳定健康发展和国家安全的中坚力量。然而,同时也应看到它的相对数量在下降,虽然拥有 100 多亿的巨额资产(近 20 年中增长 70 多倍),但在 GDP 中却下降到 25% 上下,支撑共同富裕的力量有所削弱,尤其是一些资源型企业产能过剩,面临很大的困难,也会影响相当一部分职工的生活。在新常态下应当通过供给侧结构性改革,壮大国有经济。

一是使它成为领军大科技创新的载体,树立以"第一动力"全面创新的理念,克服粗放经营的惯性,实施经营发展转轨,组织专门机构和队伍,选用、吸纳、培育科技人才,主导产学研协作,既充分发挥领军作用,又调动队伍的积极性。与科技院所、高等院校紧密协作,组成科技"共同体",发挥各自优势,分工

---

① 习近平:《在党的十八届五中全会第二次全体会议上的讲话(节选)》,《求是》2016 年第 1 期。

② 《习近平在中共中央政治局第二十八次集体学习时强调:立足我国国情和我国发展实践发展当代中国马克思主义政治经济学》,《人民日报》2015 年 11 月 25 日。

协作共同攻关,集中财力物力增强研发投入,根据自身优势,创造占领国内外市场制高点的先进系列产品。当前还必须防止人才流失。

二是央企通过与地方企业联合构建全国性的高技术产业系统,既促进区域协调发展,又扩张国企自身的产业链。即使对于所谓僵尸企业也要更多运用联合、重组的办法,吸纳利用其优质资产,促进浴火重生;对少数破产企业,也可收购选用其有效资源。这对于优势企业的扩展是一个很好的机遇。还应大力发展国防产业,带动民用产业。

三是通过发展混合所有制改革吸纳民营资本提升扩张力,组成新的高端企业。这里的关键是不能通过混合使国有资产流失或者改变企业的性质。应当通过职工参股增加企业的凝聚力,使国有经济适当同集体成分融合。在控股企业,其治理结构应当保持"主体"的优势,从组成结构上保证驾驭多种股份和市场运行的能力。

四是通过扩大开放将国有企业更多地锻造成跨国企业。在我国各类企业中,最有国际竞争力的是国有企业,应鼓励、支持优势国企占领国际市场,以高科技优势伸入世界各地,"一带一路"的开拓提供了大好机遇,并且还可以进入发达国家的某些领域和并购一些企业(例如高铁、核电、高压电网、光伏发电、水利工程等)。可见,"厚植开放"为壮大国有企业提供了良机,也能开拓高质量就业的空间。

五是对于暂时困难还有希望升级的国有企业,政府也应当采取一定的优惠政策,该支持的大力支持,降成本、减税负,不能只偏重于私营企业。对做过贡献的国有企业更应助一把、扶一程,这不是迁就落后,而是促进其转型。对于困难企业的职工,应当有一定的救助政策,这是"共享"的应有之义。

总之,新常态不是削弱国有经济、推进私有化,而是共同发展,尤其要在新水平上提升、壮大国有经济。在这样的关键时节,必须坚持以习近平为总书记的党中央确定的正确方向,消除收入差距,实现共享发展,而不能再扩大差距。

其次,通过转变生产方式,积极发展多种形式集体经济。目前开始出现新的趋势:多种形式的集体经济正在兴起。城市中的集体工业企业有新的起色,已经出现了像海尔那样的高新企业,走向世界。许多中小企业包括股份合作制企业在创业创新中正在成长。对此政府应当予以支持,重点是培植科技"小巨人"。

农村正处在邓小平所设想的"第二次飞跃"初始阶段,全国最大的合作组织供销合作社带领、支持各类专业合作社、股份合作社和村级集体经济逐步壮大。这里特别应当强调的是,不能重搬以往生产队大集体的老模式,不强求集中劳动,而是组建共同利益联合体,其中以土地和其他资产入股的合作经济更加灵活,同农民的利益关系更密切。比如同绿色化、循环经济结合,可以发展更多的综合性集体企业,城乡生态连体的大循环体系需大量中型的集体企业作节点,转化城乡垃圾、各种废弃物,发展沼气和高效有机肥料,组建循环牧场,充分利用沼气、太阳能发电。目前从国外传来一个富农的新产业形态,叫作"第6产业",就是将农村经济拓展第一(农业)、第二(加工)、第三(销售、服务)产业相连接的经营体(1 + 2 + 3 = 6,1 × 2 × 3 = 6,故称"第6产业"),实际上是一个产业链的综合经营。它的优点是打破产业的分割状态,发挥组合优势,将加工链的增加值交给农民。其不足之处在于比较简单、原始,没有突出生态,没有循环利用,忽视回收和创造更多的新产品、新产业、新能源,也没有强调保障食品安全,更没有涉及城市的污染处理、转化等生态问题,需要升级。我国应在以科技创新为平台的绿色化和循环经济基础上创造高于"第6产业"的更优化、更完备的新产业形态,即"第8产业"。在更高层次、更广范围开拓新的经济增长业态,既解决优化生态与经济发展的矛盾,又扩大就业空间、克服当前发展中不平衡、下行压力增大的矛盾,充分释放绿色生态生产力的潜力;既促进当前问题的解决,又为长远发展指明方向和奠定基础。"第8产业"的核心内涵是把生态循环与经济循环耦合起来,互相"啮合"联动,构成"共轭"的两大"回环",正好形成一个"8"字;从产业"码号"说,人们称"新农业"的"第6产业"加上两个"非传统产业",即"生态循环产业"和"资源再利用产业"。

比如,与"第8产业"相联系的是新型集体经济。山西一些地方用政府帮助光伏发电扶贫,设备是公家的,收入是农民的,维修使用责任是家庭的,也可把农民增收同集体增资紧密连接起来。

现在看来广大农村与城镇分层连接,集体企业较为适宜,它可以照顾两头,一头可以消化城市大量废弃物,一头可以连接广大农田、畜牧场,同时用分布式电网并入大电网,其运输里程相对较短,运料运肥成本都较低,加上综合经营,可以形成一个个现代企业和企业集团。这种方式宜于采用混合型集体经营形式。从目前各地的合作社、集体经济的发展实践看,类企业在供销合作社系统指导下，可采取多层入股、联合的形式，城市可以投资，农民可以入股，下边或有多级合作社，或有村级集体组织，或有家庭农场、牧场加入，也可以直接综合经营，由农民作为工人参加劳动，包括各种专业性技术劳动。这样，农民可获取两种收入：一是财产性收入（股份），二是劳动收入。政府应改善支持农业的方式，在支持农民家庭生产的同时，逐步加大支持新型集体经济发展，缔造和扩大消除两极分化、共同富裕的根基。

再次，发挥公有经济"普照之光"的功能，推进"先富"带"后富"的进程。马克思说过："在一切社会形式中都有一种一定的生产决定其他一切生产的地位和影响，因而它的关系也决定其他一切关系的地位和影响。"他称这种生产关系为"一种普照的光"，支配、影响其他成分。① 这种普照之光在我国现阶段就是社会主义经济的主导成分公有制，以自己的力量影响着多种经济成分。在社会主义初级阶段，公有制经济首要的是以榜样的力量推进民营企业真正承担起社会责任。在公有企业内部实行按劳分配，关注劳动者的收入和福利，有完整的社会保障，高于私营企业的职工待遇，相对比较公平，起着标杆作用，引导其他经济成分效法。政府可以从两头保证私企职工的工资收入水平，一头是底线，即最低工资标准；一头是上线，即工资水平的提高与劳动生产率提高同步，在生产经营发展中不断提高职工待遇，而不能降低工资。这个政策应当是刚性的，不得违反。

与此同时，要以好的国企为榜样，倡导、推进所有企业承担其他社会责任。政府、工会、行业组织应以社会责任的规定和社会主义伦理规导民营企业，宣传国企和其他公有单位的榜样，提高所有企业主的责任感，并且以法制和政策来推动开展各类活动，评比企业社会责任承担的状况，形成外部压力和内部动力。邓小平曾经指出，希望先富起来的人多办慈善事业，多向社会和劳动集体做一些捐献。从这些年救济社会慈善事业情况看，国企做得最好，也带动了一批私企积极参与，使他们尽到先富带共富的中国特色社会主义建设者的责任。这也是公有经济"普照之光"的影响力。

更有一些优秀的民营企业家，将自己的资产捐给家乡集体，使穷村变富村，有的成为基层党组织的领导者。目前尚未广泛推广这类先进典型，但确实

---

① 《马克思恩格斯选集》第 2 卷，人民出版社第 1995 年版，第 24 页。

值得表彰,也为以先富带共富、以私产变集体做出了表率,其高尚精神应当弘扬。

最后,让适应公有制根基的上层建筑即政府发挥促进共同富裕的职能。经济基础决定上层建筑,上层建筑又反作用于经济基础。我国的经济基础主体是公有制,作为上层建筑主体的人民政府有推进分配公平的责任和义务。在改革开放初期,邓小平提出让一部分人依靠自己的劳动和经营先富起来,然后带动全体人民共同富裕。经过30多年的改革开放,确有一部分人先富起来,有的成了巨富,也在部分领域和地方带动了大家共富。但总体上说带得不够,应当用适当的政策鼓励和推动先富带共富,贯彻落实"扩中、提低、限高、打非"的方针。当然,不能将此误解为"均贫富""吃大户"的激进措施,而是一个渐进的又不损害正当经营的恰当措施。

最主要的是通过政府加大"二次分配"的力度。一条是国有企业先做贡献,划拨一部分国有资产充实社会保障基金,增加利润上交(高达20%)。在这方面,全民所有制经济不仅是发挥榜样的力量,而且要拿出真金白银。这一措施在一定程度上增加了国有经济的负担,影响它们扩大再生产的能力,所以一定要适度,不可杀鸡取卵。但这是它们的"主体"功能之一,以忍痛割肉的度量尽最大的责任,是其他经济成分所不能承担的。对于国有企业来说,必须变压力为动力,以创新力量和改革举措提升自己的实力。

综上所述,公有制经济要在新常态下推进共享、实现共同富裕中发挥多方面的"主体"功能,特别是强化公有制自身的主体地位,发挥好国有经济的主导作用,合理解决分配公平问题,更好地突显社会主义本质要求,进而更充分地增强中国特色社会主义事业的发展活力。

(原载于《思想理论教育导刊》2016年第3期)

共享发展理念的民生价值[*]

人民群众日益增长的民生需要与滞后的民生供给是当前民生建设的主要矛盾,把发展成果更多、更公平地惠及到民生改善上来是当前中国社会建设的主要任务。党的十八届五中全会审议通过的《中共中央关于制定国民经济和社会发展第十三个五年规划的建议》指出,"坚持共享发展,着力增进人民福祉","必须坚持发展为了人民、发展依靠人民、发展成果由人民共享,作出更有效的制度安排,使全体人民在共建共享发展中有更多获得感"。共享发展是党中央在审慎把握民生发展的阶段性特征,以及有序推进"十三五"规划目标前提下对发展理念做出的调整和改进,不仅进一步强化和凸显了发展的民生导向,同时也指出了民生改善的新理念、新机制和新路径。

一、共享发展理念包含深厚的民生伦理意蕴

共享发展理念指出了发展的民生导向,具有深厚的民生伦理意蕴,是对民生伦理的新贡献和新发展。

中国共产党的民生伦理集中表现为全心全意为人民服务。在不同的历史时期和发展阶段,全心全意为人民服务的内容和表现形式具有阶段性、差异性的特征,这不仅取决于民生伦理本身的发展和演化,更取决于民生赖以依存的

* 本文作者:韩喜平,吉林大学马克思主义学院院长;孙贺,吉林大学马克思主义学院博士研究生。
基金项目:本文系国家社会科学基金重大项目"中国特色社会主义民生制度建设研究"(12&ZD057);吉林大学创新团队项目"民生价值与社会幸福"(2012FRTD05);吉林大学研究生创新基金资助项目"新型城镇化进程中的民生缺失陷阱及应对策略研究"(2015113)的阶段性研究成果。

政治、经济、文化等发展理念的变化。中国经验表明,民生伦理的发展通常与发展理念的演化具有内在一致性,发展理念的变迁直接推动了民生伦理的演化和发展。21世纪以来,中国化马克思主义发展理念中的科学发展观、益贫式增长、包容性发展等发展理念直接作用于民生伦理,并丰富了民生伦理内容,形成了集普惠性、包容性、益贫性、共生性、公平正义性、均等化等于一体的民生伦理体系。当前,共享发展理念的提出进一步丰富了民生伦理的内涵,为民生伦理体系增添了"共享性"这一新的内容。

共享发展理念蕴含了民生改善的普惠性伦理。民生问题事关每一个人的切身利益,保障和改善民生包含着这样一个前提,就是民生的对象性问题,包括民生对象的范畴、民生福利的分布状态等。马克思在《共产党宣言》中指出:"过去的一切运动都是少数人的或者为少数人谋利益的运动。无产阶级的运动是绝大多数人的、为绝大多数人谋利益的独立的运动。"中国共产党把提高全体人民的民生水平作为民生建设的基本原则,接续解决了生存民生、温饱民生和发展民生等一系列民生问题。党的十八大以来,以习近平同志为总书记的党中央进一步强化民生改善的普惠性要求,全面实施精准扶贫战略,补齐普惠民生的"最后一公里"。强调"决不让一个少数民族、一个地区掉队","决不能让困难地区和困难群众掉队","决不能让一个苏区老区掉队",就是要使全体中国人民都过上美好生活。这是对民生普惠性伦理完备而又形象的诠释。共享发展理念的提出契合了民生保障和改善的普惠性要求,其本质是增强发展成果的辐射能力和辐射范围,让改革发展成果更多、更公平、更实在地惠及广大人民群众,最大程度地保障和改善民生。

共享发展理念是对民生公平正义的坚守。亚当·斯密在《道德情操论》一书中指出:"如果一个社会的经济发展成果不能真正分流到大众手中,那么它在道义上将是不得人心的,而且是有风险的,因为它注定要威胁社会稳定。"随着民生事业的发展以及民生赖以依存的经济条件的改善,人民群众的民生需求标准不断提高,民生诉求日益多元化,对民生改善的横向差距感受甚于对民生改善的纵向要求,以致对发展成果的感知度和认同度渐趋下降,并逐渐演变成为表达不满情绪的重要来源。近年来,由民生问题诱发的不和谐声音和群体性事件频繁涌现,影响了我国整个发展、稳定的大局。公平问题作为民生发展到一定阶段的伦理要素在民生事业中的作用越来越突出,并在事实上成为影响民生改善和发展的重要因素。追根溯源，产生民生不公平现象的主要原因是发展成果在地区、行业和城乡之间分配不均衡，从而使不同地区、不同行业以及城市与乡村在享受发展成果的"数量"和"时间"上呈现出不均衡。这种现象长期持续、循环往复，终致产生民生改善的马太效应。共享发展克服了发展成果流动的自然无序现象以及惯性偏好路径，保证了民生公共品供给的均等化，提高了民生投入的边际产出效益，有利于实现发展成果不分地区、不分行业、不分城乡、同比例回流到民生改善上来，从而在根本上缩小民生改善的差距。

二、共享发展契合了民生改善的现实诉求

提出共享发展是在问题导向下对发展理念的创新。推进共享发展，不仅是遵循发展规律的顺势而为，更是当前在破解民生难题过程中主观能动性的发挥。

共享发展是对全面建成小康社会的积极主动回应，反映了全面建成小康社会新的目标要求。中国当前民生建设以全面建成小康社会为最高目标追求，全面建成小康社会的过程就是中国民生事业从量变到质变的整体提升和飞跃的过程，这在中国共产党发展史上具有里程碑意义。在民生话语体系里，"全面"的基本含义是全社会的民生水平整体进入小康状态。届时，小康将成为民生保证和改善的新基准和新起点，底线民生的下限将以"小康"作为初始条件。全面建成小康社会的关键在于"全面"，短板也在于"全面"。目前，距离这一目标还有5年时间，"十三五"时期是推进"民生赶考"的重要时间节点，是实现全面建成小康社会奋斗目标的关键时期和决胜阶段，这对中国共产党是个巨大考验和挑战。中央适时提出共享发展理念，就是要打通发展反馈民生的通道，让发展的成果借助"共享"机制惠及全体人民，确保民生水平整体提升到"全面"小康的状态，确保全面建成小康社会目标保质、如期实现。

共享发展是中国特色社会主义的本质要求，也是中国特色社会主义制度优越性的集中体现。新中国成立后，共享理念贯穿于经济社会发展过程的始终，贯穿于人民生活的方方面面。但长期低下的生产力水平使得共享一直停留在没有增长的边缘，甚至出现了把共享曲解为平均主义的问题，以致社会再生产的原始积累被摊薄和稀释，不仅不能有效解决民生问题，而且也阻碍了经济、文化、社会建设的进程。基于此,中央实施了对内改革和对外开放的基本国策,进一步解放和发展生产力,做大做强经济总量,并把民生改善的路径设定为在共同富裕大原则下,通过让一部分人、一部分地区先富起来,通过先富带动后富,逐步实现全体人民共同富裕。但在"以经济建设为中心"的"全国一盘棋"的战略布局下,民生改善路径并没有得到很好贯彻执行,集中表现为民生建设严重滞后于经济发展的步伐,并造成了结构性、累积性的民生问题和矛盾。一段时间以来,学术界和实业界出现了"改善民生经济先行""经济与民生同步发展""发展的民生导向"等不同声音和争论。这些争论都指向了发展与民生的关系上,本质上是对民生与发展困境的反思。共享发展把发展和民生纳入到整体协同的框架,兼顾了发展与民生的个性与共性、对立性与统一性,实现了发展与民生的统筹兼顾、共融共生。

三、共享发展创新了民生改善机制

长期以来,中国民生发展遵循政府主导的单一推进机制,即通过国家转移支付等手段保障基础民生,通过政府公共财政支出和购买公共服务等手段增加民生公共品供给,改善民生外部环境和条件。应该承认,政府主导机制在特定的历史条件和发展阶段是必要而又有效的。新中国成立60多年来,民生建设取得的重大进展和成绩与政府主导机制是密不可分的。但是,随着民生外部环境的改善和民生层次的提高,仅仅依靠政府力量已不能解决所有民生问题,民生效率低下和民生公平正义失衡等一系列问题逐渐显现。全国各省市民生保障水平取决于地方政府的民生供给能力,而政府民生供给能力又取决于地方财政收入,财政收入的地区不均衡直接导致了民生保障水平的地区不均衡。与此相类似的还有城乡民生不公平、行业间民生不公平等问题。因此,必须在政府主导机制之外开拓第二条发展机制来满足民生发展的需要。

共享发展理念的提出开创了民生改善的市场机制,拓宽了民生问题解决及民生事业发展的机制渠道,有效补充了政府主导机制的短板和不足。事实上,自改革开放以来,就一直存在着民生改善的市场机制,集中体现为市场资源配置过程中带来整体社会福利的改进和提高。具体来说,一方面,市场经济自身运行机制客观上促使发展成果按照"中心—外围"的路径惯性反作用于市场中的参与体,经济发展带来的外溢效应、益贫效应和涓滴效应减缓了政府保障民生的财政压力;另一方面,市场产品的丰富性刺激了民生需求的多元化,并在一定程度上提升了民生发展的层次和格局。但是,市场自动改善民生是基于其自身的发展需要,市场本身并不会主动改善民生,而且,这种改善的效果也是有限的。在这一点上,有些人认为,中国市场机制自动改善民生效果不明显是市场经济自由度不够的结果。事实上,市场自动改善民生的程度与市场的"自由度"没有必然联系。美国是典型的自由主义高度发达的市场经济,但却存在着严重的民生分化矛盾,并爆发了"99% 抗议 1%"的占领华尔街运动。当前,中央提出共享发展理念,通过发挥政府在经济发展中的宏观调控作用,规制和约束经济发展的方向和边界,从而使市场自动改善民生转为市场主动改善民生。这既发挥了市场在民生改善中的基础性作用,同时也丰富了中国特色社会主义市场经济的内涵,体现了鲜明的中国特色和中国风格。

至此,中国保障和改善民生的机制体系渐进形成。一个是政府主导机制,集中解决民生保障问题;一个是市场调节机制,集中解决民生改善问题。政府主导机制是基础,市场调节机制是补充和完善,两大机制各有侧重点,又相互交叉,协同推进。

四、在共享发展中推进民生改善和福祉增进

共享发展把保障和改善民生纳入到发展的体系之中、框架之下,明确了发展的民生导向。今后,应不断改善和优化共享发展的内外部环境,把理念意义上的共享发展不断付诸实践,在共享发展中实现民生改善。

第一,改善共享发展的生态环境,释放民生红利。找到一条先进的发展理念不易,把先进发展理念付诸实践更为不易。推进共享发展必须以改善共享发展的生态环境为基础和前提。在宏观方面,要全面深化共享发展体制机制改革,坚持系统的思维和理念,从改革发展的全局进行顶层设计,让共享发展理念贯穿于政治建设、经济建设、社会建设、文化建设和生态建设的全过程;在微观方面,要发挥政府推动共享发展的政策导向作用和功能,构建共享发展的政策、法规支持体系,搭建企业、社会和政府共享发展平台,营造共享发展的良好人文氛围,规范和约束企业的行为和边界,强化企业的共享发展职责。

第二,推进发展机会共享,增强民生改善的自生能力。共享发展首先表现为发展机会共享。在市场经济体制中,发展机会共享是衡量市场健康水平的

重要因素,它关系到发展成果分配这一根本问题。个人只有参与到发展的进程中去,才能享有发展成果,反之则失去了在初次分配中分享发展成果的机会。因此,习近平总书记特别强调,要保障人民群众"共同享有人生出彩的机会,共同享有梦想成真的机会,共同享有同祖国和时代一起成长与进步的机会"。从民生视角看,发展机会共享是市场主体通过劳动和努力改善自身生活水平的重要途径,是增进民生福祉、推进民生改善的首要条件。当前,发展中国特色社会主义民生事业就是要充分释放民生改善的自生能力,走内生性民生发展道路。一方面,推进国家治理体系和治理能力现代化,切实转变政府职能,加快简政放权建设,减少行政审批事项,激发社会活力,重构利益关系,让更多市场主体参与到发展进程中来;另一方面,加快社会主义市场经济体制改革,降低行业和部门的市场准入门槛,构建公平的市场准入环境,确保"人人参与、人人尽力、人人享有"。

第三,保障发展成果共享,夯实基本民生。发展成果共享是共享发展的重要方面,是发展中国特色社会主义民生事业的主旋律。发展成果共享主要体现在二次分配中,是对初次分配结果的系统性纠偏和调整,属于政府兜底行为,主要用以保障基本民生需求。基本民生是民生的最大公约数,是人民群众最关心、最直接、最现实的民生福祉,也是民生保障的底限阈值和最低标准。经过60多年的发展,中国在发展成果再分配、满足基本民生需求方面的运行机制相对成熟,也取得了一定的成绩和进展,但尚存在保障不公平、体系不健全等问题,需要进一步改进。首先,要调控发展成果共享的地区不均衡,完善对革命老区、民族地区、边疆地区、贫困地区转移支付机制,使发展成果切实用于民生改善事业,杜绝政策资金"空载""回流"等现象发生;其次,要大力推进民生公共品供给均等化,进一步完善民生公共品供给与经济发展水平脱钩机制,突破民生公共品供给与地方财政挂钩的恶性循环,建立全国统一的民生公共品供给平台,使民生公共品供给不因地理位置、财政收入、经济发展水平的差异而不同;再次,要提高基本民生服务能力和共享水平,加快基本民生保障体制、制度、人才队伍等配套措施建设,构建一套高水平、全覆盖、管理规范、运转顺畅的基本民生保障体系。

第四,培育共享发展的新业态,大力发展民生产业。共享发展本身不能独立存在和实现,必须借助于市场中的企业等微观主体以及产业、行业等中观载体。不同的产业、行业,共享发展的实现机制和效果是有差异的。有些行业、产业有利于共享发展的实现,有些则不然;有些产业、行业是直接作用于民生改善上,有些则是间接推进民生改善。一方面,要跳出传统产业的局限和壁垒,顺应产业技术革命发展趋势,把互联网、物联网、云计算、大数据等新一代信息技术与行业产业紧密结合,开展"互联网 +"行动计划,把互联网与教育、医疗、养老、住房、就业等民生事项紧密结合起来,不断开拓基于互联网的民生新产品、新服务、新业态、新模式,创新并丰富产业、行业发展空间,推动大众创业、万众创新。另一方面,完善政府购买民生公共品服务机制,大力推进民生产业化。民生产业作为近年来为解决民生问题而诞生的新业态,是最有利于共享发展和民生改善的产业。由于民生产业具有公共品或准公共品的特征和性质,这就需要发挥财政、税收等方面的政策导向作用,做好民生产业大数据库、民生产业智库、民生金融、民生工程、民生项目等民生产业服务体系建设,引导民生产业发展。与此同时,要完善项目中投标、运行、监督、验收等制度体系,规范民生产业有序、健康发展,防范民生产业发展中的寻租问题。

共享发展不仅是经济的发展,更是民生与经济的协同发展,其最终落脚点是实现人的自由全面发展。推进共享发展,"要坚持以人民为中心的发展思想,坚持把增进人民福祉、促进人的全面发展、朝着共同富裕方向稳步前进作为经济发展的出发点和落脚点"。用共享发展破解民生发展难题,引领和推动中国特色社会主义民生事业发展,不断开创民生发展的新天地、新局面。

（原载于《红旗文稿》2016 年第 2 期）

夯实共享发展的基础*

党的十八届五中全会把共享与创新、协调、绿色、开放一道列为关系我国发展全局的一场深刻变革的新理念,这是从社会主义本质要求和践行以人民为中心的发展思想出发,顺应经济社会发展规律的一次理念创新。

一、共享发展理念是中国特色社会主义理论的最新成果

党的十八届五中全会提出的共享发展理念要求,发展为了人民、发展依靠人民、发展成果由人民共享,这是对十八届三中全会提出的"让发展成果更多更公平惠及全体人民"的理论升华,不仅把共享发展成果的政策主张由分配环节贯穿到发展的整个过程,还由政策取向上升到引领发展思路和政策改进的理念的新高度。

共享发展理念是尊重经济社会规律的理念创新。中国特色社会主义鲜明地标立了共同富裕的方向,这并非是"乌托邦",而是尊重经济社会发展规律的目标境界。发展与共享,两者不是孤立的,而是相互促进的。一方面,发展成果由人民共享,可以促进生产与消费的均衡,避免资本主义国家周期性的经济波动乃至经济危机。我国能够实现经济的持续稳定发展,克服1997年亚洲金融危机以及2008年国际金融危机的大冲击,一个重要原因就是让全体人民共享发展成果从而保障生产与消费的基本均衡。另一方面,发展成果由人民共享,不仅体现公平,也使付出与回报一致,使全体人民在共享发展中有更多获得感,形成有效激励机制,使经济的发展建立在社会和谐进步和人人参与、人

---

* 本文作者:郑有贵,中国社会科学院当代中国研究所第二研究室主任、研究员。

人尽力的基础之上,也就使经济发展更加坚实和具有可持续性。

共享发展理念使通往共同富裕之路更加清晰和坚实。马克思主义一开始是从生产资料所有制层面来探索共同富裕实现路径的,社会主义国家由此普遍建立起生产资料公有制,我国也在20世纪50年代建立起了单一公有制。改革开放以来,基于我国还处于社会主义初级阶段的国情,从解放和发展生产力出发,在改革中逐步形成了公有制为主体、多种所有制经济共同发展的基本经济制度,逐步建立健全社会主义市场经济体制。与这一改革相对应,对实现共同富裕的路线图进行了完善,由齐头并进,调整为让一部分人和一部分地区先富、先富带后富。我国成功地突破了"贫困陷阱",由低收入国家攀升到中等收入国家,并进入了全面建成小康社会决胜阶段。创新性地提出共享发展理念,将引领发展路径、政策、制度更加完善。

二、推进共享发展要发挥好公有制经济的根基和引领作用

推进共享发展必须做强公有制经济,这是着眼于历史发展路径和现实国情的选择。无论是国有经济,还是农村集体经济和农民合作经济,在实现共享发展上,都发挥着不可替代的作用。国有企业不仅向国家提供利税、承担起保障职工收益和就业的社会责任,还在国家实施宏观调控、战略产业布局、基础设施建设、重大科技难题攻克、民生发展等方面发挥着重要的支撑和引领作用。农村集体经济组织在工业化、城镇化进程中,可以很好地保障农民的权益,并通过发展集体经济促进成员收入提高和民生改善,实现经济与社会的协调发展。农民合作社通过解决家庭经营所需要的办不起或办了不经济的服务问题,促进农民增收。换言之,发展壮大国有经济、集体经济、合作经济,夯实了共享发展的根基,也就可以更好地发挥公有制经济在实现共享发展中的引领作用。

推进共享发展要发挥好公有制经济在引领创新、协调、绿色、开放发展的作用。经过20世纪90年代的战略重组和结构调整,现今的国有企业主要布局在提供公共服务、发展前瞻性战略产业、保护生态环境、促进科技进步、保障国家安全等领域,其产业规模、资本规模、生产装备、人才、技术研发能力、管理能力等具有较强的优势,国有企业在实施国家发展战略目标中发挥着日益显著的骨干和引领作用,不仅引领创新、协调、绿色发展而向产业中高端迈进,而且在竞争日益激烈的国际经济体系中也占有一席之地。农村集体经济组织和农民合作社在引导农村创新、协调、绿色、开放发展中同样发挥着不可替代的作用。西方资本主义国家总是企图以新自由主义理论引导我国国有经济私有化,实际上是畏惧我国公有制经济特别是国有经济做强与之抗衡,为打垮我国国有经济而设的理论陷阱;国内笃信新自由主义者,则以垄断、腐败为由,极力主张私有化,这是无视我国公有制经济改革实践的成功,而提出的与国情不符的结论与政策主张。为此,应当构建基于我国国情的理论体系,积极促进公有制经济的改革发展。

推进共享发展要支持和引导国有资本向民营企业入股,促进国有资本放大功能。在发展混合所有制经济的实践中,存在重视民营资本向国有企业入股,而忽视国有资本向民营企业入股的现象。这既是对发展混合所有制经济政策的片面理解,也是不符合实践发展需要的。当前,国有企业由于资本雄厚、市场开拓能力强和技术研发力量强,在产业转型升级上处于领先和带动作用。在产能过剩而生存困难的情况下,很多民营企业由于规模小和处于产业链的低端,需要国有企业作为战略合作者带领其发展,对国有资本入股有较强的内在需求。对此,应抓住历史机遇,因势利导,积极引导和鼓励国有资本向民营企业参股,将其与国有企业的产业连接,既放大国有资本功能,又通过产业整合而向高端升级。同时,还可以帮助民营企业渡过难关,实现公有制经济与非公有制经济的携手发展。

三、推进共享发展要完善股权结构,实现民有其股

要有效地形成发展为了人民、发展依靠人民、发展成果由人民共享的实现机制,就微观主体而言,应当引导股权结构的完善,在积极发展混合所有制经济中实现民有其股。

1. 破解土地承包经营权入股难题。土地所有权、承包权、经营权分离和确权登记颁证,更好地保障了农民的承包经营权,但仍有两个问题没有解决:一是土地承包经营权延至何时?现行政策、法律还没有对土地承包经营权"长久不变"加以具体时间的界定。二是在开展股权合作时,土地承包经营权如何折股?目前土地承包经营权流转市场发育不充分,加之随着城镇化的发展,土地日益增值,这使土地承包经营权如何折算入股成为难题。鉴此,应当发挥集体

经济组织在保障农民权益上不可替代的功能,即利用集体经济组织与成员之间的利益共同体及委托代理关系,增强农民权益保障的话语权,从组织制度上促进农民权益保障和经济发展的有机统一。为此,应更加积极地推进农村集体经济组织的股份合作制改造,使农民的土地承包经营权益变成股权,保障其能够充分地分享土地增值的收益及集体经济发展的成果。

2. 破解农村集体经济组织和农民合作社成员有其股难题。针对农村集体经济组织与成员之间产权不够清晰的问题,应鼓励和支持集体资产折股量化到成员的股份合作制改革。针对农民合作社与成员之间较松散的问题,应鼓励成员入股建立起股权联结关系。为此,应在政策和法律两个层面加以引导和支持。无论是政策性发展基金注资,还是财政支持,都可以在实施这些政策时,探索成员配股等多种形式引导其与集体经济组织、合作社构建起产权联结关系。

3. 破解公司制企业员工有其股难题。员工持股改革,关键在于利益关系的调节要得当,否则,会有一系列负面作用。无论是国有企业,还是民营企业,推进员工持股改革要破解的共同难题是,既通过员工持股改革激励员工的积极性,又根据责任与贡献大小实行有差别的持股比例,以避免吃"大锅饭"而导致负面激励现象的发生。国有企业员工持股改革要破解国有资产不流失的难题。上市企业要比非上市企业多一个难题,即要处理好员工持股与社会投资者持股权益的关系,避免推进员工持股改革对社会投资者权益的损害。

(原载于《红旗文稿》2016 年第 5 期)

论共享发展理念*

　　党的十八届五中全会提出了创新、协调、绿色、开放、共享五大发展理念。共享是五大发展理念的核心和归宿,是党的发展理念的新突破,对增强发展动力、破解发展难题、厚植发展优势、实现发展目标和社会主义本质具有重要的理论价值和现实意义。

一、共享发展理念的理论来源

　　共享发展理念并不是无源之水、无本之木,而是有着深厚的理论源泉。历史唯物主义认为,人民群众是历史的主体和创造者,是社会赖以存续和发展的物质财富和精神财富的创造者,也是社会变革的决定力量。这为人民群众共享发展成果提供了可能。这种可能性转变成直接现实性决定于生产资料所有制。因为生产资料所有制决定着产品的分配。历史唯物主义对以往私有制特别是资本主义私有制所产生的历史主体与发展成果的异化现象进行了深刻的批判。马克思指出,"工人生产的财富越多,他的生产的影响和规模越大,他就越贫穷。工人创造的商品越多,他就越变成廉价的商品。物的世界的增值同人的世界的贬值成正比"。① 只有进行生产关系的革命,变资本主义私有制为社会主义公有制,人民群众共享发展成果的可能才会变成现实。正如恩格斯在《共产主义原理》回答最终废除私有制将产生什么结果时所指出的那样,"所

　　* 本文作者:刘武根,中国地质大学马克思主义学院;艾四林,清华大学 马克思主义学院。
　　基金项目:本文系国家社科基金重大项目"习近平总书记系列重要讲话的理论创新研究"(项目批准号:14ZDA002)的阶段性成果。
　　① 《马克思恩格斯文集》第 1 卷,人民出版社 2009 年版,第 156 页。

有人共同享受大家创造出来的福利"。①

十月革命一声炮响给我们送来了马克思列宁主义。从此先进的中国人把马克思列宁主义作为探索国家出路的理论武器。新民主主义革命和社会主义革命正是循着人民是历史创造者的大逻辑，团结一切可以团结的力量为人民群众共享革命成果和共建社会主义创造条件。社会主义改造完成以后，毛泽东特别强调要共建共享社会主义。《论十大关系》《关于正确处理人民内部矛盾的问题》是探索社会主义建设理论精华的集中体现，其根本着眼点就是调动一切积极因素为社会主义建设服务。在《论十大关系》中毛泽东提出，"我们一定要努力把党内党外、国内国外的一切积极的因素，直接的、间接的积极因素，全部调动起来，把我国建设成为一个强大的社会主义国家"。② 在《关于正确处理人民内部矛盾的问题》中，毛泽东指出："我们提出划分敌我和人民内部两类矛盾的界限，提出正确处理人民内部矛盾的问题，以便团结全国各族人民进行一场新的战争——向自然界开战，发展我们的经济，发展我们的文化"，"巩固我们的新制度，建设我们的新国家"。③

十一届三中全会以来，在接续探索中国特色社会主义道路的伟大征程中，在总结我国社会主义胜利和挫折的历史经验、借鉴其他社会主义国家兴衰成败的历史教训、发展中国家谋求发展的得失经验的基础上，我们对共建共享社会主义的认识逐步深化。这集中体现在邓小平提出的社会主义本质论、江泽民对社会主义本质论的丰富和发展、胡锦涛提出的构建社会主义和谐社会以及十八大以来习近平总书记提出的一系列新思想新论断新观点中。2015 年 8 月，习近平总书记在中共中央为征求"十三五"规划建议意见召开的党外人士座谈会上指出，"广大人民群众共享改革发展成果，是社会主义的本质要求，是我们党坚持全心全意为人民服务根本宗旨的重要体现。我们追求的发展是造福人民的发展，我们追求的富裕是全体人民共同富裕。改革发展搞得成功不成功，最终的判断标准是人民是不是共同享受到了改革发展成果"。④

---

① 《马克思恩格斯文集》第 1 卷，人民出版社 2009 年版，第 689 页。
② 《毛泽东文集》第 7 卷，人民出版社 1999 年版，第 44 页。
③ 《毛泽东文集》第 7 卷，人民出版社 1999 年版，第 216 页。
④ 《中共中央召开党外人士座谈会征求对中共中央关于制定国民经济和社会发展第十三个五年规划的建议的意见》，《人民日报》2015 年 10 月 31 日。

中国古代典籍和思想家对民本思想有过深入系统的阐释。中国现存最早的典籍《尚书》就有"民为邦本,本固邦宁"的思想。此后无数先贤都大力宣扬民本思想。千百年来"大道之行也,天下为公""不患寡而患不均""民为贵,社稷次之,君为轻""老吾老以及人之老,幼吾幼以及人之幼"等民本思想滋养着一代又一代的中华儿女。共享思想始终是激励中华儿女自强不息、团结奋进、不懈奋斗的强大力量,是中华优秀传统文化的重要基因。独特的文化传统,独特的历史命运,独特的基本国情,注定了我们必然要走共享发展的道路。

二、共享发展理念的实践基础

从实践基础看,共享发展理念是中国改革开放创新实践、其他社会主义国家兴衰、发展中国家谋求发展的得失经验的升华。

第一,改革开放 30 多年的发展经验是共享发展理念形成的主要依据。十一届三中全会开启了我国从高度集中的计划经济体制向充满活力的社会主义市场经济体制、封闭半封闭向全方位开放的伟大历史转变。改革开放之初,为摆脱平均主义"大锅饭"的影响,促进经济发展、调动广大人民参与中国特色社会主义建设,在政策取向上我们采取了"效率优先,兼顾公平"的分配方针。这种分配方针有效地激发了广大人民建设中国特色社会主义的积极性、主动性、创造性,我国社会生产力、综合国力、人民生活水平迅速提高。与此同时,在这种分配方针和让一部分人一部分地区先富起来政策的示范带动下,我国出现了先富地区、阶层、群体、区域、城乡、行业之间的收入差距逐渐拉大。共享改革发展成果的问题逐步凸显出来。针对这种情况,早在 1993 年 9 月,邓小平曾尖锐地指出,"少部分人获得那么多财富,大多数人没有,这样发展下去总有一天会出问题。分配不公,会导致两极分化,到一定时候就会出来。这个问题要解决"。① 但囿于种种原因,在此后一段时间内我国居民收入差距并没有缩小甚至越来越大。正是在这样的背景下,2005 年 10 月,党的十六届五中全会通过的《中共中央关于制定国民经济和社会发展第十一个五年规划的建议》提出,"更加注重社会公平,使全体人民共享改革发展成果"。② 十八大以来,以习近平为总书记的党中央

① 《邓小平年谱(1975—1997)》下,中央文献出版社 2004 年版,第 1364 页。
② 《十六大以来重要文献选编》中,中央文献出版社 2006 年版,第 1064 页。

在对改革开放以来我国发展经验进行全面总结的基础上提出了共享发展理念。正如习近平总书记所指出的那样,共享发展理念"是改革开放30多年来我国发展经验的集中体现,反映出我们党对我国发展规律的新认识"。①

第二,其他社会主义国家兴衰成败的历史教训是共享发展理念形成的重要借鉴。第二次世界大战后人类历史上第一次出现了一批社会主义国家,但是这些社会主义国家中的大多数在东欧剧变、苏联解体的声浪中消亡了。这些社会主义国家兴衰成败的历史为我国共享发展理念的形成提供了重要鉴戒。纵观国际共产主义运动史和中国特色社会主义发展史,我们可以清晰地看到,苏联和东欧社会主义国家程度不同地高估本国社会主义所处历史阶段并急于向共产主义过渡致使许多发展政策脱离实际的教训,是我国社会主义初级阶段理论形成不可或缺的条件。以社会主义初级阶段理论为基点来观照其他社会主义国家兴衰成败的历史教训,我们对"什么是社会主义,怎样建设社会主义"有了更加深刻的认知,由此逐步制定出切合中国实际的共建共享共富的方针政策,开辟了中国特色社会主义道路,形成了中国特色社会主义理论体系,确立了中国特色社会主义制度。

第三,拉美国家陷入"中等收入陷阱"的历史教训是共享发展理念形成的重要参照。第二次世界大战结束以后,广大发展中国家迎来了难得的发展机遇。20世纪60年代末70年代初,拉美国家中的阿根廷、智利、乌拉圭、墨西哥、巴西、哥伦比亚等率先由低收入国家迅速转变成中等收入国家。此后这些国家长期徘徊在中等收入国家之列,很难进入高收入国家之列。这种现象被称为拉美中等收入陷阱。产生拉美中等收入陷阱的原因主要有收入分配不均、贫富差距过大、腐败盛行、公共服务短缺等。这些原因使拉美国家经济增长动力不足长期停滞。当前,我国的发展与拉美国家当年的发展具有一定的相似性,也面临跨越"中等收入陷阱"的严峻考验。2014年11月,习近平总书记在亚太经合组织第二十二次领导人非正式会议上提到跨越"中等收入陷阱"。他指出,"探讨跨越'中等收入陷阱'问题,抓住了重大、前沿的国际经济议题"。② 他提出:"我们决心共同

① 《中国共产党第十八届中央委员会第五次全体会议文件汇编》,人民出版社2015年版,第96页。
② 习近平:《共建面向未来的亚太伙伴关系——在亚太经合组织第二十二次领导人非正式会议上的开幕辞》,《人民日报》2014年11月12日。

探索适合自身实际的发展道路和发展模式,加强交流互鉴,丰富亚太发展新理念新思路,形成多元发展、齐头并进的局面。我们开拓了全新的合作领域,跨越'中等收入陷阱'、互联网经济、城镇化等重要新兴议题进入我们的视野,启发了深入讨论,产生了重要成果。"①以习近平为总书记的党中央,以宽广的国际视野来谋划中国的发展,共享发展理念的提出,总结和汲取了拉美国家陷入"中等收入陷阱"的历史教训。

三、准确理解共享发展理念

党的十八届五中全会对共享发展理念的基本内涵作了深刻阐述。"坚持共享发展,必须坚持发展为了人民、发展依靠人民、发展成果由人民共享,作出更有效的制度安排,使全体人民在共建共享发展中有更多获得感,增强发展动力,增进人民团结,朝着共同富裕方向稳步前进。"②准确理解共享发展理念,需要把握好以下几个关系。

第一,把握好共建、共享、共富的关系。中国特色社会主义事业是亿万人民自己的事业。社会主义的本质是解放生产力,发展生产力,消灭剥削,消除两极分化,最终达到共同富裕。共享是中国特色社会主义的本质要求。共建是共享、共富的基础,共享内含共建、共富,共富指引着共建、共享。共建并不必然产生共享、共富,但实现共享、共富必须共建。共享为共建、共富的实现提供动力。共享对共建、共富具有激励和促进作用。共享能够不断激发人民群众推动发展的主动性、创造性,从而更好地实现共富。共富是共建、共享的目标,为共建、共享指明方向。共建、共享、共富相互联系、相互区别,相互贯通、相互促进,共同构成一个统一的有机整体,统一于坚持和发展中国特色社会主义伟大实践中,统一于中国特色社会主义道路、理论体系和制度中,统一于"两个一百年"奋斗目标、中华民族伟大复兴的中国梦中。因此,要在共建中共享共富,在共享中共建共富,在共富中共建共享。

第二,把握好共享机会、共享能力、共享水平的关系。共享机会是共享发展

---

① 习近平:《在亚太经合组织第二十二次领导人非正式会议上的闭幕辞》,《人民日报》2014 年 11 月 12 日。

② 《中国共产党第十八届中央委员会第五次全体会议文件汇编》,人民出版社 2015 年版,第 13 页。

的前提。如果共享机会不平等,共享就会流于形式,成为一句空话。共享发展理念首先内含共享机会的平等。共享能力是共享发展的基础。如果共享能力缺失或不足,纵使共享机会平等,共享也终将无法实现。共享发展理念内含共享能力。共享水平是共享发展的结果。在共享机会平等的前提下,共享能力的不同必然会产生共享水平的差异。因此,共享不是平均主义,而是效率与公平的统一,公平与正义的统一。在切实保障共享机会平等的前提下,共享能力和共享水平的差异须限于共富范围之内。共享机会是共享能力、共享水平的前提。共享能力是共享机会的展开,是共享水平的基础。共享水平是共享机会、共享能力的体现。共享机会、共享能力、共享水平相互联系、相互区别,相互贯通、相互促进。

第三,把握好共享与中国特色社会主义的关系。党的十八届五中全会首次提出,"共享是中国特色社会主义的本质要求"。① 改革开放 30 多年来,中国人民的面貌、社会主义中国的面貌、中国共产党的面貌发生了历史性变化,但仍然存在收入差距较大、社会矛盾较多、部分群众共享发展成果的获得感较低等问题。从现象来看,这些矛盾和问题消解着人们对中国特色社会主义的认同、对中国特色社会主义的信心,侵蚀着人们共建中国特色社会主义的动力,降低了人民群众的共享机会、共享能力、共享水平,影响着人民团结。从本质来看,这些矛盾和问题的实质是利益的公平分配问题,是社会的公平正义问题。公平正义是中国特色社会主义的内在要求,是中国特色社会主义的核心价值观。作为中国特色社会主义内在要求和核心价值观的公平正义在分配领域的实现形式就是共享。因此,共享具有制度属性。

四、将共享发展理念落到实处

将共享发展理念落到实处,确保全体人民共同迈入全面小康社会,需坚守底线、突出重点、完善制度、保障基本民生。

第一,坚守底线。一是脱贫的底线。小康不小康,关键看老乡。按 2014 年农民年人均纯收入现价 2800 元的脱贫标准,截至 2014 年年底我国还有农村贫困人口七千多万。实现农村贫困人口脱贫是落实共享发展理念的硬任务。要

---

① 《中国共产党第十八届中央委员会第五次全体会议文件汇编》,人民出版社 2015 年版,第 32 页。

充分发挥中国特色社会主义的制度优势和政治优势,完善脱贫工作的体制机制,做到分工明确、责任清晰、任务到人、考核到位;建立脱贫工作责任制,强化脱贫工作责任考核;层层签订脱贫攻坚责任书,建立年度脱贫攻坚报告和督察制度,加强督察问责的力度,真正做到实现精准扶贫、精准脱贫,切实提高扶贫实效,坚决打赢脱贫攻坚战。二是社会保障安全网的底线。大力推动全民参保,建立更加公平更可持续的社会保障制度,实现养老、医疗、救助等保障制度的法定人员全覆盖。建立社会保障与经济发展同步增长的机制,确保社会保障水平与经济增长同步提高。切实完善职工养老保险个人账户制度,建立职工基础养老金全国统筹的保障机制,推动提高国有资本收益上缴公共财政比例和划转部分国有资本充实社保基金制度化法律化。完善医疗保险制度,全面实施城乡居民大病保险制度,统一城乡居民医保政策和管理办法。整合社会救助体系,提高社会救助实效,确保困难群众基本生活。

第二,突出重点。一是切实增加公共服务供给,提高公共服务的共建能力和共享水平。当前,增加义务教育、就业服务、社会保障、基本医疗、公共卫生、公共文化、环境保护等基本公共服务的总供给,是人们最关心最直接最现实的共享发展需求。要按照普惠性、保基本、均等化、可持续、全覆盖的原则,强化政府职责,不断完善公共服务体系。创新公共服务的提供、管理、评价方式,鼓励、支持、引导社会资本参与公共服务建设,建立系统完备、科学规范、运行有效的公共服务管理和评价体系,切实提高公共服务的共建能力和共享水平。二是切实缩小收入差距。建立居民收入增长和经济增长同步、劳动报酬提高和劳动生产率提高同步的体制机制,提高居民收入在国民收入分配中的比重,确保持续提高居民收入。健全科学的工资水平决定机制、支付保障机制,完善最低工资增长机制,完善市场评价要素贡献并按贡献分配尤其是提高劳动报酬在初次分配中的比重的机制。规范收入分配秩序,保护合法收入,规范隐性收入,遏制以权力、行政垄断等非市场因素获取收入,取缔非法收入。

第三,完善制度。一是完善贯彻落实共享发展理念的领导体制和工作机制。党的各级领导机构要按照共享发展理念的基本内涵和实践要求建立健全领导落实共享发展理念的体制机制,领导各级政府在制定各级各类规划时提出明确反映共享发展理念的硬指标和政府履行职责的约束性指标。各级政府要把反映共享发展理念的硬指标和约束性指标层层分解下去,明确分工和责任,一级抓一级,层层抓落实。建立健全贯彻落实共享发展理念信息发布制度。二是完善贯彻落实共享发展理念的监督制度。强化贯彻落实共享发展理念的党内监督、民主监督、法律监督、舆论监督。充分发挥党的全委会和广大党员对党和政府贯彻落实共享发展理念的监督作用。切实加强有关国家机关运用国家权力依法对党委和政府贯彻落实共享发展理念情况展开监督。加强新闻媒体对贯彻落实共享发展理念的舆论监督。三是完善贯彻落实共享发展理念的评价制度。按照约束力、可操作、能检查、易评估的原则,形成立体化的贯彻落实共享发展理念的评价体系。规范党和政府主导的监测、评价机构建设,大力加强第三方评价机构建设,多措并举调动人民群众积极参与评价共享发展理念。

第四,保障基本民生。一是全面深化教育改革,切实提高教育质量。全面贯彻党的教育方针,把增强学生社会责任感、创新精神、实践能力作为重点任务贯彻到国民教育全过程。发展学前教育,鼓励普惠性幼儿园发展。大力推进城乡义务教育公办学校标准化建设。普及高中阶段教育,免除家庭经济困难学生的学杂费。逐步推进中等职业教育免除学杂费。提高高等教育水平,鼓励具备条件的高校向应用型转变。完善教育督导,加强社会监督。二是完善就业服务体系,促进就业创业。坚持就业优先战略,实施更加积极的就业政策,创造更多就业岗位,着力解决结构性就业矛盾。完善创业扶持政策,鼓励以创业带就业,建立面向人人的创业服务平台。大力推行终身职业技能培训制度。多管齐下构建和谐劳动关系。完善就业服务体系,提高就业服务能力。完善就业失业统计指标体系。三是全面深化医疗卫生体制改革,抓好健康中国建设。实现基本医疗卫生制度全覆盖,推进医药分开和分级诊疗,实行医疗、医保、医药联动。优化医疗卫生机构布局,健全医疗服务体系。加强医疗质量监管,完善纠纷调解机制,构建和谐医患关系。完善基本药物制度,理顺药品价格,健全药品供应保障机制。提高药品质量,确保用药安全。推动医疗卫生和养老服务相结合。建立严密高效、社会共治的食品安全治理体系。

总之,共享发展理念具有深厚的理论渊源和实践基础,是"十三五"乃至更长时期我国发展思路、发展方向、发展着力点的集中体现,反映出我们党对我国发展规律的新认识,需以踏石留印、抓铁有痕的精神,将共享发展理念落到全面建成小康社会的实处、落到坚持和发展中国特色社会主义的实处。

(原载于《思想理论教育导刊》2016 年第 1 期)

论共享发展理念的丰富内涵和实现理路*

共享发展理念作为党的十八届五中全会提出的"五大发展理念"的目标和归宿,科学诠释了中国特色社会主义的本质要求,进一步回答了"为谁发展、靠谁发展、如何发展"的时代考题,是对马克思主义发展理念的继承和创新,是对中国共产党践行发展为了人民、发展依靠人民、发展成果由人民共享的深化阐释。正确解读共享发展理念的丰富内涵、全面把握共享发展理念的实现理路,对"十三五"发展规划的落实和我国社会主义事业建设发展具有现实意义。

一、共享发展理念的丰富内涵

1. 从共享发展的主体旨向看,需要人人享有,做到全民共享

党的十八届五中全会明确指出,坚持共享发展的目的就是要使"发展成果由人民共享"。这铿锵有力地回答了"为谁发展"这一事关国家发展的根本性问题,旗帜鲜明地宣告了国家发展必须坚持人民主体地位,强调发展的主体对象是全体人民、是"人人",而非少数人。中国改革开放以来的理论研究和实践经验表明,"人人享有、全民享有"虽是就共享的覆盖面而言的,但不等同于每个个体都是同时的、同一的、同质的、同量的享有。它从来就不是一个纯粹的马克思主义学理性命题,必须置于中国特色社会主义具体的国史国情中来审视,充分认识其特性:在时间上,实现人人享有需要相当长的过程,具有阶段性;在空间上,实现人人享有需要考虑地域区情,具有层次性;在主体上,实现人人享有需要考虑个体差异,具有先后性。"人人享有"虽融汇于共享发展的

---

* 本文作者:柳礼泉,湖南大学马克思主义学院;汤素娥,湖南大学马克思主义学院。

全过程,但在不同时期有着不同作用:在社会主义阶段,起着调低、扩中、限高的作用;在共产主义阶段,起到助力实现人人各尽所能、各取所需的作用。

2. 从共享发展的客体内容看,需要人人均衡,做到全面共享

早在党的十六届五中全会上就提出要"更加注重社会公平,使全体人民共享改革发展成果"。① 这一论断放在共享发展的话语体系里,就是要通过科学合理的分配,让人民群众能够全面、均衡、充分地分享发展成果,"不断实现好、维护好、发展好最广大人民根本利益,使发展成果更多更公平惠及全体人民"。② 因此在分享发展成果的质和量上,务必确保全面、均衡和公正,绝不能出现"富者累巨万,而贫者食糟糠"的现象。但需要注意的是,人人均衡、全面共享并不是绝对的平均分配主义,而是公平与效率的统一、形式与内容的统一、全局与重点的统一。坚持公平与效率的统一,就是要按照党的十七大报告指出的那样:"初次分配和再分配都要处理好效率和公平的关系,再分配更加注重公平。"③确保分配机制运行在人民群众全面共享诉求的合理区间,达到相对的人人均衡。坚持形式与内容的统一,就是无论人民群众以何种分配方式得到生产资料、货币、物品等何种形态的东西,其"价"的享有是均等的。坚持全局与重点的统一,就是要确保人民群众享有的成果能够基本覆盖政治、经济、社会、文化和生态等方面,但又要根据对不同类型的发展成果的实际享有需要,有侧重之分、有多寡之别。

3. 从共享发展的实现途径看,需要人人参与,做到共建共享

在共建共享的逻辑体系里,共建是共享的必要前提,共享是共建的必然结果。为落实好既定前提取得预期结果,务必回答好三个问题。第一,"谁来共建"决定了主体力量,是共建共享发展的先决条件。习近平总书记指出:"国家建设是全体人民共同的事业,国家发展过程也是全体人民共享成果的过程。"④由此可知,全体人民一起参与进来共同建设是该问题的精准答案。在

---

① 《十六大以来重要文献选编》中,中央文献出版社 2006 年版,第 1064 页。
② 《习近平谈治国理政》,外文出版社 2014 年版,第 41 页。
③ 胡锦涛:《高举中国特色社会主义伟大旗帜为夺取全面建设小康社会新胜利而奋斗——在中国共产党第十七次全国代表大会上的报告》,人民出版社 2007 年版,第 39 页。
④ 习近平:《在庆祝"五一"国际劳动节暨表彰全国劳动模范和先进工作者大会上的讲话》,人民出版社 2015 年版,第 7 页。

我国,人人参与共建既是社会主义的本质要求,也是人人把握"共同享有人生出彩的机会,共同享有梦想成真的机会,共同享有同祖国和时代一起成长与进步的机会"①的客观需要。第二,"共建什么"决定了着力维度,是共建共享发展的核心部分。现阶段,务必按照中国特色社会主义"五位一体"总体布局和"四个全面"战略布局要求,着眼于全面建成小康社会、实现中华民族伟大复兴这个目标,在全面从严治党的组织保障下,运用全面深化改革和全面依法治国两大方略,坚定不移地推动经济建设、政治建设、文化建设、社会建设、生态文明建设五位一体协调发展。第三,"怎样共建"决定了方法路径,是共建共享发展的关键步骤。当前,我国存在贫富差距拉大、区域经济社会发展不平衡、人民群众诉求多样化、社会矛盾复杂多发等突出问题,必须着力解决人民群众最关心、最直接、最现实的利益问题,满足人民群众最基本、最紧迫的需求,做到让人民群众参与、让人民群众做主、让人民群众受益、让人民群众满意,真正使群众成为利益的主体。

4. 从共享发展的推进过程看,需要人人尽力,做到渐进共享

渐进推动共享发展是基于我国国情而做出的必然选择。我国幅员广阔、人口众多,虽历经改革开放 30 多年的快速发展积累,社会主义建设事业和人民整体生活水平得到长足进步,但城乡之间、发达地区与欠发达地区、沿海地区与内陆地区的贫富差距明显,如何规避和跨越"中等收入陷阱",应对好区域经济发展不平衡、产业结构欠合理、贫富差距扩大化、发展方式亟待转变、基本公共服务均等化亟须普及等挑战,任务依然艰巨繁重。这就要求我们在贯彻落实共享发展时必须立足基本国情,从现实境况出发把握发展规律,有针对性地做出更有效的制度性安排,采取渐进式的共享发展方略。助推渐进式的共享发展,一定要充分认识到我国正处于并将长期处于社会主义初级阶段,实现共同富裕这个基本目标需要一个漫长的过程。同时,还应认识到共同富裕作为中国特色社会主义的基本目标并非一成不变,而是会随人民群众由实现低层次的共同富裕需求向高层次的共同富裕愿景的迈进而相应变化。共同富裕不仅只是一个历史的、持久的目标,还是一个具有动态性、阶段性的目标。共

---

① 习近平:《在第十二届全国人民代表大会第一次会议上的讲话》,《人民日报》2013 年 03 月 18 日。

同富裕这一深层次的特质决定了我们在渐进共享发展过程中,不仅需要人人参与,更需要人人尽力,都能聚焦于渐进共享发展从低级到高级、从不均衡到均衡的每一次飞跃、进阶。

二、共享发展理念的实现理路

1. 把共同富裕愿景作为共享发展的经济动力

从"共享发展"本体词性来讲,它是当代马克思主义政治经济学范畴的创新词汇,是在中国特色社会主义经济建设的实践经验上总结的最新成果。坚持和推动共享发展,就是要善于将共同富裕这一全社会共有的愿景化作经济驱动力和目标执行力,举全国之力、借全民之智,以民之所望为施政所向,从人民群众最关心、最直接、最现实的诉求和愿景着手,突出经济效益与社会效益的统一性,释放政策红利,破解共享发展难题,通过力争缩小收入差距、平衡区域发展、增加公共服务供给、实施脱贫攻坚工程、提高教育质量、促进就业创业等举措,扫除一切不利于实现共同富裕愿景的障碍,夯实一切有利于实现共同富裕愿景的基石,充分调动人民群众的积极性、参与性、创造性等一切积极因素,凝聚起最广泛的中国力量,引导广大人民群众心甘情愿、争先恐后投身于实现共同富裕愿景的社会主义伟大事业中来,为共享发展增创和厚植内生动力。

2. 把坚守公平正义作为共享发展的政治防线

扎牢共享发展的政治防线,关键是要做好维护公平正义的制度设计、赢得最广泛的人心。公平正义是共享发展理念内蕴的基本价值取向,体现了社会主义的本质要求。越是推进共享发展,越要更加维护和珍惜公平正义,站在完善和发展中国特色社会主义制度的高度、站在国家治理发展战略的高度,破解一切有损公平正义的体制机制障碍,调整各类扭曲的政策和制度安排,"逐步建立以权利公平、机会公平、规则公平为主要内容的社会保障体系,努力营造公平的社会环境,保证人民平等参与、平等发展权利"。[①] 否则,没有公平正义,发展成果就不可能全民享有、全面享有,共享发展就会失去底色、大打折扣、成为空谈。

---

① 《习近平总书记系列重要讲话精神学习读本》,中国方正出版社 2014 年版,第 196 页。

3. 把共筑精神家园作为共享发展的文化营养

共有精神家园是建立在全体人民群众的文化存在基础上的认知系统,是人民群众精神生活、精神支柱、精神动力和精神信仰的总和。集中表现在对中华优秀文化的高度认同和对社会主义核心价值观的高度自信以及对以爱国主义为核心的民族精神和以改革创新为核心的时代精神的高度情感体认。增创共享发展的文化营养,就是要牢牢抓住共筑精神家园这个核心,深扎中华优秀传统文化和人类优秀成果沃土,把握实现中华民族伟大复兴中国梦的时代脉搏,瞄准全社会的共同理想,开辟新的精神天地和精神空间,建立起规模最庞大、气势最磅礴、影响最深远的思想"统一战线",从个人和集体两个层面共筑精神家园,为共享发展凝聚起最广泛的思想共识和提供强有力的精神支撑。构筑个人层面的精神家园,就是要牢固确立和遵守共享发展理念,深刻领会共享发展理念的内涵价值,做到真学真懂真做;构筑集体层面的精神家园,就是要把共享发展理念作为共同的价值取向、共同的行动指南,有效贯穿到集体生活的各个领域,用实际行动做到人人参与、人人尽力、人人享有。

4. 把维护和谐稳定作为共享发展的社会基石

为共享发展奠定社会基石,最根本就是必须毫不动摇地坚持党的领导,坚持中国特色社会主义道路,坚持毛泽东思想和中国特色社会主义理论体系,坚持中国特色社会主义制度。在此前提下,对于当前社会而言,对于共享发展而言,就是要自觉地、坚定地维护社会和谐稳定,最大限度激发广大人民群众参与构建和谐社会的积极性,建立完善人民群众合理的利益共享机制,实现利益的畅通表达、及时协调、有效博弈、公平补偿、科学疏导,正确把控好"利益"节点、处理好"利益"关系。只有实现了社会的和谐稳定,共享发展的各项方案、举措才能得到很好的贯彻落实,才能增进和改善人与人、人与社会、人与自然之间的关系,提升人民群众对共享发展的认知和觉悟,把共享发展当作一种内在自觉,让社会的安全阀、利益的调节器和人心的稳定剂在共享发展中发挥最佳作用。否则,没有社会的和谐稳定,共享发展就无从谈起,只会是一句诱人的空话、一张无效的支票。

5. 把实现人的自由而全面发展作为共享发展的终极旨归

人的自由而全面发展作为共享发展的终极旨归,有利于形成倒逼力和助推力,反过来促进共享发展。一方面,"人的自由全面发展"的终极旨归为倒逼共享发展提供更好的服务。共享发展的终极旨归充分尊重了人的自然属性和社会属性,帮助个人挖掘自身潜能,需要通过共享发展满足个人在政治、经济、文化、社会、生态等各领域的需求。这就倒逼共享发展着力于不断扩大人的活动空间、丰富人所享有的资源、强化人与外在联系,增进人享有自由选择的权利和能力,进而更好地服务于人的德智体美劳全面发展,现实体现和生动演绎马克思主义的终极价值关怀。另一方面,"人的自由全面发展"的终极旨归为助推共享发展提供更强大的依靠。"人民是历史的创造者,群众是真正的英雄。人民群众是我们力量的源泉。"①只有每个人都渐渐达到"自由而全面的发展"状态,才能更好地促进人人享有、人人参与、人人尽力,助推共享发展向更高水平提升,进而成为实现人的自由发展的强大依靠。具体而言,在制定共享发展的目标时,以扫除各种阻碍人的自由全面发展的主客观障碍为参照;在推进共享发展的过程中,统筹兼顾全体人员各方面的利益,为促进人的自由全面发展提供条件;在评估共享发展的成败得失时,以是否获得人民群众的满意为基本标准、以是否促进人的自由全面发展为根本尺度。

(原载于《思想理论教育导刊》2016 年第 8 期)

---

① 《习近平谈治国理政》,外文出版社 2014 年版,第 5 页。

实现共享发展的四个层次*

共享发展,由共享和发展两个概念构成。从我国正处于并将长期处于社会主义初级阶段的基本国情来看,共享的发展指向是不言而喻的。实现改革发展成果全民共享,既是社会主义本质的必然要求,也是推动改革发展的现实选择。共享发展要落地,关键在于共享的实现,这需要从四个层次入手。

第一层次是基础型共享,即通过大力发展社会生产力和公有制经济,为共享发展奠定良好的基础。

"共享"在本质上是一个分配概念,回答的是在"蛋糕"已经做大的条件下怎样将"蛋糕"分好的问题。"共享"能否实现,这首先取决于是否具备实现共享的基础。从生产力的角度来认识,马克思、恩格斯说过:"消费资料的任何一种分配,都不过是生产条件本身分配的结果"、①"分配方式本质上毕竟要取决于有多少产品可供分配"。② 这就是说,采取什么样的分配关系首先取决于生产力的发展程度和水平。从现实生产力发展的水平与分配的现状来看,经过30多年改革开放的发展,我们已经做出了一个不小的"蛋糕",但在"蛋糕"的分配上做得并不好,社会成员的收入差距越拉越大、利益过度分化,贫富悬殊问题日趋严重,已经影响到了社会稳定和经济进一步发展的后劲。党的十八届五中全会将"共享"提高到中国特色社会主义本质属性的高度来加以认识,

* 本文作者:郭建;河北经贸大学马克思主义学院;申莎莎,河北经贸大学马克思主义学院。

基金项目:本文系2014年度河北经贸大学教学研究重大项目"高校思想政治理论课优质教学资源开发与建设研究"(项目批准号:2014JYZ03)的阶段性成果。

① 《马克思恩格斯选集》第3卷,人民出版社1995年版,第306页。
② 《马克思恩格斯选集》第4卷,人民出版社1995年版,第691页。

既是我们党对中国特色社会主义建设规律在认识上的深化,又凸显了分好"蛋糕"现实紧迫。当然,实现"共享"并非是要"均贫富"、杀富济贫,搞平均主义,回到"大锅饭"时代,而是在承认收入差距的基础上,着眼于将收入差距控制在合法、合理、适度的范围之内,努力消除贫困,防止出现社会的两极分化,确保广大人民群众共享改革发展成果,寻求进一步推动改革的"最大公约数",为改革发展增添不竭的动力,以实现在更高水平上的共享、共富,这是"共享发展"理念提出的初衷所在。实现在更高水平上的共享、共富要求我们必须坚持以经济建设为中心,把大力发展生产力作为根本任务。只有这样,更高水平上的共享、共富的实现才有坚实的物质基础。大力发展生产力,必须要紧紧围绕"以人为本"这个核心,将大力发展教育科学文化事业、提高人的素质作为发展生产力的头等大事来抓,这是因为在构成生产力的诸要素中,劳动者是唯一能动的要素,在生产力中处于核心和主导地位,是事实上的第一生产力,科学技术、教育和管理等附着性要素都只有内化为劳动者的素质才能发挥作用。

从生产关系的角度来看,马克思指出:"分配关系本身是由生产关系产生的",[①]"一定的分配关系只是历史规定的生产关系的表现"。[②] 由于所有制关系是生产关系的核心和基础,决定着生产关系的性质,因此,有什么样的所有制关系,也就会有什么样的分配关系。就所有制关系的性质来看,有公有和私有之分。生产资料私有制决定了发展成果主要由占有生产资料的少数人享有,而生产资料的公有制则由于生产资料归全体社会成员所有,从而发展成果也由全体社会成员共享。这就是说,生产资料的公有制才是实现"共享"的经济制度基础。因此,实现共享发展,就必须要坚持公有制的主体地位,大力发展公有制经济。大力发展公有制经济,必须解决公有制经济如何发展的问题。公有制经济能否搞好,关键在于管理。毛泽东曾说过:"所有制问题基本解决以后,最重要的问题是管理问题。"[③]其实,我们一直以来努力寻找包括股份制等在内的公有制的有效实现形式,在本质上也还是管理问题。公有制经济管理问题最根本的就是努力提高公有制经济的经营管理水平并且防止管理人员由人民的公仆变为"官老爷"。这个问题解决好了,公有制经济发展的"困境"

① 《马克思恩格斯全集》第 31 卷,人民出版社 1998 年版,第 160 页。
② 《马克思恩格斯选集》第 2 卷,人民出版社 1995 年版,第 585 页。
③ 《毛泽东文集》第 8 卷,人民出版社 1999 年版,第 134 页。

也就破解了。

第二层次是民主型共享,即通过大力发展社会主义实然民主,为共享的实现提供政治保障。

民主,作为一种政治制度,在本质上强调的是人民的统治即人民当家作主。我国是一个社会主义国家,已经建立起了包括人民民主专政的国体、人民代表大会制度的政体、中国共产党领导的多党合作与政治协商制度、民族区域自治制度以及基层群众自治制度在内的高于、优于资本主义的社会主义的应然民主,但是受制于民主运行机制不畅的社会主义实然民主的发展依然与人民的期待有较大差距。社会主义实然民主发展的不足,不仅使社会主义民主政治的优越性没有很好体现出来,使人民没有当家作主的感觉,也使得共享发展由于失去了实际的政治保障而变得举步维艰。社会主义实然民主的发展程度与共享发展能否实现关系十分重大。探讨"共享"的实现,必须直面"阻碍共享实现的最大阻力是什么"这一问题。目前看来,阻碍"共享"实现的最大阻力,一是来自分配制度中按资分配逻辑的存在,二是来自由于权力失去监督而导致的权力腐败。因此,实现"共享",就必须要通过大力发展社会主义实然民主,对资本和权力加以节制。

节制资本,并不是要否定资本在经济发展中的重要作用,资本在我国还处于并将长期处于社会主义初级阶段这一基本国情条件下还有其存在的必然和必要。节制资本的目的在于实现发展成果的共享,防止两极分化的出现。节制资本,首先要靠党和政府通过国家权力机关制定相应的法律法规以及经济政策来实现。从目前来看,《劳动法》的制定,最低工资制度的规定等确实对节制资本发挥了极大的作用,但同时我们还应当看到,在立法、执法、司法等诸多环节还存在着许多亟待解决的问题,比如法律法规的制定还显粗陋、原则性规定过多操作性不强、最低工资标准过低、执法失之于宽且缺乏有效监督、违法成本过低等。这些问题的存在使得党和政府"节制资本"的作用发挥大打折扣。因此,节制资本要求党和政府必须要在立法、执法、司法等诸多方面下足功夫、发挥好作用。其次还要靠广大劳动者为维护自身权益同资本所开展的"斗争"。从20世纪90年代初我国开始引入集体协商制度到21世纪头10年工资集体协商谈判制度的普遍建立,可以说,这是"节制资本"的有效制度设计。但这一制度设计在实践中并没有取得应有的效果。之所以如此,问题不是出在制度设计本身,而是出在了乙方(职工代表方即工会,与企业的代表方甲方相对)。从现行法律规定看,劳动者的合法组织是工会,工会也是劳动者权益的代表者、维护者,在工资集体协商谈判制度中被赋予了同资本相对独立的地位。但从工会的现实状况来看,公有制企业中工会主席的产生事实上来自指定而非选举,工会性质的"行政化"和职能的"福利化"倾向,使法定的工会地位实际被"虚化",职能被异化,从而很难担负起维护职工合法权益的职责。而从非公有制企业来看,尽管近些年来,各地按照"哪里有职工、哪里就要组建工会"的要求,在非公有制企业内大力开展工会组织建设工作,也取得了不小的成效,但由于新建立起来的多数工会组织机构仅限于"一张纸""一枚章""一张桌",形同"空壳",从而作用的发挥自然也很难尽如人意,处于事实上的"失位"状态。甚至还有一些企业工会的领导人已经异化为挂着"工人代表"招牌的"资本"代言人,已经将屁股坐到了资本的板凳上。由此可见,通过工资集体谈判制度节制资本,关键在于做实、做强、做大工会,由单位劳动者集体选举产生工会主席,使工会回归"自治"本体。只有这样,组织起来的劳动者才能通过谈判使资本得到节制。在这里,可能有人会担忧,让工会回归"自治"本体是否会导致工会脱离党的领导,成为社会不稳定的因素。客观说,这种担忧是多余的。我们知道,党的性质和宗旨与工会维护劳动者的权益是根本一致的,两者并不存在对立的基础。在这一前提下,我们党完全可以通过深入细致的思想教育工作将劳动者选举出来的德才兼备又有群众基础的担任工会领导人的劳动者代表吸收到我们党组织中来,从而实现坚持党的领导与人民当家作主的有机统一。

节制权力,并非否定权力,而是为了防止权力的滥用与腐败的产生。十八大以来,党中央高调反腐倡廉,"老虎""苍蝇"纷纷落网。习近平总书记指出,反腐倡廉要"让人民监督权力,让权力在阳光下运行,把权力关进制度的笼子里"。① "把权力关进制度的笼子里"强调的是制度建设的重要性,但制度无论怎样建设,总会有百密一疏。"让权力在阳光下运行"强调的是权力的运行要公开、透明,便于监督。但在现实中,党务公开、政务公开已经推行多年,总体看执行得并不好。在这个问题上,尽管中央决心很大但难度更大。唯一的途

---

① 《习近平谈治国理政》,外文出版社 2014 年版,第 391－392 页。

径就是将自上而下的巡视与自下而上的人民监督结合起来,充分发挥人民群众的力量,让权力无所遁形。毛泽东曾指出,只有让人民监督政府,政府才不敢松懈。只有人人起来负责,才不会人亡政息。① 这一方面要求各级、各类、各个权力部门必须认真做好党务公开、政务公开工作,不搞形式,不搞雾里看花;另一方面还必须要搞好民主选举、民主决策、民主管理、民主监督,保障好人民群众的选举权、知情权、决策权、管理权、监督权,让人民群众真正成为节制权力的主体。

第三层次是公平型共享,即通过改善收入分配不合理现状,为共享的实现提供机制保障。

共享发展之"共享"针对的是当前存在的收入分配极不合理现状。所谓收入分配不合理,指改革发展的成果并没有得到公平的分配,得所不当得与应得却少得甚至未得并存,这在初次分配和再分配中都有体现。从初次分配来看,首先"两高一低"(政府和企业在国民收入中占比偏高,而劳动报酬占比偏低)的分配格局没有得到根本改观。其次贫富差距日益拉大。造成这一问题的首要原因就是分配制度中按资分配逻辑的存在,其次是土地、矿产资源、国有企业、公共产品等领域在市场化、资本化过程中所产生的巨大收益很大一部分被少数人甚至极少数人凭借其拥有的经营权或实际控制权所瓜分和占有所致。

一般来说,初次分配着眼于效率,再分配着眼于公平。但从再分配来看,并没有起到"削峰""填谷"的作用,公平难以彰显。一是再分配在国民收入中占比太小,纠偏力度太弱。二是社会保障覆盖面还有待于进一步扩大,社会保障水平总体较低,低收入群体难以得到有效援助。三是逆向调节进一步加剧了不公平。首先是对高收入者税收调节机制不健全,"削峰"作用难现。本该成为政府补贴、扶助对象的中低收入阶层成了纳税的主力,本该成为纳税主力的富裕群体却往往成为漏税逃税大户。其次是在政府财政支出中教育、医疗、住房等公共支出严重不足,没有起到"填谷"的作用。由于在初次分配和再分配中收入分配的不合理现象的存在,使得广大劳动者的收入和消费能力都十分有限,有效需求严重不足,这正是近些年来我们一直寄望的拉动内需却"拉"而"不动"的根本原因。

---

① 黄炎培:《八十年来》,文史资料出版社1982年版,第148-149页。

实现共享发展,必须深化收入分配体制改革,改善收入分配的不合理现状。首先必须改善初次分配的结构,着力调整好两个"占比",抓住两个"重点"。两个"占比",一是初次分配与再分配在国民收入分配中的占比,二是政府、企业和劳动报酬在国民收入分配中的占比。调整前者的目的在于提高再分配在国民收入分配中的占比,以增强再分配在实现社会公平方面的力度和作用;调整后者的目的在于提高劳动报酬在国民收入中的占比,在初次分配中体现公平。这两个占比的确定应逐步做到以世界平均水平为基本底线。这就要求党和政府必须坚持以民为本的原则,要在国民收入中做"减法",还利于民,努力做到不与民争利,藏富于民。两个"重点",一是节制资本,二是节制权力。节制权力,除了健全制度、强化对权力的监督之外,还必须要将土地、矿产资源、国有企业、公共产品等作为重点,建立起对这些领域在市场化、资本化过程中所产生的巨大收益的公平分配机制,防止被少数人甚至极少数人瓜分和占有。从改善再分配结构来看,应着力做好三件事:一是政府在财政支出中要加大对教育、医疗、住房等亟待解决的民生问题的公共支出力度,担负起应当担负的责任,让教育和医疗回归公益,建立以租为主的住房保障制度,减轻人民群众生活负担;二是要建立、健全税收调节机制,严厉打击"偷、漏、逃、抗"税行为,尽快开征遗产税和馈赠税,实施按家庭综合征收个人所得税制度;三是努力实现社会保障的全覆盖,着力提高全民的社会保障水平,实行差别化社会保障制度,为不具有或丧失劳动能力的人提供生活型保障,为具有劳动能力的人提供发展性保障,为所有人提供力所能及的风险保障。

第四层次是奉献型共享,即通过大力发展慈善事业、志愿服务事业等,为实现共享助力,让人民共享发展成果。

相对于基于效率由市场决定的初次分配和基于公平由政府主导的再分配,基于道德信念以自愿为前提的民间捐赠、慈善活动和志愿服务等被称之为国民收入的第三次分配。由于初次分配容易导致贫富不均,所以需要通过政府主导的再分配来促进社会的公平,而"政府失灵"的存在及政府用于再分配资源的不足,使第三次分配作为前两次分配的有益补充有了存在和发展的必要,其特点是"自愿、无偿、奉献"。第三次分配通过民间捐赠、慈善活动、志愿服务等形式,推动财富流转,实现资源重置,增进最弱势群体和特殊群体的利益,从而有助于缓解社会贫富差距,促进社会分配的公平正义。

我国的慈善事业和志愿服务事业的发展还存在着很大的提升空间。制约原因一是生产力发展总体水平还不够高。二是慈善组织公信力不足。这在很大程度上源于相关监督机制的缺失。我国对慈善组织实行的是"归口登记、双重负责、分级管理"的体制。实际上,登记管理机关和业务主管单位都没有完全尽到对其的监管职责,加之第三方评估机构的缺失,处于监控缺失状态的慈善组织出现负面消息也就不足为奇了。三是政府引导乏力。长期以来,政府是我国慈善事业和志愿服务事业的主导者,这在慈善事业和志愿服务事业发展的初期是极其重要的,但随着慈善事业和志愿服务事业的进一步发展,政府引导乏力已经成为阻碍其发展壮大的一大因素。四是管理体制的问题。以志愿服务为例,现在志愿服务发展的实际主要领导者和推动者是各级文明委、文明办,而志愿服务组织的法定登记与管理的机关则是各级民政部门。按照谁管理谁负责的原则,志愿服务组织登记得越多,各级民政部门的责任就越大。因此,发展、壮大第三次分配,也需要从以上四个方面入手,既要始终坚持以经济建设为中心,大力发展生产力,又要通过建立、健全监督机制,提升慈善组织、志愿服务组织的公信力,做大、做强慈善组织、志愿服务组织,还要实现政府从管理到服务的职能转变,尽快建立和完善诸如开征遗产税与赠予税以及相关税收激励制度,加大对志愿服务事业的国家投入以及对志愿服务的法律保障与激励制度,同时,还需要进一步深化改革,理顺管理体制。

总的来说,这四个层次是层层递进、相互关联的。其中,既有对生产力和生产关系的基础性要求,又有上层建筑层面对社会主义实然民主发展的要求,还有对三次分配加以改革、统筹推进的要求,而要做到这一切,有效的制度安排至关重要。

(原载《思想理论教育导刊》2016 年第 8 期)

共享发展理念的哲学基础与落实路径[*]

习近平总书记强调,"生活在我们伟大祖国和伟大时代的中国人民,共同享有人生出彩的机会,共同享有梦想成真的机会,共同享有同祖国和时代一起成长与进步的机会。"①十八届五中全会首次提出了包括"共享"发展理念在内的"创新、协调、绿色、开放、共享"五大发展理念。由此可见,共享发展之于当代中国社会和中国人民的重要性。因此,深刻阐释共享发展理念的哲学基础,系统分析实现共享发展所面临的困境和挑战,探明当前落实共享发展理念、实现共享发展的现实路径,不仅必要而且十分迫切。

一、共享发展理念的哲学基础

共享发展理念的哲学基础可以相对区分并归结为两点即历史唯物主义人民主体观和历史唯物主义正义观。

(一)共享发展理念植根于历史唯物主义的人民主体观

"人民群众是历史的创造者"是历史唯物主义的基本原理,也是历史唯物主义人民主体观的集中体现。历史唯物主义认为生产力是社会发展的最终决定力量。人的因素不仅渗透在生产力发展的诸因素中,而且也是诸因素中最为活跃的因素。这里的人是现实的个人,"不是处在某种虚幻的离群索居和固定不变状态中的人,而是处在现实的、可以通过经验观察到的、在一定条件下

----

* 本文作者:李红松(1977 –),男,中共中央党校哲学博士,河南工程学院思想政治理论教学部讲师。

① 习近平:《中国人民共同享有人生出彩的机会》,新华网 http://www.ahwang.cn/china/20130318/1257259.shtml,2013 年 3 月 17 日。

进行的发展过程中的人"①。这些现实的人的主体,是人民群众,而不是诸如拿破仑式的历史人物;是绝大多数人,而不是一部分人或极少数人。"历史活动是群众的活动,随着历史活动的深入,必将是群众队伍的扩大"。② 社会的正常运行和社会历史形态的依次交替,不仅是人民群众积极性、主动性、创造性作用发挥的结果,而且也确证着人民群众日益强大的主体力量。正如马克思、恩格斯在批判费尔巴哈时所指出的,"他周围的感性世界绝不是某种开天辟地以来就直接存在的、始终如一的东西,而是工业和社会状况的产物,是历史的产物,是世世代代活动的结果,其中每一代都立足于前一代所奠定的基础上,继续发展前一代的工业和交往,并随着需要的改变而改变他们的社会制度"③。不仅马克思、恩格斯如此,社会主义革命者、建设者、接班人也从来丝毫没有偏离过历史唯物主义的这个立场和基本原理。列宁指出,"不吸引更多的人民阶层参加社会建设,不激发一直沉睡的广大群众的积极性,就谈不上什么革命的改革"④。毛泽东则强调,"人民,只有人民,才是创造世界历史的动力"⑤。在中国特色社会主义的发展进程中,人民群众的历史主体地位更没有被忽视。邓小平明确指出:"马克思主义向来认为,归根结底地说来,历史是人民群众创造的。工人阶级必须依靠本阶级的群众力量和全体劳动人民的群众力量,才能实现自己的历史使命——解放自己,同时解放全体劳动人民。"⑥"三个代表"重要思想、科学发展观,也同样基于人民群众创造历史而强调发展要依靠群众。十八大以来,习近平总书记基于对历史唯物主义基本原理和社会主义实践的深刻把握,鲜明地指出,"坚持人民主体地位,充分调动人民积极性,始终是我们党立于不败之地的强大根基"。

　　既然人民群众是历史的创造者,那么在社会历史发展中让人民群众"共享发展成果",就是历史唯物主义的必然逻辑。马克思、恩格斯从事的事业就是人民群众解放的事业。毛泽东等老一辈无产阶级革命家所从事的事业也是人民群众解放的事业,是实现人民当家作主、为人民谋福利的事业。在中国特色

---

① 《马克思恩格斯选集》第 1 卷,人民出版社 1995 年版,第 73 页。

② 《马克思恩格斯文集》第 1 卷,人民出版社 2009 年版,第 287 页。

③ 《马克思恩格斯选集》第 1 卷,人民出版社 1995 年版,第 73 页。

④ 《列宁全集》第 34 卷,人民出版社 1985 年版,第 141 - 142 页。

⑤ 《毛泽东选集》第 3 卷,人民出版社 1991 年版,第 1034 页。

⑥ 《邓小平文选》第 1 卷,人民出版社 1994 年版,第 217 页。

社会主义的发展进程中,我们党始终没有忘记让人民共享发展成果。邓小平指出,"社会主义发展生产力,成果是属于人民的。"①同时,他也强调"社会主义的目的就是要全国人民共同富裕,不是两极分化"②,进而又告诫全党"如果我们的政策导致了两极分化,我们就失败了!"③"三个代表"重要思想强调党要代表最广大人民的根本利益,以人为本的科学发展观也同样强调发展成果由人民共享。党的十八大以来,习近平总书记站在新的历史起点上庄严宣告:"人民对美好生活的向往,就是我们的奋斗目标。"他不仅注重发展为了人民,而且更加注重发展为了绝大多数人民,提出了"三个共享""小康不小康,关键看老乡""全面实现小康,一个民族都不能少""扶贫开发贵在精准"等新思想、新论断,最终形成了"共享"发展理念。由此可见,共享发展理念深深地植根于历史唯物主义的人民主体观。

(二)共享发展理念集中体现历史唯物主义正义观

在历史唯物主义产生以前,正义观念要么被以为是上帝意志的体现,要么被认为与人的先验意识有关,正义观念是永恒的。历史唯物主义则认为,正义观念不过是社会生产方式和经济关系的反映,正义观念是具体的历史的,"关于永恒公平的观念是因时因地而变。"④正义观念是随着生产力的发展和生产方式的变革而不断演进的。不同经济社会形态下有不同的占主导地位的正义观念,同一经济社会形态下,基于不同的阶级立场也有不同的正义观念。"希腊人和罗马人的公平观认为奴隶制是公平的;1789 年资产阶级的公平原则要求废除被官方宣布为不公平的封建制度,因为据说它不公平。在普鲁士的容克看来,甚至可怜的行政区域条例也是对永恒公平的破坏。"⑤

任何一种正义观念只要是为适合生产力发展的经济基础服务,那么它就是合理的。原始社会没有正义观念,而共产主义则是超正义的。在阶级社会,无论是奴隶社会、封建社会还是资本主义社会,占统治地位的正义观念都曾经是进步的、合理的,但是也都因为自身所服务的经济基础(生产关系)之于生产

---

① 《邓小平文选》第 3 卷,人民出版社 1993 年版,第 255 页。
② 《邓小平文选》第 3 卷,人民出版社 1993 年版,第 110 页。
③ 《邓小平文选》第 3 卷,人民出版社 1993 年版,第 111 页。
④ 《马克思恩格斯选集》第 3 卷,人民出版社 1995 年版,第 212 页。
⑤ 《马克思恩格斯选集》第 3 卷,人民出版社 1995 年版,第 212 页。

力的落后性,而使自身失去了存在的合理性,从而成为社会发展的障碍。当社会形态演替到资本主义社会时,"自由"成为资本主义社会的正义观念,这种正义观念相对于封建社会的正义观念无疑具有历史的进步性、合理性。然而,这种正义观念支配下的社会,却是在资本对劳动强制的条件下运行的,在创造巨大生产力的同时,造成了无产阶级的绝对贫困以及资本主义社会自身无法克服的矛盾。克服这种矛盾的唯一办法,就是要推翻资本的统治,建立无产阶级的统治,在扬弃资本主义"自由"原则的基础上建立"公平"的正义观念,从而在共产主义初级阶段即社会主义阶段消除阶级剥削和资本强制,实行按"贡献原则"分配。换言之,以"自由"为正义观念的资本主义发展到一定阶段,是无法靠自身来解决"公平"问题的,解决公平问题的办法只能依靠社会主义。历史唯物主义的"公平"正义观内含在社会主义的本质当中,当然也是社会主义的核心价值追求。当代中国共享发展理念的提出,集中体现了历史唯物主义的正义观和社会主义核心价值取向。

二、共享发展面临的困境及其原因分析

我们所说的共享发展所面临的困境在这里首先体现在不同社会群体的收入差距上。人民固然是社会发展的共享主体,但人民群众又总是具体的,不同区域、不同行业、不同阶层的人民群众共享社会发展成果的程度是不同的,甚至还有着巨大的差距。通过分析 2014 年《中国统计年鉴》的相关数据,我们会有更为具体和深切的感受。年鉴数据表明,2008 年以前的城乡差距、区域差距、行业差距的增长率明显在扩大;近几年来增长率虽然有所缓和,但居民收入差距的绝对值实际上依然很大。下面我们仅从收入差距的角度,并只选取 2011、2012、2013 这三年的相关数据来做一个简要分析。

就城乡居民收入差距而言,2011 年,城镇居民人均可支配收入 21809.8 元,农村居民人均纯收入 6977.3 元;2012 年,城镇居民人均可支配收入 24564.7 元,农村居民人均纯收入 7916.6 元;2013 年,城镇居民人均可支配收入 26955.1 元,农村居民人均纯收入 8895.9 元。从这些数据可以看出,无论是城镇居民人均可支配收入还是农村居民人均纯收入都呈增长趋势,而且增长的幅度还比较乐观。但与此同时,通过计算我们可以发现,城镇居民人均可支配收入与农村居民人均纯收入之间的差距 2011 年为 14832.5 元,2012 年则变

为 16648.1 元,2013 年则增加到 18059.2 元,二者之间的差距在持续扩大。就区域差距而言,我们来看两组数据,一组是东、中、西及东北地区城镇居民人均可支配收入,一组是东、中、西及东北地区农村居民人均纯收入。从东、中、西及东北地区城镇居民人均可支配收入来看,2011 年,东部地区为 26406.0 元,中部地区为 18323.2 元,西部地区为 18159.4 元,东北地区为 18301.3 元;2012 年,东部地区为 29621.6 元,中部地区为 20697.2 元,西部地区为 20600.2 元,东北地区为 20759.3 元;2013 年,东部地区为 32472.0 元,中部地区为 22736.1 元,西部地区为 22710.1 元,东北地区为 22874.6 元。我们可以看到,中、西和东北地区的城镇居民人均可支配收入基本相等,东部地区明显较高,而且东部和其他地区的差距同样也在拉大,比如 2011 年东部和西部的差距 8246.6 元,2013 年则增至 9761.9 元。

从东、中、西及东北地区农村居民人均纯收入来看,2011 年,东部地区为 9585.0 元,中部地区为 6529.9 元,西部地区为 5246.7 元,东北地区为 7790.6 元;2012 年,东部地区为 10817.5 元,中部地区为 7435.2 元,西部地区为 6026.6 元,东北地区为 8846.5 元;2013 年,东部地区为 12052.1 元,中部地区为 8376.5 元,西部地区为 6833.6 元,东北地区为 9909.2 元。我们会看到,东部地区和中西部地区差距较大且仍在扩大,即使就中、西、东北地区之间进行比较,西部地区农村居民人均纯收入也明显较低。

就省区比较来看,从 2011 年至 2013 年,城镇居民人均可支配收入和农村居民人均纯收入最高的皆为上海,最低的皆为甘肃。两省区之间不仅差距很大,而且差距绝对值也在逐年拉大。仅以城镇居民人均可支配收入为例,2011 年,上海为 36230.5 元,甘肃为 14988.7 元;2013 年,上海为 43851.4 元,甘肃为 18964.8 元;二者差距可见一斑。

就行业差距而言,自 2011 年至 2013 年,平均工资水平最高的几个行业为金融业、信息传输、软件和信息技术服务业,最低的几个行业为农林牧渔业、住宿和餐饮业。2011 年金融业平均工资水平为 81109 元,住宿和餐饮业为 27486 元,农林牧渔业为 19469 元;2013 年则分别为 99653 元、34044 元、25820 元。虽然最高的金融业和最低的农林牧渔业二者平均工资比由 4.17 : 1 降到了 3.86 : 1,但二者之间的绝对增加值仍呈现拉大趋势。

从基尼系数来看,我国收入分配的差异程度更需高度警惕。关于中国基尼系数,业界一直存有很大争议。国家统计局公布的中国全国居民收入基尼系数从 2003 年至 2013 年多在 0.47 - 0.49 之间,2003 年至 2008 年一直在升高,直至 2008 年的 0.491 最高值,之后逐年下降。2014 年降到 0.469,2015 年则降到新低 0.462,继续呈现下行趋势,但毫无疑问仍高于 0.40 国际警戒线①。

　　2012 年 12 月,西南财经大学中国家庭金融调查与研究中心根据住户调查得出,2010 年中国基尼系数为 0.61,农村基尼系数为 0.60,城镇基尼系数为 0.56②。

　　2014 年 7 月 25 日,北京大学中国社会科学调查中心发布了《中国民生发展报告 2014》。报告称,中国的财产不平等程度在迅速扩大:1995 年我国财产的基尼系数为 0.45,2002 年为 0.55,2012 年我国家庭净财产的基尼系数达到 0.73;最顶端 1% 的家庭占有全国三分之一以上的财产,而底端 25% 的家庭拥有的财产总量仅占 1% 左右③。基尼系数的争议并不影响我们对收入差距的认识,即使按照国家统计局公布的数据,也同样反映了我国居民收入差距是相当大的,反映了当前中国阶层的分化程度是比较严重的。

　　共享发展所面临的困境体现在不同主体的收入差距上,但却不局限在收入差距上。从社会哲学层面看,社会是一个包括经济领域、政治领域、文化领域等基本领域在内的有机整体。社会发展的成果不仅包括经济成果,而且还包括民主政治成果和精神文化成果。历史唯物主义告诉我们,经济基础决定上层建筑,经济利益决定政治利益。因此经济贫困也必然造成政治贫困和精神文化贫困。城乡差距、区域差距、行业差距、阶层分化等所涉及的收入较低的社会群体,实际上也很难更多分享民主政治发展成果和精神文化发展成果。

　　反映某一社会的政治发展成果的一个重要标志是这个社会的公民参与程度。技术的进步、资本的作用、市场经济的发展和主体性意识的觉醒,必然促进现代社会公民参与程度的提高。当代中国社会整体正处于"双重转型"即"经济社会形态视角内的社会主义模式重构或模式转换即计划经济模式向市

①　《2015 中国经济成绩单四大看点:基尼系数"七连降"》,中新网,http://news.cntv.cn/2016/01/19/ARTImc1mSXOBoVa9y2ShcAjp160119. shtml.

②　《2015 年全国居民基尼收入系数降至 0.462》,财新网,http://sd.ifeng.com/a/20160119/4212077_0. shtml.

③　《如何看待北大报告称中国财富基尼系数 0.73》,观察者网,http://www.guancha.cn/ChenQin/2014_08_04_252012_s. shtml.

场经济模式的转变,技术社会形态内的社会现代化即农业社会向工业社会和信息社会的转变"①之中,技术、市场机制、社会分工、主体性意识的觉醒等因素的综合作用同样也促进着中国公民参与程度的提升,普通公众、中介组织、民间组织等实现了更多更广泛的政治参与;与此同时,相关的制度设计也逐步完善,比如人民代表大会制度、政治协商制度、基层民主自治制度、信访制度以及近年来出现的领导接待日、不定期座谈会、公示制度、听证制度、政府决策咨询制度、民主评议政府制度等。

随着公民素质的提高、政治体制特别是行政体制改革、信息技术尤其是网络技术的发展,我国公民参与的诉求也越来越高。如果能够从制度和体制层面有效回应这种诉求,拓展参与渠道,就能够使公民参与制度化、规范化、程序化,从而有效吸纳各种参与力量,促进政治发展;反之,则可能使这种参与力量在体制外无序游荡,从而对政治体制形成巨大压力,甚至可能危及整体社会秩序。应该说,近些年来的政治实践,很大程度上满足了公民的参与诉求,但由于种种因素,相关制度和体制仍需要进一步完善和改进,公民参与的渠道仍需要进一步拓宽。特别是如何保证弱势群体的参与权,已经成为一个迫切需要解决的问题,群体性事件频发就从某个侧面反映了弱势群众参与诉求增加和参与渠道不十分畅通之间的矛盾。

这里所讲的弱势群体,是指前面所讲的收入分配差距中收入较低的社会成员,大体上包括绝大多数的农民、农民工、城市低收入群体和失业半失业者。这些弱势群体由于经济收入较低和处于原子化状态,因此很难在政治运行和公共决策中获得一定的话语权。实际上,由于其素质、意识和弱势地位的限制,他们对多数的政治议题和政治实践也难以产生兴趣,他们所关心的多是与自身具体物质利益相关的问题。与此同时,由于这些弱势群体利益表达能力不足以及表达渠道不畅通,就有可能造成他们的利益难以得到有效的表达和维护,其权利难以得到有效救济。这与人民群众共享发展成果的实质和原则显然是不相符合的。而由此所造成的种种可能后果,也是我们应该竭力避免的。正如阿尔蒙德所说,"在贫富差距巨大的社会里,正规的利益表达渠道很可能由富人掌握,而穷人要么是保持沉默,要么是采取暴力的或激进的手段来

---

① 贾高建:《社会发展理论与社会发展战略》,中共中央党校出版社 2005 年版,第141 页。

使人们听到他们的呼声。"①作为社会主义国家,我们更应该减少直至避免这种情况的发生。通过适当的制度安排,让人民共享政治发展成果,是我们的不二选择。

除了共享政治成果之外,当然还包括共享文化等其他发展成果。当代中国,人民群众共享文化发展成果方面同样面临着诸多的困境与挑战。仅仅考察教育领域,我们就会发现,区域之间、城乡之间、不同收入群体之间对教育成果的享有程度存在着一定差距。在人民群众文化素养和日常文化生活方面,区域、城乡、不同群体之间的差距也同样存在。这种差距同样表现在民生领域,比如医疗卫生、就业、社会保障等。

造成共享发展种种困境的原因是多方面的。资源禀赋差异、经济社会发展阶段制约等因素是合理因素。由于我国国土面积广阔,各地区区域位置和资源禀赋不同,产生发展程度的差异也是正常的;又由于经济社会发展阶段制约,我们改革开放初期所坚持的"效率优先、兼顾公平"原则以及鼓励一部分人、一部分地区先富起来的发展战略,在当时的社会历史条件下,也有其现实的合理性,这些因素无疑会拉大收入差距。此外,现代化所必然带来的经济结构的调整也一定会造成人们在不同区域、行业之间的流动,从而产生收入差距。同时,社会发展仍处于社会主义初级阶段,必须坚持按劳分配为主体、多种分配方式并存的分配制度,把按劳分配和按生产要素分配结合起来。而劳动者个人不仅德智体方面有差异,而且对技术、土地、资本、信息等生产要素的拥有程度也是不同的,这同样也会导致分配结果的差异。上述这些导致共享发展困境的因素虽然在特定时期具有一定的合理性,但必须也要随着现实历史的发展而尽可能进行调整,否则就会丧失其合理性。当然,造成这种共享发展困境的因素也有很多是不合理的。比如,经济调节乏力、城乡二元结构、行业垄断、非法经营(偷税漏税、制假贩假)、制度供给不足、弱势群体公民参与渠道不充足、教育投入不足等。因此,克服上述所有因素,就成为落实共享发展理念、实现共享发展的关键。

---

① [美]阿尔蒙德:《比较政治学:体系、过程和政策》,上海译文出版社 1987 年版,第230 页。

三、落实共享发展理念、实现共享发展的现实路径

落实共享发展理念、实现共享发展必须使共享发展理念深入人心,必须在现实社会资源的权威性分配中促进共享发展,必须在依法治国、制度运行、体制变革中实现共享发展。具体来讲,应着重从以下三个方面入手。

(一)落实共享发展理念、实现共享发展要培育和践行社会主义核心价值观

"共享"发展理念是"五大发展理念"之一,它既有价值的性质又有规范的性质,也就是说,它不仅是价值观的体现,而且还是社会发展所依据的准则。作为一种准则,共享发展理念是我们推进社会发展的重要遵循。作为价值观的集中体现,要想落实好这些理念,就需要我们在落实这些"理念"时,积极宣传、培育和践行这些"理念"所集中体现的核心价值观。而共享理念集中体现的价值观正是公平正义。

十八大提出了"富强、民主、文明、和谐""自由、平等、公正、法治""爱国、敬业、诚信、友善"的 24 个字的核心价值观,笔者认为其中涉及公平正义的主要有"自由、平等、公正、法治"和"诚信"。"平等""公正"实质上就是公平正义。就"自由"这个价值要素而言,内含着公平正义的社会主义就是要在扬弃资本主义自由原则的基础上,摆脱人的依赖关系和物的依赖关系,最终实现人的"自由"全面发展。"法治"和公平正义的关系在现代社会则是相辅相成,正如李德顺教授所言,"落实与体现社会公平正义的历史过程,必然也就是全面推进依法治国的进程"①。没有"法治",公平正义就很难实现。当前我国公民的法治意识仍较为薄弱,这与我国的生产力还不够发达、法治素养较低等密切相关。克服这些因素,提升公民的法治意识和规则意识对于公平正义的维护不可或缺。"诚信"也和公平正义有着紧密关联,无论是个人诚信缺失、企业诚信缺失还是政府公信力不强,都会损害到社会的公平正义。一般来讲,诚信缺失的地方,公平正义也会空场。而当"诚信"和"法治"都缺失时,实际上公平正义也就不复存在了。因此落实共享发展理念、实现共享发展,必须积极培育和践行自由、平等、公正、法治、诚信等社会主义核心价值观。要坚决反对和抵制

① 李德顺:《谈社会主义核心价值"公正"》,《中国特色社会主义研究》2015 年第 2 期。

"宣传灌输无用论",建立合理的宣传工作领导责任制,增进宣传思想工作机制的整体性和协调性,充分融合各种传统媒体和新兴媒体,形成大宣传格局,加大对自由、平等、公正、法治、诚信等社会主义核心价值观的宣传力度。要把自由、平等、公正、法治、诚信等社会主义核心价值观融入制度设计和政策制定之中,然后经由制度运行、政策执行、人民群众利益维护等使这些核心价值观落地生根,从而不断贯彻落实共享发展理念,真正使全体社会成员将其内化为自身的行为准则。

(二)落实共享发展理念、实现共享发展要改革分配制度、加大转移支付力度、推进精准扶贫

落实共享发展理念、实现共享发展,要真正做到在初次分配中更加注重公平。在劳动、技术、土地、资本、信息等生产要素中,要更加注重劳动这个要素,着力提升劳动生产要素参与分配时所占的比重,较大幅度地改变劳动要素之于其他要素的弱势地位。与此同时,还要坚决维护劳动者的合法权益。维护劳动者合法权益,一方面是要让劳动者得到按贡献分配应得的收入,另一方面还要采取各种措施坚决打击资本要素和权力的不正当结合。社会主义初级阶段资本存在的合理性以及权力的监督制约不到位,使资本和权力的不正当结合成为现实,这种结合从源头上侵害了劳动者的合法权益。

落实共享发展理念、实现共享发展还要加大转移支付力度。中西部地区特别是中西部农村地区、东北老工业基地、少数民族地区、边疆地区、革命老区等,经济发展水平较低,这些地区依靠自身的财力很难实现较快发展。这就需要中央政府加大转移支付力度支持这些地区发展,鼓励和要求发达地区支持帮助这些落后地区,实现先富带动后富。加大财政体制改革力度,不断扩大对这些地区的投入力度。要创新东部发达地区帮助西部地区、城市帮助农村发展的体制机制,把帮助落后地区发展真正作为先富地区领导干部的有效考核指标。大力兴建这些地区基础设施,扩大公路网、铁路网、航空港建设。加快现代信息基础建设,推进电子商务、互联网 + 、大数据在上述地区的有效应用。中西部地区的人力资源相对比较贫乏,要加大人力资源开发投入、基础教育和高等教育投入,培养中西部人才内生机制。充分利用资金投入和产业转移时机,推进人才向中西部流动;同时,采取更为有效的激励性措施鼓励先进人才主动涌向中西部,贡献中西部发展。

无论东部还是西部,城市还是农村,贫困人口都不同程度地存在着。落实共享发展理念、实现共享发展,最为直接有效的措施就是推进精准扶贫,切实提高扶贫实效。正如习近平总书记所强调的,"坚持精准扶贫、精准脱贫,重在提高脱贫攻坚成效"。推进精准扶贫前提是要找出"扶持谁",把真正贫困的人口找出来;进而建立贫困人口档案,搞清楚其贫困程度和致贫原因,因地制宜、采取针对性措施来解决"怎么扶"的问题。同时,加快建立各级政府上下联动的高效扶贫开发工作机制,做到分工明确、责任到人,高度重视对扶贫实际效果的考核。只有这样,才能够真正提高脱贫攻坚成效,进而实现共享发展。

(三)落实共享发展理念、实现共享发展的根本是要完善体现公平正义的法律和制度保障

落实共享发展理念、实现共享发展,必须依法治国,完善社会主义法律体系。只有坚持依法治国,不断完善社会主义法律体系,在法律层面明确公民个人的权利和义务,才能有效保障公民个人特别是弱势群体的合法权益。只有维护宪法权威,依法治国,做到执法从严、违法必究,才能有效遏制以权代法、以权压法、徇私枉法现象,减少和杜绝权力与资本的非法结合,从而更好做到权为民所用、利为民所谋。同时,法律体系作为上层建筑也要随着生产力的发展和生产关系的调整而不断修订和完善。当前我们所处的发展阶段,决定了在法律的修订和完善上,应该更加体现公平正义,注重保护弱势群体利益,更加注重共享发展。

落实共享发展理念、实现共享发展,要建立体现公平正义的有力制度保障。我国的基本社会制度整体来讲是适合生产力发展的,是能够体现社会主义优越性的,是能够保证共享发展的趋势和方向的。但是,我们的制度也有不完善、不尽合理的地方,国家制度体系的现代化仍有很长的路要走;再加之制度执行方面的变通、偏差和走样,公平正义原则就不容易得到遵循,共享发展就会遇到阻碍。促进共享发展,要求我们加强供给侧改革,在把蛋糕做大的同时,更加注重把蛋糕分好;在充分利用各种生产要素、发挥各方面积极性的同时,更加注重弱势群体利益的满足;在保障全体社会成员各方面合法权利的同时,更加注重弱势群体合法权利的维护和救济;在保证政策兜底的前提下,更加注重推进公共服务均等化,在医疗、卫生、教育、住房、就业、养老等方面增加公共产品供给。而这些措施的背后是由能够充分保障社会成员平等公正地享

有基本权利和义务的制度体制作为支撑的。因此,实现共享发展,必须全面深化改革,改革包括经济领域、政治领域、文化领域、社会领域、生态领域在内的不合理的机制,完善相应的制度,使相关的制度、机制更加能够体现公平正义,更加能够促进共享发展。比如经济领域里分配制度的调整,土地流转制度的完善;政治领域里协商民主的发展,公民合法有序政治参与的扩大;文化领域里教育资源相对公平的分配;民生方面医疗卫生制度的改革,社会保障制度的完善;等等。总之,只有体现公平正义的制度体制不断得到完善和发展,全体社会成员才能够更好共享包括经济成果、政治成果、文化成果等在内的整体社会发展成果。

(原载于《求是》2016 年第 9 期)

论共享发展的重大意义、科学内涵和实现途径*

　　党的十八届五中全会通过的《中共中央关于制定国民经济和社会发展第十三个五年规划的建议》(以下简称《建议》)以增进人民福祉为出发点,首次把共享发展理念从战略的高度提出,并作为五大发展理念的出发点和落脚点,这充分彰显了以人民为中心的发展思想,体现了当代中国发展的价值追求。深刻认识并准确把握共享发展理念的战略意义、科学内涵以及实践路径,对于推动中国未来经济社会的持续发展,实现全面建成小康社会的奋斗目标,具有重大而深远的意义。

一、共享发展理念的重大意义

　　在当前的历史发展阶段,为什么会从战略的高度提出共享发展理念,并形成了系统的共享发展政策内容,这绝非偶然。共享发展理念不是无源之水,它的形成是建立在科学的理论基础之上,是科学社会主义基本原则与中国实际相结合并不断丰富发展的最新成果,具有深厚的历史渊源。同时,共享发展理念的提出也契合了时代的要求,具有鲜明的问题导向。

　　(一)共享发展理念是对马克思主义的继承与发展

　　追求人的解放和发展是马克思主义的最高命题。马克思恩格斯怀着对人类命运的深切关怀,用历史唯物主义的方法论证明,只有在社会主义社会,共

　　* 本文作者:蒋茜(1982 -),女,四川成都人,博士,中共中央党校马克思主义学院讲师,主要从事马克思主义基本原理研究。
　　基金项目:国家社科基金青年项目"当代资本主义劳资关系与国家调节研究"(14CKS015)。

享才能成为社会的本质要求和基本原则,从而为实现共享发展提供了科学的理论基础。

　　为什么会如此呢?从生产关系的层面来说,在私有制社会中,存在着阶级对立和剥削,广大劳动者的剩余劳动是被少数有产者无偿占有的,两极分化成必然趋势,在这种制度下,不可能实现全体人民共享的愿景。从生产力的层面来说,原始社会虽然没有私有制和剥削,但生产力极端落后,没有物质基础的保障,人也不可能获得自由而全面的发展。马克思恩格斯指出:"真正的自由和真正的平等只有在共产主义制度下才可能实现。"①在共产主义社会中,生产力已经高度发达,物质财富极大丰富,这为共享发展提供了物质前提,提供了可能性。可能性能否转化为现实性,则依赖于生产关系的变革,归根到底是由生产资料所有制决定的。因为生产资料所有制是社会生产关系的核心,它起着决定性作用,决定着分配交换消费等各个环节,只有以生产资料的公共享有为前提,才能实现实质上的共享,否则,仅仅局限于结果的共享是很难持续的。在共产主义社会,随着生产资料公有制代替生产资料私有制,剥削与阶级对立消失,全体成员具有平等的权利。首先在生产资料面前实现了人人平等的共同享有,这为共享的实现提供了社会基础。然后是劳动生产共同参与,正如恩格斯所说:"社会的每一个成员不仅有可能参加社会财富的生产,而且有可能参加社会财富的分配和管理,并通过有计划地组织全部生产,使社会生产力及其成果不断增长,足以保证每个人的一切合理的需要在越来越大的程度上得到满足。"②最后是劳动产品共同分享,实现共同富裕。在共产主义制度下,生产力的发展不再是少数人剥削大多数人的手段,而是满足社会成员需要的物质条件,应当"结束牺牲一些人的利益来满足另一些人的需要的状况",所有人"共同享受大家创造出来的福利"③。马克思在《1857-1858 经济学手稿》中阐明了共产主义社会生产的最终目的,即"生产将以所有人富裕为目的"④。可以说,科学社会主义从诞生之日起,就以建立人人共享、共同富裕的社会为目标,实现共享是社会主义制度的内在要求。

---

① 《马克思恩格斯全集》第 1 卷,人民出版社 1956 年版,第 582 页。
② 《马克思恩格斯选集》第 3 卷,人民出版社 2012 年版,第 724 页。
③ 《马克思恩格斯文集》第 1 卷,人民出版社 2009 年版,第 689 页。
④ 《马克思恩格斯文集》第 8 卷,人民出版社 2009 年版,第 200 页。

在马克思恩格斯的著作中,这样的论述非常多,虽然他们没有明确提出"共享发展"的概念,但共享的思想却是科学社会主义的重要内容,蕴含在马克思主义的理论体系之中。而我们当前提出的共享发展理念,其核心要义和理论基础正是源于马克思主义的共享思想。

(二)共享发展理念是党对发展规律认识的升华

中国共产党从成立开始,就一直遵循着马克思主义的发展目标,把科学社会主义基本原则与中国实际相结合,在共享发展的道路上进行了不懈的探索,形成了一系列重大战略思想。

新中国成立后,以毛泽东同志为核心的党中央带领全国人民确立了社会主义基本制度,为共享发展提供了政治前提和制度保障。毛泽东同志对共享发展有过诸多论述,例如他提出:"我们实行这么一种制度,这么一种计划,是可以一年一年走向更富更强的,……而这个富,是共同的富,这个强,是共同的强,大家都有份。"①他在针对农民的社会主义改造问题时强调:"要巩固工农联盟,我们就得领导农民走社会主义道路,使农民群众共同富裕起来,穷的要富裕,所有农民都要富裕。"②这些思想是我党在共享发展道路中的初步探索,构成了社会主义共享发展的理论雏形。

改革开放以来,邓小平同志总结社会主义建设过程中正反两方面经验后,针对当时我国面临的最突出问题,即物质的匮乏和人民的贫困,提出了"搞社会主义,一定要使生产力发达,贫穷不是社会主义"③。1992年邓小平同志明确概括了"社会主义的本质就是解放生产力,发展生产力,消灭剥削,消除两极分化,最终达到共同富裕"④。发展生产力是必要手段,共同富裕是发展的最终目的,它们共同作为社会主义的本质规定是党在理论发展中的重大飞跃,也深化了共享发展的理论思想。1997年江泽民同志提出"共享物质文化成果"的概念,表明了共享不仅局限于物质的层面,拓宽了共享的范围。"三个代表"重要思想把党的先进性与社会生产力、人民群众联系起来,强调要代表广大人民群众的根本利益。2003年胡锦涛同志提出了科学发展观,强调坚持以人为本,

① 《毛泽东文集》第6卷,人民出版社2009年版,第495页。
② 《毛泽东选集》第5卷,人民出版社1977年版,第197页。
③ 《邓小平文选》第3卷,人民出版社1993年版,第225页。
④ 《邓小平文选》第3卷,人民出版社1993年版,第373页。

促进经济、社会和人的全面发展,从而进一步丰富了以人民为中心的共享发展思想。随着改革开放和社会主义建设的不断推进,共享发展的内容也越来越清晰。党的十七大报告中明确提出了走共同富裕道路,促进人的全面发展,做到发展为了人民、发展依靠人民、发展成果由人民共享。党的十八大再次强调,在新的历史条件下夺取中国特色社会主义新胜利,必须坚持维护公平正义,使发展成果更多更公平地惠及全体人民,朝着共同富裕方向稳步前进。至此,共享发展的思想已经逐渐成熟。

可以看出,共享发展理念的形成不是一蹴而就的,理论的准备和形成本身就是一个历史的过程,体现了党对社会发展规律认识的不断升华和突破。

(三)共享发展理念是对现实问题的积极主动回应

共享发展理念蕴含着深刻的问题意识,着眼于当下我国社会发展过程中的突出问题。经过 30 多年的改革开放,我国取得了飞速的发展,成为世界第二大经济体,人民生活与之前相比也有了显著的改善。但正如邓小平同志所说:"过去我们讲先发展起来,现在看,发展起来以后的问题不比不发展时少。"①到了当前的发展阶段,社会民生领域所积累的一系列问题、矛盾开始凸显,主要有这样几个突出问题。

· 1. 收入分配问题。国家统计局数据显示,2015 年中国基尼系数为 0.462,创下自 2003 年以来 12 年间的最低值,但指数仍然远远高于国际公认的警戒标准 0.4,这个统计虽不能完全表明我国的收入分配情况,但基本能够说明一个问题,那就是我国的收入分配差距仍然很大。我们可以看到,在不同区域不同行业之间以及城乡之间的劳动收入差距比较大,"2015 年城乡居民收入差距有 2.73 倍,地区间城镇居民收入差距为 2.3 倍,农村居民收入差距高达 3.36 倍,而由财产占有上的差别所形成的收入差距表现得更为明显,顶端 1% 的家庭占有全国约 1/3 的财产,底端 25% 的家庭拥有的财产总量仅在 1% 左右"②。

2. 社会保障问题。我国的社会保障制度框架已经确定,但很多具体的制度还不健全。以人口的覆盖来说,与城市人口的社会保障相比,广大农村人口的社会保障严重滞后,截至 2014 年底,全国还有七千多万农村贫困人口急需脱

①《邓小平年谱》下卷,中央文献出版社 2004 年版,第 1364 页。
②《中国民生发展报告 2015》,北京大学出版社 2015 年版。

贫,不公平性问题急需解决。与此同时,社会保障中的流动性缺乏和不可持续性问题也比较突出。

3. 教育就业问题。当前我国基本实现了义务教育全覆盖,我们在保证受教育者数量的前提下,更需要把关注点放到质量上。从当前教育质量来看问题很多,包括教育质量总体较低、教育资源不公平、教育管理水平较差等。而教育质量也从源头上影响着就业水平。当前我国经济正处在动力转换的过程中,从过去依靠资源和低成本劳动力,转向依靠创新。创新性高素质人才是未来发展所急需的,这也对教育的质量提出了新的要求。从就业来说,虽然这几年我国在就业方面成绩突出,创造了世界上最大规模的就业岗位,但进入新常态后,在经济增速下行的压力下,就业的稳定性面临考验,而广大的城镇失业人员的再就业也需要得到推进。

4. 公共服务问题。公共服务问题主要包括总量不足、分配不均、规划不够合理等。

如果说上一个阶段我们重在做大蛋糕,那么,在总量相对做大之后的阶段,以上困扰社会公平正义的问题就显得尤为突出和紧迫。习近平同志指出:"蛋糕不断做大了,同时还要把蛋糕分好"①,绝不能出现"富者累巨万,而贫者食糟糠"②。这些问题能否得到有效解决,一方面事关社会主义制度优越性能否得到体现,事关社会主义价值理念能否得到彰显;另一方面,也决定了我国未来经济社会的持续健康发展。接下来的五年是全面建成小康社会的决胜阶段,破解现实问题,促进公平正义,极有必要从战略的高度总体设计、统筹兼顾。理论的准备已经就绪,与时代需求一起共同呼唤着新理念的产生。基于此,《建议》提出共享发展理念,并做出系统的部署安排,可以说,这是对现实问题的一种积极和主动的回应,也是我们党在理论发展史上的新突破。

二、全面理解社会主义共享发展的科学内涵

共享发展的内容不是抽象的、绝对的、永恒不变的,而是具体的、相对的、历史的,是与社会主义发展阶段相适应的不断推进和动态发展的过程。《建

① 《习近平谈治国理政》,外文出版社 2014 年版,第 97 页。
② 《习近平在党的十八届五中全会第二次全体会议上的讲话(节选)》,《求是》2016 年第 11 期。

议》提出:"共享是中国特色社会主义的本质要求。必须坚持发展为了人民、发展依靠人民、发展成果由人民共享,作出更有效的制度安排,使全体人民在共建共享中有更多获得感,增强发展动力,增进人民团结,朝着共同富裕方向稳步前进。"那么,我们应该如何理解共享发展的内涵呢? 对此,学术界提出了许多值得重视的观点,比如:共享不只是理想,而是实实在在的内容①。共享的"共"即为"共同",也就是指全体社会成员,"享"即为"享有",其对象既可以是发展的成果,也可以是发展的机会,不仅限于经济方面②。再如,共享发展蕴含了民生改善的普遍性伦理,是对民生公平正义的坚守③,共享发展必须做强公有制经济,发挥它的根基与引领作用④,等等。当前,全面认识理解社会主义共享发展的科学内涵,需要从以下五个维度来把握。

(一)全体人民是共享发展的主体

唯物史观认为,"历史活动是群众的事业"⑤,人民群众是历史的创造者,那么,人民群众理应共同享有发展的机会、发展的成果。人民群众是一个历史的范畴,从质上看,人民群众是一切对社会历史发展起推动作用的人;从量上看,人民群众是指社会人口中的绝大多数。毛泽东同志曾经指出:"人民这个概念在不同的国家和各个国家的不同历史时期,有着不同的内容。"⑥在当代中国,一切赞成、拥护和参加中国特色社会主义建设事业的阶级、阶层和社会集团以及赞成"一国两制"、拥护祖国统一的都属于人民的范畴。

社会主义共享发展的主体是全体人民群众,其中蕴含了两个重要特点:一是社会主义的共享不能局限于某一个阶级和阶层,具有全民性与普惠性。二是人民的主体性需要得到彰显。主体性的彰显不仅来自共同分享发展成果,也源自参与其中共同建设。通过亲自创造,人的自身价值能够得到认可和实现,人的主人翁地位能够得以确立、确定和获得尊重。共建的过程也是共享的过程,在共建共享中所获得的认同感、成就感、尊严感、幸福感,会进一步激发人民群众的热情和活力,充分调动人民群众的积极性、主动性、创造性。大智

---

① 任理轩:《坚持共享发展》,《人民日报》2015 年 12 月 24 日。
② 左鹏:《共享发展的理论蕴涵和实践指向》,《思想理论教育导刊》2016 年第 1 期。
③ 韩喜平等:《共享发展理念的民生价值》,《红旗文稿》2016 年第 2 期。
④ 郑贵贵:《夯实共享发展的基础》,《红旗文稿》2016 年第 4 期。
⑤ 《马克思恩格斯文集》第 1 卷,人民出版社 2009 年版,第 283 页。
⑥ 《毛泽东文集》第 7 卷,人民出版社 1999 年版,第 205 页。

兴邦,不过集众思,习近平同志指出:"群众是真正的英雄,人民群众是我们力量的源泉。"①坚持发展依靠人民,发展为了人民,充分发挥每一个社会成员的潜能,发扬民主,努力动员人民群众团结奋斗,从而汇成发展的新动力,推动共享发展的不断前进。

(二)创造更多更好的物质财富是共享发展的前提

"共享发展"从词义上来说,包括了"共享"与"发展"两个重要内容,二者互为依赖构成一个整体。共享是发展的出发点和归宿,离开了共享的发展,必将偏离社会主义的发展方向;同时,共享不是坐吃山空坐享其成,需要以生产力的发展作为前提,离开了生产力发展的共享,也将成为无源之水、无本之木。

坚持生产力发展的首要性是历史唯物主义的基本观点,我们提出发展始终是第一要务也正是源于此。没有源源不断的物质作为支撑,共享只能徘徊在低水平、低层次上,只有在不断推进的发展中,才能实现越来越高层次的共享。

生产力的发展是一个系统工程,它本身包括了三个要素,即劳动者、劳动资料和劳动对象。尊重生产力的发展规律,需要三个因素的同时推进、协调推进,忽视任何一个因素,都不可能获得持续的发展。因此,生产力的发展,不仅体现在量上,也体现在质上。虽然我们已经成为世界第二大经济体,但正如习近平同志所说:"块头大不等于强,体重大不等于壮。"②中国仍处于并将长期处于社会主义初级阶段的基本国情没有变。随着社会的发展,人民对物质的要求不再只是"吃饱穿暖",而是向"吃好穿好"迈进。所以,我们必须紧紧抓住经济建设这个中心,进一步把"蛋糕"做大做好,创造更多更好的物质财富,为共享发展奠定坚实的物质基础。

(三)坚持完善社会主义基本经济制度是共享发展的保障

正如前面所提到,共享发展是内生于社会主义社会的基本原则。而社会主义与其他社会形态最本质的区别是所有制的不同,社会主义社会是建立在社会化大生产之上的生产资料公有制。改革开放以来,立足基本国情,总结经验教训,我国确立了以公有制为主体、多种所有制经济共同发展的社会主义初

---

① 《习近平谈治国理政》,外文出版社 2014 年版,第 5 页。

② 习近平:《落实共享发展是一门大学问》,人民网 2016 年 05 月 14 日。

级阶段基本经济制度,这是中国特色社会主义的经济基础。坚持完善社会主义基本经济制度,首先就是要毫不动摇地巩固和发展公有制经济。社会主义国家的根本性质决定了公有制在经济制度中的主体地位,正如邓小平所说:"只要我国经济中公有制占主体地位,就可以避免两极分化。"①如果削弱作为主体的公有制经济,削弱国有经济的主导地位,就等于丧失了社会主义的经济基础,共享发展也就丧失了基本保障。做强做大做活公有制经济,避免私有化,才能真正承担起实现共享发展的重大责任。同时,非公有制企业是社会主义市场经济的重要组成部分,在促进经济发展中发挥着重要作用,这就需要积极引导非公有制经济发展。只有坚持巩固发展公有制经济,鼓励支持引导非公有制经济,才能为实现社会主义共享发展提供坚实的保障。

(四)社会主义共享发展的范围涉及发展的各个方面

社会主义共享发展的范围不能仅仅局限于物质层面的共同分享,随着人民需求的不断增长,共享发展的范围是一个不断拓宽的过程,涉及经济、政治、文化、社会、生态等方方面面。马克思认为,人的需求是一个从低到高的过程。按照需求层次来说,马克思把人的需求划分为三个阶段,即生存的需要、谋生和占有的需求、人的自我实现和全面发展的需要。之后,马斯洛从心理学的角度阐述了人的需求层次理论,把人的需求划分为生理需求、安全需求、归属与爱的需求、尊重的需求、自我实现的需求。随着我国经济社会的发展进步,人民群众总体上已经超越生存需求的层次,开始向需求的更高层次迈进。民众的主体意识和权利意识已经觉醒并日益强烈,民众诉求开始广泛而多样,对法律秩序、精神文化、社会公平、生态环境等方面有了更多的追求,对公共产品服务的需求快速增长,希望得到尊重、获得发展、实现价值等方面的需求也越来越突出。习近平同志指出:"我们的人民热爱生活,期盼有更好的教育、更稳定的工作、更满意的收入、更可靠的社会保障、更高水平的医疗卫生服务、更舒适的居住条件、更优美的环境,期盼着孩子们能成长得更好、工作得更好、生活得更好。"②所以,当前人民的需求范围扩展也决定了共享发展的范围应该是广泛且全面的。

---

① 《邓小平文选》第3卷,人民出版社1993年版,第149页。
② 《习近平谈治国理政》,外文出版社2014年版,第4页。

（五）实现共同富裕是共享发展的目标

习近平同志指出："我们追求的发展是造福人民的发展，我们追求的富裕是全体人民共同富裕。"①社会主义共享发展的最终目的就是为了实现共同富裕。按照马克思主义的理论逻辑来说，共同富裕不仅是发展目标，也是一个现实的运动过程。一方面，我们需要看到从社会主义到共产主义是一个逐步提升的历史过程，目标实现的时间长短与生产力的发展息息相关，不能罔顾共同富裕的实现条件而急于求成，为此，邓小平同志提出了三步走的战略，即先富、后富、再到共富。另一方面，共同富裕虽然不是均等富裕，但也绝不能是两极分化。如果先富起来之后，没有后面两步战略的跟进，贫富差距持续扩大，最终必将偏离社会主义的发展方向。所以，社会主义共享发展的过程本身就体现了逐步实现共同富裕的运动过程。

总的来说，共享发展在社会主义制度下有着深刻丰富的理论内涵。共享发展的前提是创造物质财富，体现了生产力的发展要求，是共享发展得以实现的物质形式。社会主义共享发展的主体、保障、范围、目标属于社会主义生产关系层面，体现了共享发展的社会主义制度性要求。这五个维度的内容共同构成了社会主义共享发展的理论内涵。

三、共享发展的实现路径

理念是行动的先导。在共享发展理念的指导下，如何转化为现实是关键。《建议》提出"按照人人参与、人人尽力、人人享有的要求，坚守底线、突出重点、完善制度、引导预期，注重机会公平，保障基本民生"，并系统阐述了推动共享发展的具体思路。这些措施抓住了当前社会存在的主要矛盾，也呼应了广大人民群众的心声诉求。

（一）保障基本民生，精准扶贫脱贫

精准扶贫关键是要解决好谁来扶、如何扶、扶持谁的问题。首先，政府仍然是扶持贫困的主导力量，需要进一步加快完善扶贫开发工作机制，做到分工明确、责任清晰、任务到人。同时，积极发挥社会组织的优势，通过社会扶贫，

---

① 《中共中央召开党外人士座谈会习近平主持并发表重要讲话》，《人民日报》2015 年 10 月 31 日。

增强扶贫力量,逐渐形成政府主导、社会组织帮助、群众个人参与的扶贫格局。其次,扶贫不能简单只是"输血",在"输血"的同时需要积极帮助贫困人群找到摆脱贫困的方法,从"授人以鱼"向"授人以渔"转变,恢复其自身的"造血"功能。积极探索创新扶贫方式,例如除了财政方式之外,还可以开展金融扶贫。最后,扶贫是针对所有的贫困人群,需要实行社保政策兜底脱贫,统筹救助体系,确保困难群众基本生活,保障最基本民生。但由于每一个贫困地区、每一类贫困人口有所差别,需要因人因地实施针对性的分类扶贫。

(二)深化收入分配制度改革,缩小收入差距

分配领域的共享是民生的直接来源,深化收入分配制度改革,缩小收入差距,需要全面布局,重点突破。具体来说,一是坚持实现居民收入增长和经济增长同步、劳动报酬提高和劳动生产率提高同步,持续增加城乡居民收入。二是调整国民收入分配格局,提高居民收入在国民收入分配中的比重,规范初次分配,提高劳动报酬在初次分配中的比重。同时,加大再分配调节力度,加快健全以税收、社会保障、转移支付为主要手段的再分配调节机制,实行有利于缩小收入差距的相关政策,增加低收入劳动者收入,扩大中等收入者比重,逐步形成两头小、中间大的橄榄型的分配格局。三是维护劳动收入的主体地位,并不断增加居民的财产性收入,优化要素配置,完善市场评价要素贡献并按贡献分配的机制。四是积极稳妥推行工资集体协商制度,建立健全不同行业、不同类型的职工工资增长机制。五是规范收入分配秩序,保护合法收入,规范隐性收入,遏制以权力、行政垄断等非市场因素获取收入,取缔非法收入。

(三)提高教育质量,促进就业创业

提高教育质量,首先就是要让每一个学龄儿童都能够共享教育发展的成果,享有公平的教育权利,努力推动义务教育全覆盖。其次,在"有学上"的基础上"上好学",实现教育过程的公平,提升教育质量,推动教育资源公平分配、均衡流动,加快城乡义务教育公办学校标准化建设,加强教师队伍特别是乡村教师队伍建设,提升乡村教师的待遇和地位,推进城乡教师交流。提高高校教学水平和创新能力,建设现代职业教育体系,推进产教融合、校企合作。同时,对于特殊儿童办好特殊教育。再次,实现教育结果的公平,需要落实并深化考试招生制度改革和教育教学改革,完善教育督导,加强社会监督。最后,教育的任务不仅在于学校,也在于家庭和社会。学校、家庭、社会形成良好的互动,

努力培养出德智体美劳全面发展的社会主义建设者。教育质量与就业息息相关,高质量的教育可以为当前经济转型提供所需要的高质量劳动力。

为了实现充分就业的目标,一方面需要继续创造更多的就业岗位,实施更加积极的就业政策,鼓励以创业带动就业,实现"大众创业,万众创新"。另一方面,需要创造公平、共享的就业机会和就业环境,完善就业服务体系。习近平同志指出:"要加快推进户籍制度改革,完善城乡劳动者平等就业制度,保障城乡劳动者平等就业权利。"①消除人力资源市场城乡分割、地区分割,健全统一规范的人力资源市场。

(四)增加公共服务供给,完善社会保障制度

为了更好地让全体人民共享公共服务,首先需要坚持普惠性、保基本、均等化、可持续的公共服务供给发展方向,其关键是找准突破口,而人民最关心最直接的利益问题就是突破口。因此,需要从实际出发,以人民需求为导向,着力解决好群众最关心的重大问题,实现公共服务的有效供给。在进行公共服务供给中,创新公共服务方式是关键环节,需要发挥政府和市场的双重作用。能由政府购买服务提供的,政府不再直接承办,而政府购买公共服务应始终坚持公开透明、公平正义的基本原则。能由政府和社会资本合作提供的,需要广泛吸引社会资本参与。构建与发展阶段相适应的公共服务供给方案,不能罔顾现实超越阶段,既要积极而为,又要量力而行,承诺了的就要兑现,否则就会失信于民。要踏踏实实地做好公共服务,提升政府公共服务的能力和水平,努力在全社会构建起基本公共服务体系,建立更加公平更可持续的社会保障制度。

全面推进共享发展极其重要,任务十分繁重,还存在不少制约因素,需要我们努力加以克服,不断取得突破。在贯彻落实过程中,有几个关键点是需要把握的。第一,需要从思想上提高对共享发展的认识,认识到共享发展的重要性与紧迫性,始终坚持以人民为中心的原则。第二,坚决破除各种既得利益的障碍。在实践的推进中,一项好的政策能否得到最终的落实,畅通渠道,破除各种既得利益的阻挠很关键,这就需要勇气和智慧,冲破利益藩篱,贯彻落实

---

① 《习近平主持中央政治局集体学习强调让农民共享改革发展成果》,《人民日报》海外版2015年05月02日。

到位。第三,逐渐形成一系列有效的共享发展的制度安排。习近平同志强调:"治理国家,制度是起根本性、全局性、长远性作用的。"①按照共享发展的理念,各级部门需要逐步建立健全相关的体制机制,层层抓落实,把如何考核、如何监督明确纳入到制度的规范中。

(原载于《求是》2016 年第 10 期)

---

① 习近平:《2014 年在省部级主要领导干部学习贯彻十八届三中全会精神全面深化改革专题研讨班的讲话》,新华网 2014 年 02 月 17 日

公正是共享发展的核心价值追求 *

　　十八届五中全会首次提出共享发展理念,作为五大发展理念的出发点和落脚点,共享发展坚持以人为本,着力改善民生,努力促进经济发展与社会建设之间的平衡,将创新发展、协调发展、绿色发展、开放发展的合规律性与共享发展的合目的性有机统一起来,是社会主义制度的本质要求和全面建设小康社会的必然选择。

共享发展理念着力解决民生问题

　　民生是民众享有基本生存、发展权利的保障,学有所教、劳有所得、病有所医、老有所养、住有所居,维护社会公平正义成为人们追求幸福生活的美好祈盼。

　　尽管我国社会经济的发展取得长足进步,但是现阶段民生领域仍存在诸多收入不平衡、分配不公平等现实问题,社会普遍存在着"公正焦虑"。由社会不公现象引发的贫困代际传递、阶层固化、社会不稳定因素增多等社会矛盾问题,成为影响社会经济协调发展和建设和谐社会的重要因素。

　　民生问题关乎群众根本利益,关乎社会发展稳定全局。共享发展理念的提出,正是从人民最关心最直接最现实的利益问题入手,在困扰民生发展的相关重点领域破题。按照全面深化改革的战略部署协同推进,尊重不同地位的社会成员的人格等基本权利的平等,以权利公平(起点公平)、机会公平、规则公平(程序公平)、分配公平(结果公平)等为原则,促进基本公共服务均等化、

---

　　* 本文作者:刘乐新,中国政研会。

大力实施扶贫脱贫工程,将改革惠民生的举措积极落实到教育、医疗、就业、收入、养老、社会保障等基本民生需求上来,努力促进社会公正增量因素的积累,以期达到人人参与、人人尽力、人人享有的共享目的。

公正在社会发展新实践中的内涵要求

公正,是人们对公共事务的社会分配合理性诉求的一种客观价值准则和价值标准。公正维护着社会健康持续运转,体现了社会主义社会的本质特征。习近平总书记强调:"公平正义是我们党追求的一个非常崇高的价值,全心全意为人民服务的宗旨决定了我们必须追求公平正义,保护人民权益,伸张正义。"公正是共享发展的核心价值追求,在"四个全面"战略布局持续推进、五大发展理念深入贯彻落实的改革发展新实践下,被赋予了更加丰富的内涵要求。

共享是全民的共享,体现了公正的价值旨向。维护和满足每一位包括弱势群体在内的社会成员的基本生活条件和基本利益,保障他们享有大致相同的社会福利保障;同时创造公平的发展机会和发展条件,激发其他有能力的社会成员的主动性、创造性,促进个人自由全面的发展。

共享是全面的共享,体现了公正的目标范畴。共享发展是在更广范围内的平等,全方位的共享,经济上增进物质收益,政治上保障民主权利,文化上满足精神需求,社会上促进机会平等,生态上分享绿色福利,是五位一体总体布局促进人的全面发展的客观要求。

共享是共建的共享,体现了公正的发展基础。共建是共享的前提,共享是共建的结果。共建就是要努力释放一切生产要素的发展活力,尽可能地激发每个市场主体的潜在能力,让一切创造社会财富的源泉充分涌流,不断提升创新能力,推动社会经济发展,为实现社会生产成果的共同享有创造前提。

在推动共享发展的过程中,既要防止贫富差距过大,又要防止搞平均主义制约社会发展活力;在保障弱势群体的基本权利的同时,拓展其他群体发展的空间,任其发展的主观能动性自由发挥;在制度设计上,以"公正"作为"应然"的社会发展目标,立足于经济社会发展的客观水平,渐进式地推进共享发展的均衡、协调、可持续,做到公正的相对性和绝对性的统一。

贯彻共享发展理念促进公平正义

共享发展理念将全面改善民生、实现国民共享发展成果作为国家发展的重要目标,以公平正义为核心理念来确定人们的权利与义务,保障人们公平合理地享有发展的权利、机会和成果,努力建立起完善的社会公平保障体系。

总体来看,《关于制定国民经济和社会发展第十三个五年规划的建议》(以下简称《建议》)中,共享发展理念基于努力促进基本公共服务均等化、优化体制机制促进个体自由发展、积极保障弱势群体的生存条件几项基本措施,从八个方面积极保障和改善民生,贯彻了社会公正的三项原则:体现底线公平的普遍性原则;体现机会公平与规则公平的差异性原则;体现分配公平的公平性原则。

确保底线公平,增加公共服务供给,促进基本公共服务均等化,保证民众基本福利的平等。底线公平是社会公正的最基本的体现,要求公民在人格和权利上得到平等的关怀和尊重,满足和维护社会成员的生存权、健康权、居住权、受教育权、工作权和资产形成权等基本的生存、发展权利。

努力实现义务教育、就业服务、基本医疗和公共卫生、社会保障等公共服务的全覆盖。这些民众高度关注的民生议题在《建议》中都有明确的制度性规划,就业方面,"坚持就业优先战略,实施更加积极的就业政策";教育方面,"推动义务教育均衡发展""普及高中阶段教育";医疗方面,"建立覆盖城乡的基本医疗卫生制度和现代医院管理制度";社会保障方面,"实施全民参保计划""实现职工基础养老金全国统筹",其目的是保证全体社会成员对就业、社会保障等基本民生需求和义务教育、基本医疗等公共事业性服务的享有,以政府购买和市场运作方式保证覆盖面的全民化。

发挥政府调控作用,促进基本公共服务的均等化。基本公共服务具有一定的公共性、公益性,在增加供给的基础上,要进一步发挥政府的职能作用,弥补市场失灵所带来的发展困境,积极推动公共服务资源向基层、农村、贫困地区倾斜,着力解决目前城乡之间、不同地区之间公共服务不平衡问题,促进基本公共服务的均等化,保障社会成员社会福利和权利的平等,真正实现平等在社会建设中的外在价值体现。

促进机会公平与规则公平,全面深化改革,以合理的制度化安排保证最大多数人的自由发展权利。维护社会公正需要培育机会公平的理念,打造机会公平的起点,制定公平的游戏规则,为所有市场参与者提供同等的国民待遇,保证发展起点和发展过程的公平性。

创造平等竞争的条件,激发社会发展活力。实现平等竞争,需要进一步全面深化改革,清理废除妨碍统一市场和公平竞争的各种规定和做法。《建议》"鼓励民营企业依法进入更多领域,引入非国有资本参与国有企业改革,更好激发非公有制经济活力和创造力",就是鼓励民营资本更广范围内参与竞争,通过开放市场准入、税收平等等措施进一步消除妨碍公平的体制机制,不同所有制经济公平参与市场竞争中来,增强经济活力。通过消除身份性别歧视、维护劳动者平等就业权利、提供公平合理的社会流动渠道等措施,以规则公平保证机会公平,促进社会成员的全面自由发展。

保证充分就业,拓展个人发展空间。就业是民生之本,充分就业是实现机会平等的先决条件。十八届五中全会把促进充分就业作为经济社会发展优先目标,提出"实施更加积极的就业政策,完善创业扶持政策,加强对灵活就业、新就业形态的支持。"就业可以让社会成员享有职业尊严感,激发有能力的社会主体的主动性和创造性,让每个人都有人生出彩的机会。"大众创业、万众创新"政策的出台是促进充分就业又一重要措施,注重开发个人潜能,提高劳动参与率,以公平的市场环境激励创业创新,拓宽个人发展空间,做到人尽其才,形成"得其应得"的社会发展机制和良好社会氛围。

合理改革分配制度,逐步缩小收入差距。在收入分配上,共享发展兼顾效率与公平,坚持居民收入、劳动报酬与经济发展同步提高,完善市场评价要素贡献并按贡献分配的机制等做法,持续增加就业者收入,从而提升就业者的劳动积极性和经济社会发展水平。在依托市场机制明显增加低收入者收入,扩大中等收入者比重的基础上,同时完善政府职能,进一步规范收入分配秩序,加强税收调节力度,逐步缩小收入差距,形成良好的社会分配格局。

保障分配公平,加大保障力度,以再分配的方式保证社会中最弱势群体的基本生存权益和底线尊严。社会公正要求维护包括弱势群体在内的每一个社会成员的基本权利,就必须发挥政府的调节功能,确保分配公平,实现社会公正在社会发展链条中的最终体现。

加大对贫困人口的脱贫力度,推动建成全面小康。实施"精准扶贫、精准脱贫",通过发展地方特色产业、转移就业、搬迁、生态脱贫等多元化途径增加低收入者收入,让5000万建档立卡的贫困人口脱贫,通过社保政策托底的方式完成其余贫困人口脱贫,让更多人实实在在地享受到改革发展成果。

　　建立健全更加公平可持续的社会保障制度,保障弱势群体的基本生活权益。加强和提高国家社会公正的调控能力,逐步建立社会保险、社会救助、社会福利和慈善事业相衔接的社会保障体系,为生活困难群体的生活筑基兜底。建立健全农村留守儿童和妇女、老人关爱服务体系,发展多层次的养老服务体系等政策,加大对儿童、妇女、老人以及残疾人等弱势群体的关爱,保障他们的基本生活权益,为全民共享发展成果提供基本的制度保证。

　　依照《建议》制定出台的《国民经济和社会发展第十三个五年规划纲要》是未来5年经济社会发展的蓝图,《纲要》将"持续增进民生福祉,使全体人民共享发展成果"作为今后五年经济社会发展的主要目标任务。为实现这一目标任务,必须将共享发展理念贯彻落实到社会建设的方方面面当中来,引领改革发展新实践、积极保障和改善民生、维护和促进社会公正价值观,让发展更加全面、幸福更有质感、人民有更多获得感、民生福祉有新提升,早日实现2020年全面建成小康社会的历史目标。

（原载于《思想政治工作研究》2016 年第 5 期）

共享发展:从政治理性到政府治理[*]

作为党的十八届五中全会提出的五大发展理念之一,共享发展理念相较于创新、协调、绿色、开放的发展理念更集中地体现了社会主义发展正义和分配正义的特殊蕴涵,体现了当代中国谋求经济社会发展的价值旨归和意义所向,预示着"十三五"期间中国将更加重视发展正义与分配正义问题。不仅如此,党的十八届五中全会对共享发展的实现方式提出了宏观、微观兼具的整体布局与实施方略,使得共享发展不仅作为当代中国的发展正义被确立起来,并形成了制度性的顶层设计,而且正由一种政治理性具体化为一种治理理性,成为当代中国政府治理的实践法则与行动遵循。

一、共享发展:当代中国的发展正义理念

发展为了谁和依靠谁,这是任何社会的发展都要首先明确的价值目标和力量依靠问题。在当代中国,"必须坚持发展为了人民、发展依靠人民、发展成果由人民共享"①,才能使中国的改革发展与人民的切身利益紧密结合在一起,才能最大限度地凝聚全社会推进改革发展、维护社会和谐稳定的共识和力量,最终使改革发展成为广大人民的共同事业而获得源源不竭的生命力与创造力。共享发展的提出,不仅作为当代中国的一种发展理念或发展模式被确立起来,而且还作为当代中国社会变革与转型中的基本正义价值或正义原则

* 本文作者:曾盛聪(1973—),男,教授,博士生导师,研究方向为公共行政、政治哲学。
  基金项目:国家社会科学基金项目(13BZX075)。
① 《中国共产党第十八届中央委员会第五次全体会议公报》,《中国共产党第十八届中央委员会第五次全体会议文件汇编》,人民出版社2015年版,第13页。

被强调和重视,有着深远的发展指向意义,也有着深厚的现实性根基与价值合理性基础。从历史与文化渊源上看,共享发展是中华民族关于社会大同、族群和谐的传统理想追求在当代中国的践行与传承,展现了中华民族特有的民族精神与民族智慧。《论语·季氏》提出"有国有家者,不患寡而患不均,不患贫而患不安。盖均无贫,和无寡,安无倾"的和谐治理理念;《礼记·礼运》确立"大道之行也,天下为公,选贤与能,讲信修睦"的社会理想追求,蕴含着圆润练达、细致高明的和谐治理之道与成果共享逻辑。从马克思主义唯物史观维度看,共享发展是马克思主义关于人的自由全面发展观和分配正义观在当代中国的书写与展开。共享发展不仅是对资本主义的分配逻辑和"丛林法则"的否定与扬弃,而且与消灭剥削、消除两极分化、最终实现共同富裕的社会主义本质特征相呼应,体现了社会主义生产方式和经济基础的根本要求,充满着与社会发展基本趋势相适应的历史正义性,是一种"善"的理念建构与制度设计。

共享发展作为当代中国的发展正义理念,其价值合理性并不仅仅停留在宏观层面对社会发展趋势、矛盾与规律的回应,从发展现实与客观维度看,它还是对当代中国改革深化和经济社会发展中各种"出场的问题"和"在场的矛盾"的积极回应与有力解答,既是占领制高点的宏大的"历史叙事",又是直面当代社会问题的"现实响应"。历经30多年的改革发展,中国已取得举世瞩目的伟大成就,在全球范围内讲述了精彩的"中国故事",坚实传递了"中国声音"。但毋庸讳言的是,当代中国有一系列深层次的社会矛盾与问题已凸显出来:改革发展的成本分担与成果收益在不同阶层和群体中呈现出明显反差;起点公平、程序合理、过程透明的社会分配的"程序正义"仍存留制度性疏漏;政府作为社会"公器"应实施的"矫正正义"和"补偿正义"尚有诸多的缺位与错位,等等。在中国的改革发展中,不同群体的声音、诉求、焦虑、纠纷与抗争等,直接把当代发展的公平正义问题推到了急迫需要加以解决的位置,成为当代社会的焦点性、枢纽性问题。党的十八届五中全会关于共享发展的提出,正是对现实社会矛盾与焦点问题的有力回应,并从顶层设计的战略高度调整改革发展的价值定位,标志着当代中国发展正义理念的确立。共享发展可谓"共享"的价值合理性与"发展"的客观必要性的有机融合,这种理念是对中国改革发展进程中一度存在的"效率"与"公平"的失衡和偏差的积极调整和全面矫正,它预示着今后中国的改革发展将更加注重"结果正义""程序正义""补偿正义"和"矫正正义"的实现,更加注重对"资本逻辑"的规制和对"丛林法则"的修正,更加注重社会转型中不同阶层与群体之间的"成本分担"与"成果共享"。概而言之,共享发展理念充分体现了作为执政党的中国共产党对于社会发展规律与趋势的全面把握与深刻洞察,并在不断解决发展问题中展现出了道路自信、理论自信和制度自信;共享发展理念充分体现了中国共产党人对于"改革再难也要向前推进,敢于担当,敢于啃硬骨头,敢于涉险滩"的勇气和决心①,充分体现了当代党和国家领导人关于"人民对美好生活的向往,就是我们的奋斗目标"的庄严承诺②。

二、作为治理理性的共享发展及其价值诉求

共享发展理念充分展现出中国共产党领导当代建设事业中积淀形成的政治智慧和政治理性,这种政治理性并不是停留在理论纸本上的或被束之高阁的,而是正转化成为当代中国政府治理的实践理性与行动遵循。中共中央关于制定"十三五"规划的建议中,从增加公共服务供给、实施脱贫攻坚工程、提高教育质量、促进就业创业、缩小收入差距、建立更公平更可持续的社会保障制度、推进健康中国建设、促进人口均衡发展等八个领域全面推进当代中国共享发展的实现③,每一个领域又详细列出了具体的任务、重点、思路与对策,全面绘就了当代中国实现共享发展的时间表与路线图。其间,既展示了党中央顶层设计和制度安排的战略高度,又体现了当代党和国家领导人所强调的"把工作任务分解下去逐一落实"的工作方法及"一分部署,九分落实"的务实精神④。作为当代治理理性的共享发展,它要求各级政府从解决人民最关心最直接最现实的利益问题入手,直面矛盾、回应诉求、解决问题、协调利益、改善民生,明确政府履职的约束性指标,推进社会治理精细化,提高公共服务的共建能力和共享水平。共享发展是一项系统工程,涵盖当代中国改革发展中民生

---

① 习近平:《改革再难也要向前推进》,外文出版社 2014 年版,第 101 页。

② 习近平:《人民对美好生活的向往就是我们的奋斗目标》,《习近平谈治国理政》,外文出版社 2014 年版,第 3 页。

③ 《中共中央关于制定国民经济和社会发展第十三个五年规划的建议》,《中国共产党第十八届中央委员会第五次全体会议文件汇编》,人民出版社 2015 年版,第 69 – 80 页。

④ 习近平:《改革再难也要向前推进》,《习近平谈治国理政》,外文出版社 2014 年版,第 101 页。

福祉的方方面面,作为当代中国政府治理的理念确立和理性升华,共享发展的治理实践有着增进全体人民"获得感"、降低社会矛盾"烈度"及形成居民储蓄"释出"效应的既定目标、价值诉求与基本参照。

1. 增进全体人民的"获得感"。党的十八届五中全会明确指出,要"使全体人民在共建共享中有更多获得感"①。"获得感"与"被剥夺感"相对,它并非是个人单纯的主观感受,而是社会成员普遍地、不间断地得到经济社会发展成果和收益的认知与体验,也是全体人民建基于改革发展成果正义分配之上的一种幸福感和尊严感;是人民主体地位和主人意识的揭示,也是当代中国政府廉能治理的体现。如果说,体现政治理性高度的"结果正义""程序正义"和"补偿正义"因其深奥晦涩而不易进入社会大众的"生活世界"和"话语体系"的话,那么"获得感"则是接地气的、最真切地体现百姓直观感受的话语,也是反映各级政府推进共享发展治理的目标所向和治理过程及效果评价的重要参照。全体人民"获得感"越强,共享水平就越高,发展正义就越得以彰显。

2. 降低社会矛盾的"烈度"。党的十八届五中全会提出"增进人民团结"的要求②。从政府治理角度看,推进共享发展要达到的重要目标之一就是要在改革深化中不断降低社会矛盾的"烈度",增进人民团结,维护社会的安定局面。在中国改革深化和社会转型中,一些困难人群的形成并非是自身能力造成的,而是因机会不公平和制度不公平造成的。一些人承担了较多的改革"成本"却获得较少的改革"收益",而另一些人的成本收益对比却相反,社会矛盾的"烈度"因此空前凸显甚至激化。"仇官""仇富"和"二代对立"现象反映出的是制度公平、机会公平的缺失。共享发展作为当代中国政府的治理理念,其要达到的重要目标和参照系之一就是降低社会矛盾的"烈度"。社会矛盾涵盖不同阶层之间、不同群体之间、不同世代之间及政府与民众之间的各个维度,其"烈度"越低,说明人民越团结、社会越和谐、共享发展的实现越充分。

3. 形成居民储蓄的"释出"效应。党的十八届五中全会还提出了"增强发

---

① 《中国共产党第十八届中央委员会第五次全体会议公报》,《中国共产党第十八届中央委员会第五次全体会议文件汇编》,人民出版社 2015 年版,第 13 页。

② 《中国共产党第十八届中央委员会第五次全体会议公报》,《中国共产党第十八届中央委员会第五次全体会议文件汇编》,人民出版社 2015 年版,第 13 页。

展动力"的要求①。发展动力体现在投资、出口、消费"三驾马车"的作用力或供给与需求两侧的合力,对于当前中国发展而言,提振消费内需则是被普遍看好和倚重的维度。中国居民以善于储蓄闻名,其背后折射出的是当代中国共享发展的不足和社会保障的缺位。只有让改革发展红利更多地惠及人民,使民众收入普遍提高,同时建立更加公平更可持续的社会保障制度,才能形成对居民储蓄的"释出"效应,进而实现提振消费内需、增强发展动力的目标。社会保障与居民储蓄是负相关的关系,中国居民储蓄的"释出"程度,反映出社会大众普遍性的"后顾之忧"的解决程度,也反映出政府在教育、扶贫、增收、医疗、养老、社保、就业、创业等方面的治理成效,反映出各级政府公共服务的共建能力和共享水平,是推进共享发展治理的重要着眼点和参照系。

三、民生福祉:共享发展治理的实践基点

　　共享发展从政治理性到治理理性的转化,预示着这一发展理念在当代中国的落地生根和"最后一公里"的打通。中共中央关于推进共享发展的设计与布局,始终是围绕增进民生福祉这一主题展开的。民生问题始终是当代中国实现共享发展的核心和关键,也是各级政府推进共享发展治理的实践基点。习近平同志指出:"中国的发展任重道远。解决发展问题、改善民生仍是我们的第一要务。"②当前,中国相当一部分社会问题与矛盾,如劳资问题、贫富问题、医患问题、干群问题等,说到底是民生方面的问题和矛盾,或者说是中国民生建设或公共服务长期缺位所导致的资源紧张与冲突。教育、就业、住房、医疗、社会保障、食品安全、生态环境等,仍是当前困扰广大民众的压力源与焦虑源,也是当前社会矛盾的重要根源。经历30多年的经济社会快速发展后,广大民众的生活水平已经跨越了温饱阶段,对民生福祉和公共服务有了更高的要求和期待,民众更加注重现实生活质量的提高与社会资源的公平分配。"保障和改善民生是一项长期工作,没有终点,只有连续不断的新起点。"③民生不

---

① 《中国共产党第十八届中央委员会第五次全体会议公报》,《中国共产党第十八届中央委员会第五次全体会议文件汇编》,人民出版社2015年版,第13页。
② 习近平:《解决发展问题、改善民生仍是中国第一要务》,中国网,2013年11月03日。
③ 习近平:《保障和改善民生没有终点站只有新起点》,中国新闻网,http://www.chinanews.com/gn/2013/05-15/4822757.shtml?_fin.

改善,经济社会的发展就很难说是共享的发展,这样的发展也难以获得广大民众的认同与支持。民生问题的枢纽性和紧迫性,决定了"十三五"期间各级政府坚持和推进共享发展必须回归到改善民生问题上,把保障和改善民生、增进人民福祉作为共享发展治理的实践基点。

1. 以保障和改善民生为基点推进共享发展治理,必须保障基本民生,建立基本民生保障体系。党的十八届五中全会提出了"坚守底线""保障基本民生"的要求①。基本民生涵盖教育、医疗、就业、低保、养老保障、失业保障、社会救助与救济等内容,基本民生强调"质"上的基本、注重"面"上的覆盖。只有获得了"基本"的生活保障之后,每一个社会成员才能独立地、有尊严地参与各项社会事务和社会生活,进而建立更加公平更可持续的社会保障制度才具有坚实的基础。当前,中国社会发展成果尚不能充分实现共享,社会大众的"获得感"没有得以充分催生,其重要原因在于以民生为基准的兜底保障秩序尚未形成,围绕公共基础资源的争夺加剧了贫富差距,甚至造成一定程度的社会撕裂,特殊利益集团巧取豪夺现象仍旧存在。兜底的民生保障能有效消除财富分配悬殊造成的困难群体的"被剥夺感"。因此,在政府推进共享发展的治理实践中,民生问题始终具有政策工具嵌入点和政府治理着力点的意义。当前,中国已经具备建立基本民生保障体系的国力和财力,各级政府应致力于建立基本的民生保障体系,在此基础上进一步完善制度,引导预期,建立更加公平更可持续的社会保障制度,发挥社会政策的托底功能,用"制度公平"来保障"机会公平",用"机会公平"来促进"结果公平",最终体现发展成果人人共享的精髓。

2. 以保障和改善民生为基点推进共享发展治理,必须坚持"共享"与"共建"的统一。"共享"以"共建"为基础,"共享"是为了更和谐高效地"共建"。如果仅仅强调"共享",而不是为了达到更高效的"共建"目的,就会产生非劳动、非创造意识,产生急功近利的分配观、消费观和福利观,从而违背"共享"的初衷。因此,作为当代中国的一种政治理性和治理理性,共享发展中的"共享"必然是一种国家利益、集体利益与个人利益兼顾的共享,必然是一种社会大众普遍受益与不同个体合理差别相统一的共享,必然是一种"补偿型共享"与"发

---

① 《中国共产党第十八届中央委员会第五次全体会议公报》,《中国共产党第十八届中央委员会第五次全体会议文件汇编》,人民出版社 2015 年版,第 13 页。

展型共享"相促进的共享,而绝不是要再搞平均主义,更不是要对现有公共资源与公共利益进行一人一份的分割。再者,中国虽然跨入中等收入国家行列,但仍然是当今最大的发展中国家,谋求发展仍是第一要务,许多社会问题和民生问题都有赖于在发展过程中加以解决,发展才是民生福祉的最大保障。换言之,"共享"的价值合理性不能冲击、消解"发展"的客观必要性。如果不顾及国情和实际发展阶段盲目追求惠及全民的"大福利",那么其结果将有两种可能性:一种可能是,民众因过高的期望与诉求无法得到满足而致其参与改革的积极性受挫;另一种可能是,"高福利"造成社会心态的慵懒与惰性,削弱改革发展的内驱力与创造力。

当然,共享发展的治道逻辑并非是封闭、孤立和割裂的,党的十八届五中全会提出的五大发展理念是相辅相成、相互促进、互为条件、辩证统一的有机整体,共享发展的实现始终不能脱离与创新发展、协调发展、绿色发展和开放发展的协同推进。

(原载于《福建农林大学学报》哲学社会科学版 2016 年第 2 期)

共享发展:让群众有更多的获得感*

　　党的十八届五中全会通过的《中共中央关于制定国民经济和社会发展第十三个五年规划的建议》明确指出,为了如期实现全面建成小康社会奋斗目标,必须遵循六大原则。其中,第一大原则就是"坚持人民主体地位"。《建议》指出:"人民是推动发展的根本力量,实现好、维护好、发展好最广大人民根本利益是发展的根本目的。必须坚持以人民为中心的发展思想,把增进人民福祉、促进人的全面发展作为发展的出发点和落脚点,发展人民民主,维护社会公平正义,保障人民平等参与、平等发展权利,充分调动人民积极性、主动性、创造性。"①为了实现"十三五"时期发展目标,破解发展难题,厚植发展优势,《建议》还确定了五大发展理念:创新、协调、绿色、开放、共享。其中,"共享"理念既是"六大原则"的落脚点,也是其他四大理念的落脚点。深刻理解共享发展理念提出的现实背景、重大意义和实践要求,对于全面建成小康社会、实现中华民族的伟大复兴和社会主义现代化,具有重大而深远的意义。

一、共享发展理念提出的现实背景

　　共享发展理念的提出蕴涵着深刻的问题意识,具有鲜明的现实针对性,体现了对当今中国社会现实的深切关照。改革开放是一场深刻的利益调整过程,在给国家和人民带来巨大实惠的同时,也造成了中国社会各群体、行业、地区之间的差距逐渐拉大,而且差距扩大的幅度过大、速度过快。虽然中国现阶

---

　　* 本文作者:王瑾,中共中央编译局。

　　① 《中共中央关于制定国民经济和社会发展第十三个五年规划的建议》,人民出版社2015年版,第5页。

段社会差距扩大现象的出现具有某种合理的成分,但是,我们更应当看到,在多种非正常因素的影响之下,社会差距过大现象日益严重,已开始超出正常限度。这主要体现在以下几个方面。

(一)收入差距扩大

随着中国经济的持续快速发展,中国居民收入分配的差距也在扩大,贫富分化加剧。主要表现为:一是基尼系数所反映的居民收入总体差距拉大,已经超过国际公认的警戒线。国际上通常认为,基尼系数达到 0.4 是警戒线,一旦基尼系数超过 0.4,表明财富已过度集中于少数人,社会处于可能发生动乱的"危险"状态。中国的基尼系数近年来虽有所降低,但一直没有低于国际公认的警戒线。根据国家统计局公布的 2015 年居民收入情况显示,2015 年全国居民收入基尼系数为 0.462,这是继 2008 年达到 0.491 之后的第七年下降,也是 2001 年以来的最低点。① 二是城乡居民收入差距扩大。根据国家统计局的统计数据,2015 年城镇居民人均可支配收入 31195 元,农村居民人均可支配收入 11422 元,城乡居民人均收入倍差 2.73。② 更重要的是,由于城乡之间的社会保障不平衡,实际上的城乡收入差距更大。三是行业间的收入差距扩大。2014 年的统计数据显示,分行业门类看,年平均工资最高的三个行业分别是金融业 108273 元,是全国平均水平的 1.92 倍;信息传输、软件和信息技术服务业 100797 元,是全国平均水平的 1.79 倍;科学研究和技术服务业 82220 元,是全国平均水平的 1.46 倍。年平均工资最低的三个行业分别是农、林、牧、渔业 28356 元,是全国平均水平的 50%;住宿和餐饮业 37264 元,是全国平均水平的 66%;水利、环境和公共设施管理业 39198 元,是全国平均水平的 70%。最高与最低行业平均工资之比是 3.82,与 2013 年的 3.86 相比,差距有所缩小。③ 此外,中国企业工资分配中高管收入增长偏快、部分高管收入水平过高,已成为拉大中国整体收入分配差距、进而影响和谐劳动关系的重要因素。全球知名咨询公司合益集团(Hay Group)2015 年发布的关于全球薪资的一份报告指出,在世界范围内,高管和员工之间的收入差距正在扩大,而最大的薪酬差距

① 《2015 中国经济成绩单四大看点:基尼系数"七连降"》,央视网,2016 年 1 月 19 日。
② 《2015 年国民经济运行稳中有进、稳中有好》,国家统计局网,2016 年 1 月 19 日。
③ 《2014 年城镇非私营单位就业人员年平均工资 56339 元》,国家统计局网,2015 年 5 月 27 日。

出现在中国,中国企业的高管和低层员工的收入差距有 12.7 倍。① 工资差距折射的是中国企业内部收入分配制度不合理、不公平的现实。

(二)城乡二元分割仍旧存在

中国的"城乡二元结构"不仅仅是经济制度的设计,更多是政治制度的安排。支配了中国社会几十年的"城乡二元结构"是以户籍制度为基础构建起来的,它人为地将公民制度性地分为"农村"和"城市"两大板块同时,严格的户籍制度管理限制了居民居住地和劳动地点的自由流动或职业的自主选择。目前,城乡之间的差距不仅表现在经济发展水平和居民收入上,更反映在政府提供的公共医疗、义务教育、最低保障等基本的公共产品上。

(三)地区之间发展差距拉大

由于人口众多、地域辽阔、发展不平衡,中国成为世界上自然地理、人口资源、经济发展和社会发展差距最大的国家之一。有人把它概括为"一个中国,四个世界"。北京和上海、深圳等东部地区发达城市为"第一世界",占全国总人口的比重约为 5%。浙江、广东、江苏、福建、辽宁、山东和黑龙江的发达地区,以及其他省份的一些大中城市为"第二世界",大约占全国总人口的 1/5。河北、海南以及中西部的发达地区,约占全国总人口的 1/4,为"第三世界"。中西部贫困地区、少数民族地区、农村地区及边远地区为"第四世界",人口约 6.3亿,占全国总人口的一半。地区间差异具体表现在经济发展差距、人类发展差距、社会发展差距、知识发展差距等方面。不仅体现在居民收入水平上,更主要的是在工业化水平、产业结构和基础设施等发展水平方面的差距迅速拉大。在所有制结构、市场化进程等方面,差距也十分明显。②

二、共享是发展的目的,更是发展的动力

在党的十八届五中全会公报中,"发展"一词出现的频次高达 90 多次。可见,作为解决一切问题的根本,发展依旧是中国目前最大的现实,依旧是党执政兴国的第一要务。然而,公报同时还强调我们的发展应该是"人人参与、人人尽力、人人享有"的发展,这就要求我们必须坚持"发展为了人民、发展依靠

---

① 《中国企业高管和员工的收入差距有 12.7 倍》,《劳动报》2015 年 3 月 19 日。
② 胡鞍钢:《中国:走向区域协调发展》,《中国经济时报》2004 年 3 月 22 日。

人民、发展成果由人民共享"。也就是说,改革和发展,就是要让人民受益。没有人民看得见、摸得着的获得感和幸福感,改革就无意义,发展也不可持续。经过30多年的改革开放,中国已经从一个处于相对平均状态的国家,嬗变为一个社会分化程度过大的国家,这种不合理、不公平的状态会阻碍整个社会的进一步发展。

(一)阻碍经济发展

首先,贫困导致居民消费率偏低,阻碍经济增长。从国际上来说,2000年以来,经合组织(OECD)成员国的居民最终消费率平均水平一直保持在55%—57%之间。其中,美国一直保持在70%以上,英国超过了60%,日本和韩国也在50%-60%之间。[①] 改革开放以来,中国消费能力和消费水平稳步提升,消费年均名义增长率都在15%以上。但放在国民经济结构的背景下考察,消费增速则明显低于投资和GDP增速,表现为消费率的长期波动不前,2000年以来更是呈下降态势,消费率从2000年的62.3%降到2011年的49.1%,居民最终消费率从46.4%下降到35.5%。[②] 而导致居民消费率下降的一个主要原因就是中低收入者收入水平低、增长慢。

其次,城乡之间的不协调发展所带来的危害也首先表现在经济领域。传统的城乡二元结构,在城乡之间筑起了一道道资金、市场、技术、劳动力等壁垒,阻碍了生产要素在城乡之间的交流,并影响整个国民经济的协调发展,不仅农业产业化的进程因此遇到阻力,而且乡镇企业的产业升级和资产重组以及物流业的发展都因城乡分割、工农分割现象的继续存在而受到制约。城乡二元经济结构使得农产品市场难以扩张,农业生产难以持续增长,农民收入的增加受到严重影响。二元结构还使城乡居民收入水平与消费水平的差距不断拉大,农村消费品市场与城市消费品的等级也在不断拉大。城镇市场已趋于饱和的高档耐用消费品受农民收入下降的影响,无法向缺乏有效需求的农村市场转移,使农村的相当一部分潜在需求无法转为现实需求。从国际经验看,市场经济国家要在进入中等收入水平后才出现买方市场,而中国2000年人均GDP刚超过800美元,却在1997年就出现买方市场。其最主要的原因是,现行

---

① 《谭浩俊:中国长期过度投资对消费形成伤害》,环球网2013年4月23日。
② 郭斐然:《怎样看中国消费率的高低?——与专家对话》,《求是》2013年第15期。

户籍制度把农民约束在农村,限制了他们的购买力,从而在根本上限制了消费市场的启动。农村需求结构得不到升级,必然影响与需求有关的供给结构,从而影响与供给有关的产业结构的发展。农村人多地少,自给自足的小农经济导致了农业的低效益。农村经济的落后导致农村内需不足,进而也影响了工业和城市的发展。可见,中国二元经济结构已经成为影响和制约中国国民经济及现代化发展的障碍。

再次,区域经济发展不平衡拖累整个国家经济社会发展的进程。区域经济发展不平衡是一个全球性问题。不仅全世界有南北差距,而且各国国内,尤其是世界上的大国国内,普遍存在区域经济发展不平衡现象。地区差距的存在并不一定就是坏事,从某种意义上说地区差距反而可能成为推动地区发展的动力。但是如果差距不断扩大,就会导致落后地区经济发展缺乏活力、社会发展滞后,影响国内的消费需求和经济的可持续发展,进而制约国内经济社会的全面发展和进步,乃至削弱国家的整体竞争力。而且在原有的计划经济体制下形成的地区经济增长方式和地区分工格局被冲破后,适应新体制的增长方式和分工格局尚未形成,多数地区盲目追求增长速度和外延型扩张,重复建设以及由此带来的产业结构趋同、地方保护、地区分割、市场封锁阻碍了资源合理配置与经济效益的提高。开发落后地区,实现区域协调发展,乃是大国走向强国的必由之路。

(二)影响社会进步

首先,社会分化导致社会阶层固化,堵塞了社会弱势群体向上流动的渠道,不利于社会的进步和发展。由于经济社会地位的差别,以及教育和医疗等公共资源分配方面的差异,使不同利益群体趋于固化,尤其是处于社会底层的人群日趋定型,缺乏改变自己命运的渠道和机会,难以实现公正、合理、开放的向"上"流动。有学者研究称,家庭收入对子女教育水平有正向的影响,家庭收入每提高10%,子女的平均教育水平提高8%。[①]

其次,社会分化使弱势群体逐步被边缘化,在政治、经济、社会地位上沦为最底层。这些都会使他们产生强烈的受挫感、被排斥感,激发他们的不满心理

---

① 李雅楠:《家庭收入是否影响子女教育水平——基于 CHNS 数据的实证研究》,《南方人口》2012 年第 4 期。

和反社会心理,进而危害社会的和谐发展。在一些经济欠发达、社会保障覆盖率较低的地区,弱势群体的不满情绪正在逐步积累,一旦生活遭受挫折,已有的不公平感和"被剥夺感"极易演变成为强烈的反社会心态,甚至将犯罪目标直接指向公共安全和无辜群众,导致恶性案件的发生。

除此之外,由于城乡二元社会结构,沿袭乡土传统的农村文化与城市现代文化在地理维度上相互隔离、时间维度上同时并存。不同的文化特质和不同的经济基础,形成农村不同于城市的生活方式。城乡文化的不同,决定了农村人和城市人在早期社会化过程中形成的价值观、生活态度、成就动机、行为方式等方面存在显著差异。农村人与城市人不但在以经济为坐标的分层中处于弱势,而且在文化分层中处于边缘地位。他们一旦遭遇歧视,就容易产生自卑、敏感、脆弱,甚至攻击性等心理问题。中国目前的社会问题多发,问题的症结恐怕正在于在中国特有的户籍制度下所形成的二元社会结构,大量进城民工和其他人员多年得不到当地居民认同,得不到应有的政治、经济和文化待遇。

(三)影响党和政府的合法性

首先,中国是一个社会主义国家,从某种意义上说,共产党人所建设的社会主义事业就是为了最大可能地实现社会公平。在发展市场经济的条件下,邓小平反复强调,"实现共同富裕"是社会主义的根本原则,并将其作为区别于资本主义制度最本质的规定性。2015年8月,习近平总书记在中共中央为征求"十三五"规划建议意见召开的党外人士座谈会上指出,"广大人民群众共享改革发展成果,是社会主义的本质要求,是我们党坚持全心全意为人民服务根本宗旨的重要体现。我们追求的发展是造福人民的发展,我们追求的富裕是全体人民共同富裕。改革发展搞得成功不成功,最终的判断标准是人民是不是共同享受到了改革发展成果"[①]。如果人民不能共享改革发展成果,反而产生贫富分化,就会使低收入群体对国家的改革开放政策产生怀疑和不满,从而损害党和政府在人民心目中的威信,直接破坏社会公众对社会主义制度的政治认同,降低社会主义的政治合法性,造成中国特色社会主义理想、信念、信心

①《中共中央召开党外人士座谈会征求对中共中央关于制定国民经济和社会发展第十三个五年规划的建议的意见》,《人民日报》2015年10月31日。

的动摇,导致出现更多的越轨行为和不安定因素,破坏国家的政治稳定,影响社会主义现代化建设的顺利进行。

其次,中国社会公共资源分配的不公平现状,是中国社会长期存在的官本位思想、特权思想、等级观念在资源分配方面的制度化体现。资源分配不公不仅体现了社会不公,而且也会加剧这种不公。如果不采取积极有效措施,缓解城乡之间、地区之间、不同收入人群之间获得公共服务的差距,就必然影响社会的公平、和谐、安定、有序。

最后,如果社会分化与腐败或者政策执行不当有关,就会破坏党和政府在人民心目中的形象,恶化党群关系、干群关系,从而危害公众对党和政府的信任和支持,破坏政府的政治威信和稳定性。

三、探索新的共享路径

"十三五"规划非常明确地把民生问题作为发展短板,指出"共享是中国特色社会主义的本质要求。必须坚持发展为了人民、发展依靠人民、发展成果由人民共享,做出更有效的制度安排,使全体人民在共建共享发展中有更多获得感,增强发展动力,增进人民团结,朝着共同富裕方向稳步前进"[1]。这就需要我们在一些老百姓关注而长期没有得到很好解决的问题上,提出新的思路、对策。

(一)扩大中等收入者比重,形成合理的社会结构

改革开放以前,中国的阶层划分是以政治身份、户口身份和行政身份为依据的,主要包括工人、农民、军人、干部和知识分子。中国政治权力依靠的是广大工人阶级和农民阶级,并切实代表了这些社会主要阶级的利益,民众对政权的认同和支持度很高,政权建立在高度的政治合法性基础之上。因而共产党能够牢牢地掌握着政权,社会主义制度也得到人们衷心拥护。

从长远看,社会稳定能否得到保障,关键在于能否形成一个庞大的社会中间层。占人口绝大多数的中间阶层的存在会使社会阶级结构呈现合理、协调的纺锤形模式,缓解社会分化对政治稳定的冲击,对整个社会政治稳定发挥基

---

① 《中共中央关于制定国民经济和社会发展第十三个五年规划的建议》,人民出版社2015年版,第9页。

础性的调控作用。党的十六大报告中提出"扩大中等收入者的比重"意义重大,从近期来看,它有固本培元、改善广大群众生活、稳定社会的作用,从长远来看,则有建设和完善与现代化相匹配的社会阶层结构的经济取向。这一目标的实现,有赖于社会经济的发展、教育的普及、贫富分化的缓解以及社会保障制度的完善等。

(二)加强和完善制度建设,缓解贫富分化

尽管贫富分化对世界各国的政治稳定造成了极大的破坏,但贫富分化并非不可控制。事实证明,健全的制度、合理的政策措施可以有效缓解贫富差距,保持社会稳定。要遏制中国贫富分化的趋势,最根本的是从制度着手。

1. 健全社会保障制度,为贫困群体提供基本的生活保障。中国是世界上贫困与发展问题最为突出的国家之一。长期以来,在党和政府的高度重视下,中国扶贫开发工作取得了举世瞩目的成就。特别是改革开放以来,经过农村经营制度改革和有组织、有计划、大规模的扶贫开发,中国贫困人口从 1978 年的 7.7 亿减少到 2015 年的 5575 万,减少了 7.1 亿。[1] 可以说,中国减贫的历史性成就,扭转了过去几十年来世界贫困人口一直上升的趋势,使得世界贫困人口首次呈下降趋势。虽然如此,我们也要清醒地看到,由于经济社会发展总体水平还比较低,地区发展不够平衡,城乡二元结构特征仍比较明显,中国的贫困问题仍然十分严峻。而社会保障是市场经济运行的安全网和稳定器,它关系到劳动者的切身利益,能调节贫富差距,但中国的社会保障覆盖面窄,还不能起到稳定和调节作用。为此,"十三五"规划建议提出了"精准扶贫、脱贫"战略,全面覆盖农村贫困地区和人群。我国贫困人口主体在农村,"十三五"规划建议提出,未来五年贫困县全部"摘帽",解决区域性整体贫困,并对现有 7017万农村贫困人群的脱贫路线做出了具体设计,到 2020 年产业扶持脱贫 3000 万人,转移就业脱贫 1000 万人,易地搬迁脱贫 1000 万人,剩下 2000 多万完全和部分丧失劳动能力的人,全部纳入低保覆盖,实现社保政策兜底扶贫。这个宏大而极具魄力的扶贫、脱贫战略,无论在规模还是难度上,都是全球任何一个国家难以比拟的,中国正在创造解决贫困问题的"奇迹"。

2. 积极推进税制改革,完善个人所得税制度。国家通过健全的税收制度,

---

[1] 《我国贫困人口从 1978 年到 2015 年减少 7.1 亿》,人民网 2016 年 3 月 10 日。

可以缓解贫富差距问题。但是,目前中国的税收制度还不健全,对于高收入群体缺乏合理的、必要的"限高"。此外,中国的地下经济十分严重,地下经济偷漏税额巨大。国家税收的严重流失,一方面使一部分人的财富迅速加大,另一方面又使国家缺乏必要的再分配能力,难以有效地援助弱势群体,从而最终加大了贫富之间的差距。

3. 合理调整国有部门的分配关系和分配秩序。对国有垄断部门和国有垄断行业的收入分配要加强监管,防止法理上归全体公民所有的利润转化为小集团的利益和个别人员的薪酬福利,并积极探索超额垄断所得向全民所有者的转移机制。对国家公务员的工资制度要进一步完善和规范,既要加快福利待遇货币化进程,促进公务员群体成为稳定的中等收入阶层,又要防止在这一过程中出现过快和过大幅度提高公务员待遇的情况,以免不确定因素增加。对国有企业的收入分配行为要进行有效监测和监控,避免借国有资产战略性调整之名行侵吞全民优质资产之实,在企业微观收入分配机制设计上要审慎对待年薪制,使企业薪酬制度能够切实起到有效激励的作用。对国有事业单位的收入分配制度改革要进一步推进和深化,实行以岗位工资为主体的多元化分配机制,激发国有事业单位及其从业人员的积极性和创造性。

4. 公平配置资源,促进社会的公平和协调发展。我们应当合理地配置社会公共资源,为城市和农村提供大体均等的公共产品和服务,让包括城市居民和广大农民在内的全体人民共享中国改革开放和市场经济发展所带来的丰硕成果,逐步缩小城乡、地区之间的差异。"十三五"规划提出:"坚持普惠性、保基本、均等化、可持续方向,从解决人民最关心最直接最现实的利益问题入手,增强政府职责,提高公共服务共建能力和共享水平。加强义务教育、就业服务、社会保障、基本医疗和公共卫生、公共文化、环境保护等基本公共服务,努力实现全覆盖。"①这对于"保障基本民生,实现全体人民共同迈入全面小康社会"无疑是个有力举措。

(三)统筹城乡发展

1. 确立工业反哺农业、城市支持农村的方针。工业反哺农业、城市支持农

---

① 《中共中央关于制定国民经济和社会发展第十三个五年规划的建议》,人民出版社 2015 年版,第 32 页。

村,是工业化国家走过的共同发展道路。一些发达国家的现代化水平已经很高,但依然非常重视对农业的保护和支持。美国和欧盟农业增加值占 GDP 的比重、农民在就业中的比重,都已经很小,但国家仍然通过扩大公共服务的范围和增加投入,采取各种高补贴和免税政策,一直支持农业的发展,不断提升农产品的竞争力,增加农民的收入。欧盟每年用于农业和农村发展的支出占预算总支出的 50% 左右。经过 20 多年特别是"十五"期间的发展,中国社会主义市场经济体制逐步建立,经济实力和综合国力显著增强,经济总量上了一个大台阶,经济结构发生重大变化。2005 年第一产业占 GDP 的比重下降到 12.4%,城镇化率达到 43%,财政收入持续快速增长,这些都为工业反哺农业、城乡支持农村奠定了物质基础,逐步改变城乡二元结构的条件已经具备。同时,工业反哺农业是统筹城乡经济发展的必然选择。目前,中国一些行业产能过剩,解决这个问题,一方面要控制产能过剩行业的盲目发展,调整投资结构;另一方面要不断扩大国内需求。工业反哺农业、城市支持农村的方针,为中国国民经济的健康平稳发展指明了方向。

2. 加快工业化、城镇化进程。走新型工业化道路,加快城镇化进程,是实现现代化的必由之路。逐步提高工业化、城镇化水平,对于扩大内需、推动国民经济增长,对于优化城乡经济结构、促进国民经济良性循环和社会协调发展,具有重要意义。坚持大中小城市和小城镇协调发展,坚持统筹城乡发展,在经济社会发展的基础上不断推进城镇化,可以加强城乡联系,在更大范围内实现土地、劳动力、资金等生产要素的优化配置,有序转移农村富余劳动力,实现以工促农、以城带乡,最终达到城乡共同发展繁荣。提高城镇化水平,增强大城市以及城市群的整体实力,可以更好地配置各种资源和生产要素,进一步发挥城市对经济社会发展的重要推动作用,提高中国经济发展的水平和整体竞争力。

3. 改革户籍制度,建立城乡一体的劳动力市场。在市场经济条件下统筹城乡发展,客观上要求城乡居民具有平等的社会权利,并在城乡之间采取统一的经济社会政策,包括劳动力在内的各种生产要素可以在城乡之间自由流动。这就需要尽快地打破城乡二元的户籍制度。"十三五"规划首次提出了"户籍人口城镇化"的重要概念。把提高户籍人口水平作为新的城镇化目标,五年内解决一亿农民工的市民户籍问题,其发展意义和民生意义都非常深远。

（四）促进区域的协调发展

1. 制定合理的区域发展战略。中国现阶段正处在经济高速增长和体制转轨时期,地区间利益重新调整,差距日益扩大。因此,调整和制定合理的区域发展战略,有利于缓解经济高速增长过程中出现的地区间矛盾和利益冲突,有利于地区之间的协调发展,有利于全面提高国民经济的整体实力。中国实施区域发展的总体战略是:推进西部大开发,振兴东北地区等老工业基地,促进中部地区崛起,鼓励东部地区率先发展。这一区域发展战略的实施将有效缓解地区之间的差距。

2. 加大对落后地区的政策支持。区域发展战略重在落实,对经济落后地区给予更大的政策支持,是缩小地区差距的重要举措和保障。国家为支持和帮助落后地区发展采取了许多政策措施,对于促进落后地区发展确实发挥了重要的作用,但仍需要完善和细化。一是要使支持政策从临时性、阶段性向法律化、制度化过渡,形成具有法律性质和制度框架的支持政策体系;二是使政策指标从定性规定向定量规定过渡,明确诸如国家财政性建设资金、国家政策性银行贷款、国际金融组织和外国政府优惠贷款中必须用于西部地区开发和发展的具体数量;三是使支持的内容从明确支持范围向明确支持规模过渡。

3. 积极发展跨区域经济交流与合作。首先,消除地区贸易壁垒,加快建设国内统一市场。建立统一开放、竞争有序的国内市场是促进地区协调发展的重要举措。目前最为重要的是要消除地方保护主义和地区贸易壁垒,明确废止妨碍公平竞争、设置行政壁垒、排斥外地产品和服务的各种分割市场的规定,打破行业垄断和地区封锁。其次,加强东西部的对话与协作。发达地区必要的支持是落后地区加快发展不可缺少的条件。要最大限度地发挥东部地区的示范、辐射和带动作用。加强东西部联合,实行东西部省市和地区之间的目标结合和结对扶持,促使东西部之间在互惠互利和优势互补的基础上开展经济技术联合和协作,不但可以促进西部地区的发展,而且也有利于加快东部地区的发展。

（原载于《当代世界与社会主义》2016 年第 2 期）

共享发展:通向幸福和谐的必由之路 *

党的十八届五中全会在决胜全面建成小康社会的关键阶段,立足我国国情,把握发展规律,顺应时代要求,回应人民期盼,旗帜鲜明地提出了共享发展的新发展理念。共享发展从源头上深刻回答了"发展为了谁、发展成果由谁享有"的问题,对实现更高质量更高水平的发展提出了目标要求和行动准则,既体现了社会主义的本质要求,又彰显了中国共产党的根本宗旨和历史担当,是必须长期坚持的发展理念。

一、共享发展蕴含着深厚的理论渊源和丰富的思想内涵

共享发展是人类社会进步的标志,也是人类孜孜以求的目标。自古以来,人类就向往和追求以促进公平正义为本质的共享发展,把公正作为社会制度安排的美德。虽然中西方许多思想家未明确提出"共享发展"的概念,但他们对公正的重视已经体现和蕴含着丰富的共享思想。譬如,中国古代先贤认为,"天公平而无私,故美恶莫不覆;地公平而无私,故大小莫不载。""公正无私,一言而万民齐。""公则天下平矣,平得于公。"西方亚里士多德认为,"公正是一切德性的总括。"①罗尔斯认为,"正义是社会制度的首要价值,正像真理是思想体系的首要价值一样。"②马克·夸克还从政治合法性的角度深刻指出:"为了使共同体中的成员能够认为统治者的指挥地位是具有合法性的,那么就需要

---

 * 本文作者:吴桂韩(1983 –),男,国务院侨务办公室副处长,副教授,中央党校党建博士。主要从事党的建设基本原理和中国特色社会主义等问题研究。

① 亚里士多德:《尼各马可伦理学》,廖申白译,商务印书馆 2003 年版,第 130 页。

② 约翰·罗尔斯:《正义论》,何怀宏,何包钢译,中国社会科学出版社 1988 年版,第 1 页。

这种地位明确地表现出它所具有的公共福祉的活力。"①

作为人类文明最高智慧的结晶,马克思主义在揭示人类社会发展规律的基础上,强调人类社会应当是公正的,人类社会之所以要过渡到共产主义社会,重要原因之一就在于资本主义是一个极不公正的社会,在那里劳动存在着异化,人也存在着异化。在马克思主义看来,公正的根本内容就是个人与个人之间、个人与社会之间所得与应得、所付与应付之间的"相称关系",主要体现在经济领域"多劳多得、少劳少得,有劳动能力的人不劳动不得食"的"按劳分配"原则,在政治领域"权利与义务相一致"原则,在法律领域"罪与罚相对称"原则。他们强调,无产阶级的运动是绝大多数人的、为绝大多数人谋利益的独立的运动,只有通过无产阶级运动推翻资本主义制度、建立共产主义制度,才能真正实现社会的公正。马克思主义创始人关于公正的思想,为提出共享发展理念奠定了重要的理论基石。

中国共产党是马克思主义公正观的继承者和发展者,始终将实现社会公平正义作为崇高使命,贯穿于中国革命、建设和改革全过程。尤其是社会主义制度建立以后,我们党明确强调社会主义最大的优越性就是共同富裕,要坚持立党为公、执政为民的执政理念,不断在实现发展成果由人民共享、促进人的全面发展上取得新成效。党的十八大以来,习近平总书记继承和发展了历代马克思主义者的公正观和科学发展观,提出了许多关于共享发展的新思想,强调"治天下也,必先公,公则天下平矣。"②"人民对美好生活的向往,就是我们的奋斗目标。"③"让广大人民群众共享改革发展成果,是社会主义制度优越性的集中体现,是我们党坚持全心全意为人民服务根本宗旨的重要体现。只有充分调动全体人民推动发展的积极性、主动性、创造性,国家发展才能具有最深厚的伟力。"④"人民为中心的发展思想,不是一个抽象的、玄奥的概念,不能

---

① 让－马克・夸克:《合法性与政治》,佟心平、王远飞译,中央编译出版社2002年版,第47页。
② 习近平:《在党的十八届五中全会第二次全体会议上的讲话(节选)》,《求是》2016年第1期。
③ 习近平:《人民对美好生活的向往就是我们的奋斗目标》,《人民日报》2012年11月16日。
④ 习近平:《在党的十八届五中全会第二次全体会议上的讲话(节选)》,《求是》2016年第1期。

只停留在口头上、止步于思想环节,而要体现在经济社会发展各个环节。"①"我们必须坚持发展为了人民、发展依靠人民、发展成果由人民共享,作出更有效的制度安排,使全体人民朝着共同富裕方向稳步前进,绝不能出现'富者累巨万,而贫者食糟糠'的现象。"②这些重要论述,深刻揭示了共享发展的重大意义、核心立场、精神实质、实践要求。我们应当深入领会习近平总书记系列重要讲话精神,特别是关于共享发展的新理念新思想新战略,深刻把握共享发展的思想内涵。

(一)要深刻认识共享发展的最高目标是实现共产主义

共产主义是人类社会发展的最高阶段。按照马克思主义经典作家的分析,共产主义社会是一个物质财富极大丰富,社会资源由全体社会成员共享,人民精神境界极大提高,各尽所能、按需分配的社会;是一个没有私有制也没有阶级、没有剥削、没有压迫,每个人自由而全面发展,实现人类自我解放的社会。真正意义上的共享,只有在共产主义社会才能实现。中国共产党自成立之日起,就将实现共产主义作为最高理想和最终目标,紧紧依靠人民完成了新民主主义革命和社会主义革命,进行了改革开放新的伟大革命,实现了民族独立、人民解放,确立了社会主义基本制度,开创、坚持、发展了中国特色社会主义,为实现共享发展创造了前提、奠定了基石、开辟了前景。推进共享发展,就是要沿着共产主义远大理想和中国特色社会主义共同理想前进,清醒看到实现共产主义是一个非常漫长的历史过程,只有在社会主义社会充分发展和高度发达的基础上才能实现,必须立足我国现在仍处于并将长期处于社会主义初级阶段的实际,坚持党在社会主义初级阶段的基本路线、基本纲领,不断发展和完善中国特色社会主义制度,根据现有条件把能做的事情尽量做起来,积小胜为大胜,使全体人民在改革发展中有更多获得感。

(二)要深刻认识共享发展的战略目标是同圆共享中国梦

中国梦是中华民族近代以来最伟大的梦想,同世界各国人民的梦想息息相通。中国梦的最大特点就是把国家、民族和个人作为一个命运共同体,把中

---

① 习近平:《聚焦发力贯彻五中全会精神确保如期全面建成小康社会》,《人民日报》2016年01月19日。

② 习近平:《在党的十八届五中全会第二次全体会议上的讲话(节选)》,《求是》2016年第1期。

国与世界作为一个命运共同体,不仅给每个中国人带来机会和福祉,也给世界带来机遇和贡献。对于中国人民而言,中国梦归根到底是人民的梦,就是要让每个人共享人生出彩、梦想成真、同祖国和时代一起成长与进步的机会,共享祖国繁荣发展的成果,共享世界经济科技发展的成果。对于世界人民而言,中国梦归根到底是追求和平、追求幸福、奉献世界的梦,是和平、发展、合作、共赢的梦,就是要坚定不移走和平发展道路,促进国与国之间、不同文明之间平等交流、相互借鉴、共同进步,打造人类命运共同体,推动世界各国人民在实现各自梦想中相互理解、相互帮助。同圆共享中国梦,是中国共产党为民情怀和宽广襟怀的集中展示,既指明了共享发展的目标和方向,也标识了共享发展的境界和高度。推进共享发展,就是要以中国梦为战略引领,推动实现国家富强、民族振兴、人民幸福,实现持久和平、共同繁荣的世界梦,既造福中国人民,又造福世界人民。

(三)要深刻认识共享发展的核心立场是践行以人民为中心的发展思想

人民是推动发展的根本力量,实现好、维护好、发展好最广大人民根本利益是发展的根本目的。只有在全社会营造人人参与、人人尽力、人人享有的良好环境,以共享引领共建,以共建推动共享,才能凝聚发展力量、厚植发展优势。共享发展既揭示了发展的动力,也明确了发展的目的。推进共享发展,就是要把增进人民福祉、促进人的全面发展作为发展的出发点和落脚点,坚持发展为了人民、发展依靠人民、发展成果由人民共享,做出更有效的制度安排,使全体人民在共建共享发展中有更多获得感。

(四)要深刻认识共享发展的总体要求是促进社会公平正义

共享发展注重的是解决社会公平正义问题。推进共享发展,就是在经济建设上,要实现人民共同富裕;在政治建设上,要实现人民当家作主、推进依法治国;在文化建设上,要保证社会主义先进文化前进方向和人民日益增长的文化需求;在生态文明建设上,要建设美丽中国、健康中国;在社会建设上,要建立以权利公平、机会公平、规则公平为主要内容的社会公平保障体系;在党的建设上,要坚持立党为公、执政为民。

(五)要深刻认识共享发展的根本方法是统筹兼顾

统筹兼顾是唯物辩证法在发展问题上的科学运用,是实现科学发展、促进社会和谐的基本途径,是正确处理经济社会发展中重大关系的方针原则,既是科学发展观的根本方法,也是共享发展的根本方法。推进共享发展,就是要根据我国战略机遇期内涵的深刻变化和经济体制深刻变革、社会结构深刻变动、利益格局深刻调整的实际,更加自觉地运用统筹兼顾的根本方法,把握好现代化建设各领域各环节的关系,正确反映和兼顾各个方面的利益,统筹城乡发展、区域发展、经济社会发展、人与自然和谐发展、国内发展和对外开放,坚持区域协同、城乡一体、物质文明和精神文明并重、经济建设同国防建设融合,协调推进"四个全面"战略布局和"五位一体"总体布局,着力在加强薄弱领域中增强发展后劲、在补齐发展短板中厚植发展优势。

二、共享发展顺应了科学发展规律和人民对美好生活的向往

共享发展是在深刻总结国内外发展经验教训的基础上形成的,是针对我国改革发展中存在的突出矛盾和问题提出来的。归根到底,实现科学发展、凝聚改革共识、促进社会和谐都需要以共享发展为前提。能否实现发展成果由全体人民共享,直接关系到民心国运,关系到兴衰存亡。

环顾世界,一些国家在经历长期高速发展之后,陷入了"中等收入陷阱",有的甚至出现了社会动荡、国运衰竭、政权更迭,都因在发展中不注重共享,发展成果没有惠及广大民众,使得一部分人的"获得感"建立在另一部分人的"失落感"甚至"被剥夺感"基础上,从而造成社会心态失衡、社会共识撕裂、社会情绪失控,最终破坏了社会和谐稳定。

新中国成立以来,我们党一贯重视社会公平正义。1955 年,毛泽东在资本主义工商业社会主义改造问题座谈会上指出:"现在我们实行这么一种制度,这么一种计划,是可以一年一年走向更富更强的,一年一年可以看到更富更强些。而这个富,是共同的富,这个强,是共同的强,大家都有份。"①1985 年,邓小平在党的代表大会上强调:"我们为社会主义奋斗,不但是因为社会主义有条件比资本主义更快地发展生产力,而且因为只有社会主义才能消除资本主义和其他剥削制度所必然产生的种种贪婪、腐败和不公正的现象。"②1990 年,邓小平在同中央负责同志谈话时明确指出:"社会主义最大的优越性就是共同

---

① 《毛泽东文集》第 6 卷,人民出版社 1999 年版,第 495 页。
② 《邓小平文选》第 3 卷,人民出版社 1993 年版,第 143 页。

富裕,这是体现社会主义本质的一个东西。如果搞两极分化,情况就不同了,民族矛盾、区域间矛盾、阶级矛盾都会发展,相应地中央和地方的矛盾也会发展,就可能出乱子。"①经过新中国成立 60 多年特别是改革开放 30 多年的发展,我国社会生活许多领域的公正程度已经取得了大幅度的改善和提高,并取得了许多有目共睹的成就。比如,7 亿多贫困人口脱贫,贫困发生率从 20 世纪80 年代的 80% 以上下降到 2014 年的 7.2%;免费义务教育全面实现,高等教育进入大众化阶段;基本公共服务均等化扎实推进,建成了世界上最大规模的基本医疗保障网、最大规模的养老保障网等。但是,居民收入差距、城乡区域发展差距仍然较大,劳动就业、住房医疗、子女上学等问题比较突出,部分群众并没有充分享受经济发展带来的成果。目前,仍有 7000 多万贫困人口,1800万左右城镇低保人口,12.8 万个贫困村,2948.5 万个贫困户,14 个集中连片特困地区,592 个国家扶贫开发重点县。2014 年,农村居民人均可支配收入只相当于城镇居民的 36.4%。广大人民群众热切期盼有更好的教育、更稳定的工作、更满意的收入、更可靠的社会保障、更高水平的医疗卫生服务、更舒适的居住条件、更优美的环境,期盼孩子们能成长得更好、工作得更好、生活得更好。为此,正如习近平总书记所指出:"国家建设是全体人民共同的事业,国家发展过程也是全体人民共享成果的过程。"②"中国执政者的首要使命就是集中力量提高人民生活水平,逐步实现共同富裕。"③只有推进共享发展,保证人民平等参与、平等发展权利,让 13 亿多中国人共享改革发展成果,我们的国家才会安定、民族才会团结、人民才会满意。

三、在推进共享发展中夺取决胜全面建成小康社会新胜利

习近平总书记指出:"全面建成小康社会,强调的不仅是'小康',而且更重要的也是更难做到的是'全面'。全面小康,覆盖的领域要全面,是五位一体全面进步;覆盖的人口要全面,是惠及全体人民的小康;覆盖的区域要全面,是城

---

① 《邓小平文选》第 3 卷,人民出版社 1993 年版,第 364 页。
② 习近平:《在庆祝"五一"国际劳动节暨表彰全国劳动模范和先进工作者大会上的讲话》,《人民日报》2015 年 04 月 29 日。
③ 习近平:《在华盛顿州当地政府和美国友好团体联合欢迎宴会上的演讲》,《人民日报》2015 年 09 月 24 日。

乡区域共同的小康。"①推进共享发展,就是要按照人人参与、人人尽力、人人享有的要求,坚守底线、突出重点、完善制度、引导预期,注重机会公平,保障基本民生,让全体人民共同迈入全面小康社会,使发展更有温度。

(一)要落实以人民为中心的发展思想,让全体人民有更多获得感

要坚持人民主体地位,把立党为公、执政为民的要求落实到党和国家制定和实施方针政策的工作中去,落实到各级领导干部的思想和行动中去,落实到关心群众生产生活的工作中去。顺应人民过上更好生活的新期待,以解决共享性不够、受益面不平衡问题为重点,着眼于创造更丰富的社会物质财富,以推进扶贫脱贫、缩小收入差距为抓手,促进创造财富和公平分配的协调,全面消除贫困、改善民生;着眼于保障人民当家作主的权利和合法权益,健全社会主义协商民主制度,加强社会主义法治,保证人民平等参与、平等发展权利;着眼于满足人民群众多样化的精神文化需求,坚持以人民为中心的创造生产导向,以社会主义核心价值观为引领,推动社会主义文化大发展大繁荣,提高人民群众精神生活质量,丰富人们的精神世界,夯实人们的思想道德根基,增强人们的精神力量;着眼于协调好各方面的利益关系,以创造更加公平正义的社会环境为原则,以推进共同富裕为目标,以推进区域、城乡基本公共服务均等化为保障,激发大众创业、万众创新的巨大能量,不断建设全体人民各尽其能、各得其所又和谐相处的社会;着眼于为人民创造良好生产生活环境,发展美丽经济,建设美丽中国,扎实推进生态环境保护,下大气力治理大气污染、解决雾霾等损害群众健康的突出环境问题,让良好生态环境成为人民生活质量的增长点和展现我国良好形象的发力点,真正把发展的目的落实到满足人民需要、实现人民利益上。

(二)要全面落实新发展理念,让发展更加全面协调可持续

党的十八届五中全会坚持目标导向和问题导向相结合,根据全面建成小康社会决胜阶段的新形势,尤其是我国经济发展进入新常态的阶段性特征,创造性地提出了五大发展理念,丰富发展了马克思主义政治经济学,开辟了中国共产党治国理政方略的新境界。其中,创新发展旨在解决发展动力问题,协调

---

① 习近平:《在党的十八届五中全会第二次全体会议上的讲话(节选)》,《求是》2016 年第 1 期。

发展旨在解决发展不平衡问题,绿色发展旨在解决人与自然和谐问题,开放发展旨在解决发展内外联动问题,共享发展旨在解决社会公平正义问题。这些问题,都是制约全面建成小康社会的"软肋"和"短板"。五大发展理念就是针对我国发展中的突出矛盾和问题提出来的,对于破解发展难题、增强发展动力、厚植发展优势具有重大指导意义。习近平总书记指出:"坚持创新发展、协调发展、绿色发展、开放发展、共享发展,是关系我国发展全局的一场深刻变革。这五大发展理念相互贯通、相互促进,是具有内在联系的集合体,要统一贯彻,不能顾此失彼,也不能相互替代。哪一个发展理念贯彻不到位,发展进程都会受到影响。"①推进共享发展,是全面建成小康社会的目标,也是创新发展、协调发展、绿色发展、开放发展的目标,需要通过崇尚创新来增强共享的动力和活力,通过注重协调来增强共享的整体性和平衡性,通过倡导绿色来增强共享的幸福感和满意度,通过厚植开放来增强共享的丰富性和时代性,使发展更具潜力、后劲和优势。

(三)要紧盯突出短板,让改革发力更加精准高效

夺取全面建成小康社会决胜阶段的伟大胜利,不仅是要实现到 2020 年国内生产总值和城乡居民收入比 2010 翻一番的目标,还要提高发展平衡性、包容性、可持续性,建成高质量的小康社会,为实现第二个百年奋斗目标奠定更为牢靠的基础。在推进共享方面,目前的突出短板是生态文明建设、农村贫困人口脱贫、城乡区域收入差距以及社会保障问题。因此,必须看到良好生态环境是最公平的公共产品和最普惠的民生福祉,牢固树立保护生态环境就是保护生产力、改善生态环境就是发展生产力的理念,切实把生态文明的理念、原则、目标融入经济社会发展各方面,贯彻落实到各级各类规划和各项工作中,大力推进生态文明建设,调整优化空间结构,守住生态环保红线,强化综合治理措施,落实目标责任,推进清洁生产,扩大绿色植被,厚植绿色发展根基,让天更蓝、山更绿、水更清、生态环境更美好。必须实施精准扶贫、精准脱贫,采取超常举措,实施脱贫攻坚工程,加大对革命老区、民族地区、边疆地区、贫困地区基本公共服务的支持力度,加强对特定人群特殊困难的帮扶,确保我国现行标

---

① 习近平:《在党的十八届五中全会第二次全体会议上的讲话(节选)》,《求是》2016 年第 1 期。

准下农村贫困人口实现脱贫、贫困县全部摘帽、解决区域性整体贫困,坚决打赢脱贫攻坚战。必须坚持和完善坚持以公有制为主体、多种所有制经济共同发展的基本经济制度,深入推进国有企业改革发展,坚定不移做大做优国有企业,充分发挥国有经济在国民经济中的主导地位,从经济基础上保障人民群众当家作主的地位,发挥社会主义制度优越性。必须完善收入分配制度,完善以税收、社会保障、转移支付为主要手段的再分配调节机制,实现居民收入增长和经济增长同步、劳动报酬提高和劳动生产率提高同步,持续增加城乡居民收入,形成两头小、中间大的合理收入分配结构。必须坚持普惠性、保基本、均等化、可持续方向,建立更加公平更可持续的社会保障制度,从解决人民最关心最直接最现实的利益问题入手,增加公共服务供给,做好教育、就业、收入分配、社会保障、医疗卫生等各领域民生工作,推动大众创业、万众创新,让全体人民在共建共享的生动实践中实现全面发展。

(原载于《理论研究》2016 年第 5 期)

共享发展的思维方式、目标与实践路径[*]

"发展"的观念源于对基督教神学史观的反叛,现代时间意识的诞生意味着社会过程总是沿着一条进步的路线向前发展,这也构成了现代社会的基本向度。哈贝马斯(Jurgen Habermas)指出,"现代社会中,理性作为一种总体性力量已经开始侵入并统治人类的三个基本领域——认知领域、规范领域和审美领域……认知领域遵循的是理性逻辑,规范领域遵循的是价值逻辑,审美领域遵循的是趣味逻辑"。① 如果理性逻辑作为发展的支配性逻辑,那么,发展的规范领域和审美领域就不可避免地走向失落,也就是说,现代性语境下的发展理念面临的伦理困境,使得对发展终极旨归予以价值尺度的检视成为必然。作为对中国特色社会主义发展实践的理解与反映,中国共产党十八届五中全会公报中提出牢固树立并切实贯彻共享发展理念,是在当前全面建成小康社会的决定性阶段对我国发展的事实维度和价值维度的关系问题、发展动力和发展目的关系问题认识的新境界。对共享发展理念进行学理分析,就必须在梳理发展旨归的思维方式及其范式转换的基础上,论证以共享发展理念的必要性和可行性,进而探索共享发展的目标和实践路径,以达到理论和实践上的自觉。

一、共享发展的思维方式及其范式转换

对发展终极旨归予以价值尺度的检视是不同理论范式所面临的共同理论

---

* 本文作者:余达淮,河海大学马克思主义学院院长、教授、博导;刘沛妤,河海大学马克思主义学院博士生。

① 哈贝马斯:《哈贝马斯精粹》,曹卫东译,南京大学出版社2004年版,第10页。

任务,但是却有着不同的思维方式。梳理发展旨归的思维方式及其范式转换,论证以共享发展理念处理发展与人民福祉关系的必要性和可行性,是为共享发展寻求规范性基础的前提:一方面,要化解古典自由主义和新古典自由主义者对"共享"必要性的指控;另一方面,要分析基于福利平等、资源平等和能力平等的三种共享发展范式的转换,为共享发展理念的可行性或者可持续性提供有益思路。

论证共享发展的必要性,必须要回到对资源的初始占有这一逻辑起点上来。共享发展要求使全体人民在共建共享发展中有更多获得感,朝着共同富裕方向稳步前进,实现全体人民共同迈入全面小康社会,①这说明共享发展是发展和共享两方面的有机统一,发展是相对于贫穷而言的,用来表征物质或精神丰裕的程度,共享则是相对于两极分化现象而言的,用以说明发展实现的范围,由此可见,共享发展是建立在消除贫困和两极分化基础之上的。但是,这并不意味着共享发展理念与私人财产权和自我所有权的概念相违背,共享发展必须要化解古典自由主义和新古典自由主义者对"共享"必要性的指控,具体而言,发展确保所有人的基本需要得到满足,是私人财产权利得以证成的基本前提,古典自由主义僵化的私产权利观没有认识到私人财产权概念是有条件的,其限度恰是以满足所有相关者的基本需要为目标的,②另外,通过对形式上的自我所有权与实质性的自我所有权进行区分可知,实质性的自我所有权要求个体有能力进行自我决定或自我控制,③这内在地蕴含着对资源的必要占有和使用,但并不意味着无限占有权,因此,共享发展并不必然侵犯任何个体的自我所有权。

论证共享发展的可行性或者可持续性,关键是要回应发展过程中深层次的公平问题。共享发展强调人人参与、人人尽力、人人享有的要求,注重机会

---

① 《中国共产党第十八届中央委员会第五次全体会议公报》,《中国经贸导刊》2015 年第 31 期。

② 罗伯特·诺奇克:《无政府、国家和乌托邦》,姚大志译,中国社会科学出版社 2008 年版,第 22 页。

③ G. A. 柯亨著,吕增奎编:《马克思与诺奇克之间,柯亨文选》,江苏人民出版社 2007 年版,第 107 页。

公平,①以下三种共享发展范式虽然在可行性方面都面临一定难题,但也都为共享发展提供了有益思路:一是基于福利平等的共享发展范式,以功利主义理论为基础,早期福利经济学认为"幸福是评价人类福利和优势的唯一重要的因素,因此也是社会政策和制定公共政策的基础",②以最大多数人的最大幸福为发展的唯一旨归,而现代福利经济学则将效用最大化作为发展目的,以帕累托最优标准作为衡量的基本原则,但是它"既不关心效用分配或者收入的分配,也非常不关心平等",③仅以个人生活状态的好坏作为评价依据,纵容了贫富差距的合法化,这一范式实际上忽略了弱势群体的公平正义问题;二是基于资源平等的共享发展范式,主要是以罗尔斯与德沃金为代表,罗尔斯将包括权利、自由、机会、收入、财富与自尊的社会基础等在内的"基本善"的分配正义视为发展目的,④进而提出差别原则,表达了为最不利群体谋利的优先主义观念,但是,罗尔斯并未注意到相同的资源并不足以保证每个人都能获得同等的福祉,因为不同的人的机会和能力不同。德沃金将人际差异性纳入发展的价值维度进行考察,试图以虚拟保险市场来化解在资源转化问题,但也并未对罗尔斯的差别原则有实质性的提升;三是基于能力平等的共享发展范式,以阿玛蒂亚·森为代表,主张对发展的考察不能仅停留在经济增长上,而是要深入到对人的内在价值实现和社会安排中,扩展人们享有实质性自由的过程是发展的旨归。同时,这种可行能力的自由也是发展的手段,将这一理论范式应用于人类发展指数(HDI)的编制,实现了对发展的价值维度进行客观衡量,其中,他强调社会保障自由在建立制度化渠道、反映民众特别是弱势群体的问题,对当前研究共享发展理念有重要意义。

① 《中国共产党第十八届中央委员会第五次全体会议公报》,《中国经贸导刊》2015 年第 31 期。
② 阿玛蒂亚·森:《正义的理念》,王晶、李航译,中国人民大学出版社 2012 年版,第 255 页。
③ AmartyaSen. Market and Freedom:Achievement and Limitations of the Market Mechanism in Promotion Individual Freedoms, Oxford Economic Papers, Vol. 45, No. 4, October 1993, p. 521.
④ [美]约翰·罗尔斯:《正义论》,何怀宏等译,中国社会科学出版社 2006 年版,第 95 页。

二、中国特色社会主义共享发展的目标

我国人民在改革开放的大风大浪当中,居民生活收入水平、农民收入水平和社会保障和文化水平都在日益提高,精神面貌发生了很大改变。尽管在城乡之间、在各产业集团之间、在各类年龄人群之间、在各地区人群之间仍然存在着不平衡,但是人民意识到,发展是硬道理,人民信心百倍地为全面建成小康社会而奋斗。世界上风云诡谲,政治势力多有冲突,意识形态剧烈冲突、动荡,发达国家享有经济发展特权和金融权利,对其他国家的问题或者困难漠不关心;贫困国家处于战争或愚昧阶段,社会生活支离破碎,人民没有共享发展的权利,只有被宗教信仰牵着鼻子、忍饥挨饿的权利。在这种情境之下,共享发展究竟为了什么?有何目标?目标有何独特性?值得深思。

(一)解决发展方式转变中的问题,推进经济与社会协调发展

共享发展是在综合分析世界经济长周期和我国发展阶段性特征和规律、深刻分析国内外发展大势的基础上形成的发展理念,反映了新常态下经济社会发展规律认识的深化,体现了当前推动发展方式转变的基本思路。当前,我国经济结构转型向深层次化推进:一是经济结构进入深度调整期,出口疲软、投资持续力下降,消费对经济增长的贡献上升,未来经济增长将更多依靠消费、投资和出口协调拉动;二是产业结构呈现明显优化态势,以重工业为代表的产业集群增长放缓,传统制造业领域出现了明显的产能过剩,以高端制造业和现代服务业为代表的新兴主导产业集群迅速成长,产业结构朝着要素比较优势变化和市场消费者个性化、多样化需求升级的方向调整;三是发展动力更多依靠人力资本和技术进步,人力资本供应结构趋向高级化,在技术追赶进程中实现制造业由中低端走向中高端。因此,转变经济发展方式必须发挥消费需求对经济增长的重要稳定作用和对产业结构调整的积极引导作用,在就业形势保持稳定的基础上,实现居民收入增长和经济发展同步、劳动报酬增长和劳动生产率提高同步,从根本上打下保证居民消费平稳增长、特别是启动农村消费大市场的坚实基础;同时,增强以养老、医疗和失业保险为主体的社会保障制度的托底力度,降低居民由于对未来的不确定而产生的预防性储蓄,减少消费顾虑,增强消费意愿;另外,充分认识经济社会转型升级和全面深化改革对教育改革提出更高、更迫切的现实需求,实现从劳动力驱动经济到人力资本

驱动经济的转变,才能重塑经济增长的内生动力。

由此可见,共享发展要解决当前发展方式转变中的问题,归根结底是要解决现阶段我国经济发展与社会建设的协调问题,也就是将社会正义在民生领域的落实与实践问题。第一,共享发展要实现经济结构转型与社会活力释放的协调,应对当前经济下行压力的关键在于社会公众的市场需求与消费意愿得到有效释放,社会活力的释放需要公平正义的维护,机会公平能够保证人们参与社会活动的积极性,司法正义能够保证人们分享社会成果的有序性;第二,共享发展要实现经济提振与社会进步的协调,在保持我国经济平稳转型的前提下,需要为社会建设的跟进预留存量资源,这主要体现在对基础民生领域的持续投入以及社会治理体制的创新实践;第三,共享发展要实现经济发展的良性有序与社会建设的稳定持续的协调,经济发展最终是要推进社会财富的增长,反之,社会建设的稳定性又形成了经济发展的内在支撑,公平正义既是社会得以正常运行的内在核心,也是传统商业活动中朴素的价值认同信条,共通的理念内涵与目标诉求使之成为联系经济领域与社会领域的重要纽带。

(二)提高社会主义实力,提升公信力、话语权和影响力

共享发展充分体现了中国共产党的性质和宗旨,对提升执政党及政府的公信力有重要意义。中国共产党代表中国最广大人民群众的根本利益,党的执政能力如何,是否能够保证人民平等参与、平等发展的权利,维护社会公平正义,使发展成果更多更公平惠及全体人民,直接影响着人民对其执政地位的认可度,甚至会对党的公信力提出巨大挑战。共享发展强调坚守底线、突出重点、完善制度、引导预期:坚守底线体现了发展的普惠性,同时也明确了基本民生必须由政府保障,非基本需求交给市场、借力社会的作用关系;突出重点抓住了现阶段优先满足弱势群体和底层群众的迫切需要,有针对性地改善发展中的薄弱环节;完善制度是通过全面深化改革,做出更有效的制度安排,保障了人民群众发展权利、发展机会和发展成果的公平性;引导预期要求形成对未来的合理预期及稳定的社会心态,在一定程度上缓解社会矛盾冲突,从而提振公众信心。

共享发展充分体现了中国特色社会主义的本质要求,对增强社会主义意识形态的话语权有重要意义。一种意识形态是否具有话语权,关键是看其是否真正反映、体现和表达民众的利益诉求,得到人民群众的认同和支持。当

前,中国处于改革的攻坚期和深水区,随着社会结构不断分化,利益关系复杂化和利益差距扩大化日趋明显,给意识形态认同带来新的挑战。面对如此复杂的情势,坚持共享发展,使发展真正反映、体现和表达民众的利益诉求,保护弱势群体的合法利益,遏制特殊利益群体和利益集团对公共利益的侵占,让人民共同享有改革开放的成果,使广大人民群众在共享改革开放的成果中自觉对其所倡导和表达的理想信念、价值规范和行为准则发自内心地自觉认同,从而能够最大限度地凝聚改革共识,激发人民群众投身改革热情,进而为破解发展中的难题提供强大的思想和组织基础。

共享发展充分体现中国发展理念的深刻变革,对扩大中国模式的影响力有重要意义。一国的发展模式是否具有影响力,归根结底,是要看该国增强综合国力和国际竞争力的强弱。对 2000 - 2014 年间《世界竞争力年鉴》中国家竞争力排名的分析可知,中国在经济运行规模及增长速度、科学技术投入及成果转化等方面优势明显,促进就业创业和消费内生驱动等方面成效显著,①同时,也要注意到当前中国发展出现了一系列新的阶段性特征,扩大中国模式的影响力要求对现有发展理念进行反思:一是深化对发展短板要素的认识,教育、医疗和基础设施建设虽然都处于由低水平向高水平转变的过程中,但人均水平依然较低,依然面临权利、机会和规则公平问题;二是处理好发展与共享的关系,明确分配对效率与公平关系的影响,推动收入分配制度改革,提高消费能力;三是将共享发展置于五大发展理念的有机整体中进行考察,尤其是促进共享发展与绿色发展深度融合起来、共同推进,通过对环境问题的有效治理为实现生态共享提供自然环境基础。

(三)增强获得感,实现人的自由全面发展

通过对联合国统计署 1980 - 2015 年出版的《人类发展报告》中的相关数据进行分析可知,中国人类发展指数(HDI)以及医疗、教育和工作三个维度分项指标均呈发散状态(图1),其中,健康指数较高但发散缓慢,教育指数次之,收入指数起点较低但发散迅速。值得注意的是,2010 - 2014 年间,总体生活满意度以及医疗、教育和工作三个维度分项指标的满意度都出现了不同程度的

---

① 《中国共产党第十八届中央委员会第五次全体会议公报》,《中国经贸导刊》2015 年第31 期。

下降(表1),其中,工作维度满意度和医疗维度都出现了急剧下滑,这与收入指数和健康指数的显著提升形成了巨大反差,只有教育维度满意度有所改善。这表明,中国的发展在客观上的确促进了人民福祉的改善,但是,相较于具体福利的提升,人民群众的生活满意度并没有出现显著提升。究其原因,"获得感"取决于两个因素:一是获得的内容,与人的价值取向紧密相关;二是获得的条件,公平正义的社会制度是维护获得感的重要保障,由于不平等给我国人发展指数造成的损失是影响"获得感"的重要因素(表2)。因此,实现共享发展,必须要在经济总量迅速增长的基础上形成更公正的发展环境和更公平的分配格局,不断充实"获得感"的增长值与含金量。

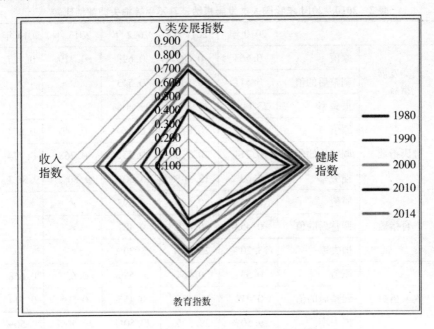

图1　1980－2014年人类发展指数变化

数据来源:1980－2015《Human Development Report》。

表1　2010－2014年我国人类发展指数及其满意度比较

	2010年	2011年	2012年	2013年	2014年	年增长率
人类发展指数	0.663	0.687	0.699	0.719	0.727	0.446
总体生活满意度	6.4	4.7	5.0	5.1	5.2	－0.564
健康指数	0.714	0.730	0.731	0.768	0.774	0.381

续表

	2010 年	2011 年	2012 年	2013 年	2014 年	年增长率
医疗保健质量满意度	80%	/	/	65%	65%	-0.564
教育指数	0.453	0.478	0.481	/	/	0.271
教育质量满意度	61%	/	62.60%	62%	64%	0.212
收入指数	0.412	0.436	0.455	0.505	0.514	1.422
工作满意度	78%	/	69.90%	72%	51%	-0.817

数据来源:2010 - 2015《Human Development Report》。

表 2　2010 - 2014 年我国人类发展指数及其不平等损失调整值比较

		2010 年	2011 年	2012 年	2013 年	2014 年
人类发展指数	原值	0.663	0.687	0.699	0.719	0.727
	调整后的值	0.511	0.534	0.543	/	/
	损失率	23.00%	22.30%	22.40%	/	/
健康指数	原值	0.825	0.828	0.829	0.843	0.874
	调整后的值	0.714	0.730	0.731	0.768	0.774
	损失率	15.60%	13.50%	13.50%	9.80%	9.80%
教育指数	原值	0.558	0.589	0.593	/	/
	调整后的值	0.453	0.478	0.481	/	/
	损失率	23.20%	23.20%	23.20%	/	/
收入指数	原值	0.534	0.564	0.589	0.657	0.668
	调整后的值	0.412	0.436	0.455	0.505	0.514
	损失率	29.50%	29.50%	29.50%	29.50%	29.50%

数据来源:2010 - 2015《Human Development Report》。

　　当前,我国面临经济转型和民生改善的双重挑战,经济社会转型使得人民福祉改善与获得感增强的关系变得更为复杂。因此,共享发展要注重经济发展成果在更大程度上转化为人民福祉的不断提高,还要强调人民群众福利身份的确认和改善,使"获得感"不仅成为有效描述和分析共享发展落实成效的测度指标,还要发挥其价值导向的前瞻性功能,使共享发展不是超越发展阶段和现实承受能力的发展,而是与一定的经济社会发展条件相适应的发展,保证人民充分享有发展自我的机会,促进人的自由全面发展;同时,要做出更有效的制度安排,使共享发展不是少数人的形式上的发展,而是人人参与、人人尽力、人人享有的真实的发展,共享发展理念从顶层设计的角度涵盖了当前社会民生建设的各个方面,而这些领域内的制度安排、政策实施和保障推进都离不开社会治理精细化、专业化、人性化。

三、推进共享发展理念的实践路径

共享发展理念源于对我国发展实践的深刻反思,是践行共享发展的理论先导,是发展思路、发展方向、发展着力点的集中体现。中国特色社会主义共享发展理念是对发展规律认识深化的必然结果,也是长期探索发展时间的经验总结。要实现共享发展的目的,就必须遵循经济规律的平衡发展、遵循自然规律的可持续发展和遵循社会规律的包容性发展。因此,实现中国特色社会主义共享发展,应当从平衡的共享发展、可持续的共享发展和包容性的共享发展三条路径进行探索。

(一)平衡的共享发展,要求初次分配效率与公平相协调

中国特色社会主义共享发展是遵循经济规律的平衡发展。建立完善的人民共享发展成果的收入分配制度,是实现中国特色社会主义共享发展的重要保障,也是社会主义本质要求的体现。初次分配是基础性的分配关系,决定着整个收入分配制度。改革开放以来,我国从社会主义初级阶段的国情出发,形成了现在的按劳分配为主体、多种分配方式并存,劳动、资本、技术、管理等生产要素按贡献参与分配的收入分配制度,在国民经济长时期持续快速发展基础上,人民生活水平和质量有了显著提高。从 1980 年到 2010 年,中国经济总量增长 18 倍,平均年增长率为 10%;中国已经从低收入国家迈向中等收入国家之列。[1] 但是,初次分配也仍存在一些问题,如劳动报酬在初次分配中的比重偏低(图 2)、[2]居民收入在国民收入分配中的比重偏低(图 3)[3]以及居民收入存在不合理的差距等。究其根源,除历史原因、地域原因和政府的经济发展

---

① Forum W E. 2015. The global competitiveness report 2015 – 2016. World Economic Forum.

② 国家统计局:《中国统计年鉴》,中国统计出版社 1995 – 2015 年版。

③ 国家统计局:《中华人民共和国国家统计局全国年度统计公报》,中国统计出版社 1995 – 2015 年版。

战略布局等客观原因外,在经济制度变迁以及市场化改革的进程中所有制结构、分配结构发生改变,出现了企业的改制、垄断企业的存在以及一些阻碍初次分配公正的制约性因素,同时,制度设计的缺陷和配套政策的缺乏也是形成初次分配不公正的原因。

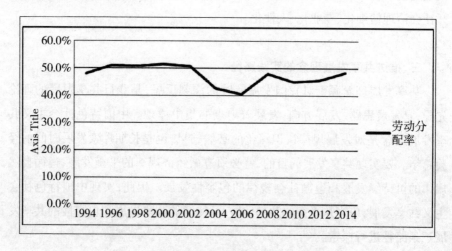

图2 1994－2014 年我国劳动分配率变化情况

数据来源:1995－2015 年《中国统计年鉴》。

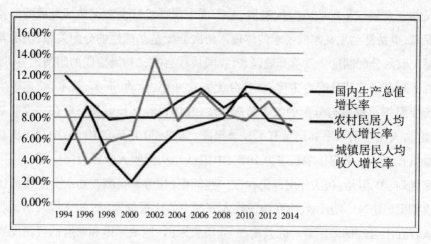

图3 1994－2014 年我国居民收入增长与经济增长对比

数据来源:1995－2015 年《中华人民共和国国家统计局全国年度统计公报》。

因此,实现中国特色社会主义共享发展,要求坚持发展是第一要务,保持经济的中高速增长,但也要清楚地认识到经济社会发展中存在诸多不平衡和不协调的现实问题,这要求我们必须转变发展方式,不再只关注追求总量和规模,转而对深层次的公平问题予以回应,即通过建立人民共享发展成果的收入分配制度,使初次分配效率与公平相协调,努力推动居民收入增长和经济增长同步、劳动报酬提高和劳动生产率提高同步,通过缩小分配不公和收入差距造成的贫富分化,为经济的可持续增长提供社会基础与发展空间。具体来讲:一是提高劳动报酬在初次分配中的比重,完善生产要素按贡献分配机制,形成工资正常增长机制,落实最低工资保障机制,健全工资指导线制度,推行工资集体协商制度,构建工资支付保障制度,试行利润分享机制;二是提高居民收入在国民收入分配中的比重,提高居民的财产性收入、转移性收入、经营性收入;三是规范收入分配秩序,保护合法收入,规范隐性收入,遏制以权力、行政垄断等非市场因素获取收入,取缔非法收入。同时,实施积极的就业政策,辅之以相应的财政和金融政策,保证劳动力的充分就业,实现经济机会的最大化,并通过提供均等化的公共服务,加大对教育、医疗、环境、基础设施等的投入,实现机会的公平获取,实现全体人民共建共享小康社会。

(二)可持续的共享发展,要求共建共享生态文明

中国特色社会主义共享发展是遵循自然规律的可持续发展。共享发展不能只停留在物质层面,更应注重提高人民群众的获得感、幸福感、舒适度。共建共享生态文明不只是对共享理念与绿色理念的丰富和发展,是对可持续的共享发展问题认识深化的必然结果,也是不断满足人民群众生态环境需求的必然要求,是全面建成小康社会的基础和保障。

一方面,实现可持续的共享发展,要求人与人、人与自然共享生态文明。一是实现人与人之间的可持续共享,即互利共赢,"良好的生态环境是最公平的公共产品和最重要的民生福祉",[①]因此,要切实解决损害群众健康的突出环境问题,切实维护公众的生态环境权益,使生态为民、生态惠民、生态利民,使人民群众享有更多的绿色福利、生态福祉;二是实现人与自然人之间的可持续共享,即生态友好,面对发展的资源环境约束加剧的现状,必须要守住发展和生态"两条底线",秉持底线思维,解决好保护与发展的矛盾,建立健全与红

---

① 鹿心社:《建设生态文明增进民生福祉》,《人民日报》2014年10月20日。

线性质相适宜的保障机制,尤其是建立生态补偿机制,推动共享发展的绿色转型。

另一方面,实现可持续的共享发展,要求多元主体协同共建生态文明。共享发展的系统性和复杂性决定了其需要多元主体的共同参与,充分发挥各主体的协同作用:一是转变政府职能,提高政府效能,发挥政府在可持续的共享发展中的引导作用;二是激发市场活力,发挥市场在资源配置中的决定性作用,用市场化手段推进共享发展;三是加强社会组织联动,以第三方的角度提供公共服务、参与公共管理;四是调动公众参与的积极性,让公众把握共享发展的可持续性,培育公众的生态文明意识,塑造公众保护环境的良好行为习惯,按照人人参与、人人尽力、人人享有的要求,协同推进人民富裕、国家富强和中国美丽。

(三)包容性的共享发展,要求发展责任共担、发展机会和利益共享

中国特色社会主义共享发展是遵循社会规律的包容性发展。从理论层面来看,包容性的共享发展是自觉理解、把握和运用社会规律的发展,必须明确人民群众是历史的创造者,对包括弱势群体在内的所有人民群众的实际需求、可行能力、发展环境与机会以及利益分配予以充分关注。从实践层面来看,包容性的共享发展是基于对中国特色社会主义建设进程中所存在问题的重新审视和思考,寻求一种能够为经济社会发展注入持续、稳定推动力的方式,即人人都能成为国家经济社会发展的参与者和推动者、人人都能从发展中受益,充分考虑包括弱势群体在内的所有人民在国家发展过程中所应当承担的发展责任、应当拥有的发展机会和应当分享的发展红利,是应对新时期我国所面临的发展问题的重要战略思路,对增强发展的持续性和内生动力具有重要意义。具体来讲:

一是要强调发展主体的包容性。人民群众是社会发展的主体力量,包容性的共享发展需要让所有社会群体拥有公平参与经济发展的机会和条件,尤其关注弱势群体的基本生活、能力提高和发展机会,例如,2010 – 2014 年间,我国残疾人教育和就业等社会保障状况有所改善(图 4、图 5),①但是,也存在残疾人受教育程度与社会发展水平不同步等问题,实现共享发展,要使残疾人教

---

　　①　中国残疾人联合会:《中国残疾人事业统计年鉴》,中国统计出版社 2011 – 2015 年版。

育进一步向普惠型转变,在"十二五"期间促进适龄残疾儿童少年普遍接受义务教育的基础上,"十三五"规划中建议将残疾人学前、义务、高中阶段教育纳入基本公共服务范围,实施15年免费教育,①为其融入社会、服务自我、服务社会奠定基础。

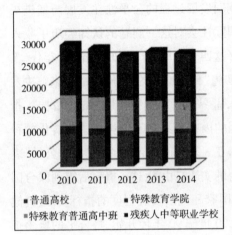

图4　2010－2014年残疾人教育
事业发展情况

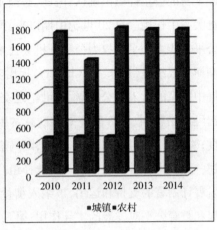

图5　2010－2014年残疾人就业情况

数据来源:2011－2015年《中国残疾人事业统计年鉴》。

二是要强调发展成果的共享性。当前,考察影响发展成果是否共享的因素主要包括两个方面:一是基尼系数预警,是现代社会评价收入分配不平等的一项重要指标,也是预警贫富差距趋势和共享程度的重要指标;二是不平等的底限。不平等底限之上是社会"有差别分配比例平等空间",而不平等底限之下是一个"底线平等空间",表示社会分配给全体成员的非竞争性益品(如公民身份、公共物品、基本机会和基本权利等)和某些竞争性益品(如消费品、收入和财富等)的相同性或平等性。一个社会能否保证全体成员特别是那些贫困弱势群体最基本、最起码的社会底线平等,也是影响共享发展的一项重要因素。确保底线平等,加大帮扶力度,是缓解贫困、实现共享发展的内在要求,其关键在于对不发展状况的精确识别、精确帮扶和精准管理,因此,必须转变粗

---

① 珠海特区报评论员:《打通残疾人教育的"最后一公里"》,《珠海特区报》2015年4月17日。

放扶贫的方式,进行精准扶贫,坚持分类施策,因人因地施策,因贫困原因施策,才能真正保证人民群众共享发展成果。

三是要强调发展过程的公平性。发展成果的共享性明确了人与人之间在资源分配方面具有相同性的平等,但也只是对分配结果的相同性而不是对分配本身的公正性做出确认,因此,必须阐明发展过程的公平性在发展与增进福祉关系中作用。自20世纪中期以来,国际社会对这一问题的认知经历了收入公平—能力公平—权力公平—机会公平这四个阶段:首先,20世纪70年代,霍利斯·钱纳里(Hollis B. Chenery)提出实施"伴随增长的再分配"战略来解决发展中国家的收入不公问题,①世纪之交,世界银行明确提出"益贫式增长",指出经济增长、收入分配公平和削减贫困的内在联系在于增长向减贫转化的程度;②第二,20世纪70－80年代,阿马塔亚·森(Sen Amartya)用"能力公平"表述一种获得各种功能性活动的选择组合的实质自由③,这一概念后得到联合国发展计划署的支持和运用,被纳入衡量国家和地区发展程度的指标④,强调健康和教育公平对发展的主导作用;第三,20世纪90年代开始,将公平的概念扩展到权力公平,认为解决脆弱性⑤、无发言权⑥和社会排斥⑦等问题也应被纳入发展的指标中来;第四,21世纪以来,世界银行、亚洲开发银行和联合国等国际组织进一步提出机会公平,以"包容性发展"表述社会全体成员的经济及包括社会发展在内的所有机会均等⑧。中国特色社会主义共享发展理念不仅是在上述四种公平的层面上着力增进人民福祉,尤其注重机会层面的公平,同时,更加强调优化制度安排,通过建立良好高效的制度机制与规则秩序为经济

---

① 钱纳里、塞尔昆:《发展的格局 1950 – 1970》,李小青等译,中国财政经济出版社 1989 年版。

② 世界银行:《2000/2001 年世界发展报告与贫苦作斗争》,中国财政经济出版社 2001 年版。

③ Sen, Amartya. Development as Freedom, New York, Alfred Knopf, 1999:75.

④ Programme UND. 1980 – 2015. Human Development Report. Oxford University Press.

⑤ 杰拉尔德·迈耶、约瑟夫·斯蒂格利茨:《发展经济学前沿:未来展望》,中国财政经济出版社 2003 年版。

⑥ 曾群、魏雁滨:《失业与社会排斥:一个分析框架》,《社会学研究》2004 年第 3 期。

⑦ Kaufmann D, Kraay A, Zoido – Lobaton P. 1999. Governance Matters. Social Science Electronic Publishing, 1999, 120(4):53 – 78.

⑧ 亚洲开发银行:《2020 战略:亚洲开发银行 2008 – 2020 年长期战略框架》,亚洲开发银行 2008 年版。

社会发展提供支撑,通过构建完备的法律体系、人力资源开发体系、全面覆盖的社会保障体系确保权利公平、机会均等、规则公正,从而调动全国人民发展的积极性、主动性,通过公平竞争机制,提高社会发展效率。

(原载于《南京社会科学》2016 年第 5 期)

共享发展的思想内涵和实践导向[*]

　　党的十八届五中全会指出:实现"十三五"时期发展目标,破解发展难题,厚植发展优势,必须牢固树立并切实贯彻创新、协调、绿色、开放、共享的发展理念。在创新、协调、绿色、开放、共享发展的五大发展理念中,共享发展理念是首次上升为发展战略的指导思想。这是一次重要的理论创新,同时也是党的指导思想长期发展的必然结果。要充分认识和理解共享发展理念,并在实践中真正做到贯彻落实,首先有必要对共享发展理念的思想内涵和实践导向,进行深入的研究。

一、共享发展是共享发展机遇、共享发展成果、共享发展权利、共享发展过程、共享发展愿景

　　共享是中国特色社会主义本质要求。社会主义本质论,是邓小平对马克思主义社会主义观的概括和提炼。他曾说,"社会主义是一个很好的名词,但是如果搞不好,不能正确理解,不能采取正确的政策,那就体现不出社会主义的本质。"①社会主义的本质,首先要体现在社会主义制度的优越性上,最根本的就在于它不是维护少数人的利益,而是以维护最广大人民的利益为根本追求。

　　[*] 本文作者:李占才,男,安徽利辛人,同济大学马克思主义学院教授、博士生导师,邓小平与小康社会建设研究实践基地副主任兼秘书长,主要研究方向为马克思主义与现实问题。
　　基金项目:本文系邓小平小康社会建设研究实践(协作创新)基地课题"小康社会形态研究"(编号:DXJ04001)阶段性成果。
　　① 《邓小平文选》第2卷,人民出版社1994年版,第313页。

"社会主义最大的优越性就是共同富裕,这是体现社会主义本质的一个东西"。①

共享发展理念的实质就是人民创造的发展成果,一定归人民所有。那么,共享发展与共同富裕是什么关系呢? 共同富裕是追求目标,完全达到共同富裕要到共产主义阶段或者说至少要到社会主义发达阶段;共享发展则是社会主义初级阶段的"基本准则",经由共享发展,也必须推进共享发展,才能最终达到共同富裕。共享发展是共同富裕的必要条件,共同富裕是共享发展的必然趋势。正如经典马克思主义理论家所言,"真正的自由和真正的平等只有在共产主义制度下才可能实现"。② 列宁也说,"我们要争取新的、美好的社会制度:在这个新的,美好的社会里不应该有穷有富,大家都应该做工。共同工作的成果不应该归一小撮富人享受,应该归全体劳动者享受。"③马克思、恩格斯、列宁所推崇完全均等的"共享",也就是共同富裕,将之视为共产主义基本特征,社会主义初级阶段只能是有"差异性的共享"。

共享发展理念与其他创新、协调、绿色、开放发展理念是什么关系? 创新保持发展活力,是引领发展的第一动力;协调保障健康发展,是促进发展、保持社会安定的稳定器;绿色是永续发展的必要条件和人民对美好生活追求的重要体现,是保障发展可持续的基石;开放是国家繁荣发展的必由之路,是坚持统筹国内国际两个大局、主动融入"全球化"、利用国际资源、市场推动互利共赢、共同发展的必然要求;而共享是中国特色社会主义的本质要求,既是发展的目的,又是发展的动力。

共享,一般多表述为共享发展成果。其实,它不仅仅是共享发展成果,至少包括共享发展机遇、共享发展成果、共享发展权利、共享发展过程、共享发展愿景。

共享发展机遇,重在保障社会公正,打破机会垄断,防止阶层分化的固化,坚持机会均等,所有市场主体、所有公民均可享受到同等"规制"的发展机遇,发展机遇面前人人平等,没有市场、法规等一视同仁的"负面清单"之外的竞业和发展限制、歧视,有创业条件和创业意愿的尽可创业,有创新能力和创新意愿的皆可创新,并努力扩大就业,尽量减少失业。

---

① 《邓小平文选》第3卷,人民出版社1993年版,第364页。
② 《马克思恩格斯全集》第1卷,人民出版社1956年版,第582页。
③ 《列宁选集》第1卷,人民出版社1972年版,第365页。

共享发展成果,重在保障人人都有获得感,人人都能真正有看得见、摸得着真真切切的"获得"。我们要深化对"获得感"的认识。获得重点是物质利益的获得,但解决温饱基本达到小康以后,人们不仅仅注重物质利益获得,也注重文化、精神的获得,民主权利的获得,社会和谐、安逸的获得,良好人际关系的获得,休闲娱乐的获得,更注重优良生态环境的获得。在物质利益获得层面,由于传统文化基因的缘故,中国人对财产尤其是不动产有一种"痴恋"心理,多少拥有一点不动产,心里才"不慌",才踏实,才有殷实的感觉;这是"获得感"的最坚实的基础。要想让广大民众拥有"踏实"的获得感,就要使广大居民个人、家庭拥有财产和财产性收入。传统资本主义国家,少数人拥有财产和财产性收入;马克思主义经典作家设想的建筑在生产力高度发达基础上的社会主义,实行全部生产资料归全体人民共同占有;依据中国国情建设的中国特色社会主义,处于并将长期处于社会主义初级阶段,应该保障绝大多数人(家庭)拥有财产和财产性收入。

共享发展权利,使人自身获得发展。马克思主义认为,人的发展是社会发展的主题和核心。社会主义制度下,人自身的发展是每一个人的权利,也是经济、文化、社会发展的目标。人的全面发展必然为全面建成小康社会提供不竭动力。人得到全面发展,提高人的能力、思想道德素质、科学文化素质、身体素质和心理素质,这是发展的终极目的,也才能增强发展的持久动力。

共享发展过程,即发展依靠人民,人人参与、人人尽力,各尽其职、各尽其责,最大限度地动员广大人民群众参与,社会主义事业才会取得长足进步,"十三五"规划、全面建成小康社会目标,才能够顺利完成。同时,学习、工作、劳动,又是人"生活"的主要内容,也可以说是人生命的一部分,人生价值之所在,人人参与发展、投身发展、伴随发展、阅历发展,为发展做贡献,才能享受发展的喜悦,获得人生的成就感,才能心安理得地享受发展成果。

共享发展愿景,重在启迪最广大人民对发展蓝图、发展目标的认同,树立"两个一百年"奋斗目标和中国梦的共同理想。规划发展愿景,将发展愿景化为每个人的奋斗目标,提炼为共同理想,凝聚共识,提振精神,鼓舞斗志,慰藉心灵。奋斗有方向,发展有动力,人生有价值。

二、共享发展是全面建成小康社会的目的,也是全面建成小康社会的动力

从人民主体性、共产党宗旨层面分析,发展就是为了人民。当前出发点落脚点都是为了全面建成小康社会,为了提高人民福祉,为了让人民共享发展成果,有更多获得感,实现全体人民共同迈入全面小康社会;发展依靠人民,全面建成小康社会,人人参与、人人尽力,共享发展,增强全面建成小康社会的原动力。

世界社会主义运动史以及当下中国关于共享方面的正反两方面案例,足以说明共享发展的重要性。比如,苏联解体东欧剧变,原因是多方面的,但没有做到做好共享发展是其最重要原因之一。特权阶层、既得利益集团形成,腐败严重,罔顾民生,失去最广大人民群众的拥护和支持,必然人亡政息。共享发展,是社会稳定的稳定器,是保障社会发展、创新、创业的动力源,是提高人民生活水平、生活质量的"基础工程",是保障共产党执政安全、国家长治久安的"压仓石"。

1. 全面建成小康社会的目的是为了让人民共享发展

第一,全面小康社会的内涵决定了共享发展是全面建成小康社会的目的。全面小康社会,是不分地域、不分群体、不分层级、不分民族的小康社会,是改革发展成果真正惠及十几亿人口、更高水平、更大范围、更高质量、更加公平的小康社会,最终受益者是全体人民群众,使全体人民在共建共享发展中有更多获得感;全面小康社会的重点在于"全面","全面"体现在惠及全体人民,使人民能共享经济、政治、文化、社会、生态文明建设成果;全面小康社会的落脚点是实现好、维护好、发展好最广大人民根本利益,全面建成小康社会是全国各族人民的根本利益所在,就要使人民共享看得见、摸得着的发展成果,使人民切实感受到全面小康带来的实惠和福利,使人民在共建共享发展中有更多获得感。

第二,中国共产党的性质、宗旨决定了共享发展是全面建成小康社会的目的。中国共产党是为民族、为人民谋利益的政党,中国共产党小康社会建设史就是一部马克思主义政党执政为民、全心全意为人民服务、带领人民走向共同富裕的历史,从马克思恩格斯的"生产将以所有人的共同富裕为目的""所有人共同享受大家创造出来的福利"、列宁的"共同劳动成果归全体劳动者享受"到中国共产党领导人从提出小康思想到全面建设小康社会到全面建成小康社会,一直贯穿着"发展为了人民""以人为本""人民至上"的理念。"以人为本""人民至上"就是要实现好、维护好、发展好人民群众的根本利益,使人民富裕,由人民共享发展成果。

第三,建成全面小康社会样态必然能够为人民共享发展成果、提高生活水平创造条件。如果把全面建成小康社会理解为一个也不能丢、一个也不能落下,那就是全体人民都要摆脱贫困,进入小康样态,过上比较富足的生活。如果把建成全面小康社会理解为全面发展的小康社会,经济、政治、文化、社会、生态文明,都有了长足发展,达到小康水平,那么人民的小康生活是全面小康的生活。

第四,建成全面小康社会会促进人的全面发展。建成经济、政治、文化、社会、生态文明全面发展,物质文明、精神文明全面发展,城市乡村协调发展的小康社会,根本目的是促进人的全面发展,而在这个小康社会中,人的发展机会、成果、权利乃至人的全面发展都成为可能。

2. 共享发展是全面建成小康社会的动力

第一,建成全面小康社会必须依靠人民。马克思主义认为,人民群众是历史的创造者,是社会实践的主体。毛泽东提出"人民,只有人民,才是创造世界历史的动力"。发展依靠人民,人人参与、人人尽力,各尽其责、各尽其能,才能够全面建成小康社会。

第二,共享发展才能够激励人民全面建设小康社会的积极性。人民获得共享发展机会,就业、创业、创新机会均等,才能真正激发人民干事业的积极性,齐心协力,共同推进全面建成小康社会伟大事业。人民获得共享发展成果,有了切实的获得感,就必然能够激发其投身建成全面小康社会的热情和积极性。人民获得共享发展权利,使人自身获得发展。人的全面发展必然为全面建成小康社会提供不竭动力。人民共享发展过程,人人拥有全面建成小康社会参与权,保障人人参与,各尽所能,各得其所。动员并保障人人参与到全面建成小康社会的伟大事业之中,既是保障全面建成小康社会的不竭动力,又为人人发展、人的全面发展创造条件,也是锻炼人、发展人、愉悦人的物质基础。人民共享发展愿景,树立共同理想,凝聚人心,万众一心,奔向全面小康。既能激发动力,又能抚慰心灵,慰藉精神。

总之,人民共享发展机会、权利、成果、过程、愿景,才会使全体人民有更多获得感、存在感、参与感、幸福感、归属感、价值感,才能激发人民群众的创造、创新、参与活力,在共享中共建全面小康社会,实现全体人民共同迈入全面小康社会。

三、共享发展需要注重公平,深化改革,调整、平衡各种利益关系

改革开放 30 多年来,我们选择了社会主义市场经济,激发要素活力,方方面面都取得巨大成就,但"市场竞争"的不规范性也积累了许多矛盾。分析这些矛盾不难发现,大都与利益占有、分配不公平、不均等有关。共享,说到底最根本的还是利益共享。当前群众反映最强烈的是获得感不足,甚至有人说有一种"被剥夺"感。劳动关系(许多情况下体现的是劳资关系),贫富关系,城乡关系,长远目标与眼前利益关系,发达地区与欠发达地区关系,全局与局部关系,发生许多不和谐现象,有些方面甚至有对立、冲突因子。这不仅仅事关"共享"的实现和人民群众对"共享"的实际感受,而且事关社会稳定和国家长治久安。因此必须高度关注,下大力气改善各种利益主体之间的关系。

1. 调整、平衡"资本"与"劳动"的关系

资本、劳动都是生产要素,发展生产力缺一不可。不可否认,改革开放以来,在社会主义市场经济体制下,公有制为主体、多种所有制共同发展,各种市场主体逐步生成,各种生产要素,竞相绽放活力,推动了经济社会长足发展。但是,由于"市场"具有的"资本"容易走强的本性和中国社会主义市场经济体制的不健全,资本已经处于强势地位,劳动处于相对弱势地位,这是不争的事实。

在国民收入中,由于资本收益大于劳动收益,资本持有者投资收益远远大于劳动力拥有者的劳动力价值收益,占比差距巨大。从比重看,改革开放初期,资本不足,鼓励投资,而剩余劳动力大军尤其是农村家庭联产责任制实行之后,剩余劳动力队伍庞大,劳动报酬低是当时市场的必然选择。改革开放 30 多年来,资本积累已经相当可观,进城务工的已经是第二代第三代农民工,依然属于低收入阶层,劳动报酬依然偏低。

与此同时,由于资本的强势地位,对资源的过度利用,对生态环境的破坏,呈无法遏制之势。更严重的是由于市场经济体制的不完善,政府在资源配置中一直起决定作用,资本对权力寻租的诱发和膨胀作用强劲,助长吏治腐败。一旦资本与权力相勾结,对经济、政治、社会、文化的负效应极其严重。

正是由于以上原因,影响劳动关系的和谐,影响社会稳定,也制约经济社会进一步健康发展。这是当下必须破解的重要课题之一。

全面深化改革,坚持社会主义市场经济改革方向,以促进社会公平正义、

增进人民福祉为出发点和落脚点,推动经济更有效率、更加公平、更可持续发展。让一切劳动、知识、技术、管理、资本的活力竞相迸发,让一切创造社会财富的源泉充分涌流,让发展成果更多更公平惠及全体人民。

在处理市场与政府关系方面,一种观点认为,当前市场在资源配置中未能够起决定性作用,主要原因并不是政府管得太宽太严,而在于市场垄断尤其是既得利益集团垄断窒息了市场活力,要发挥市场决定性作用,必须打破垄断,尤其是要打破既得利益集团的资源经营性和市场占有性垄断,在这方面确实需要壮士断腕。另一种观点认为,追求市场决定性作用、放松政府干预,是变种的西方经济学尤其是新古典经济学观点,现代西方发达国家破解危机也是加大政府干预,不是放任市场恣意妄为。还认为凡是集约式垄断性行业,其质量价格都在可控范围内;凡完全放开的行业,比如食品加工、日用品生产,假冒伪劣盛行。我们不应该反其道而行之。

实际上,市场与政府关系背后,依稀可见"资本"的作用。很多不良现象都是因为市场体系不完善、无序竞争、恶意逐利和政府监管不力、不到位造成的。制约生产要素活力激发,确有政府干预过多的原因;但背后有"资本"(尤其是"垄断资本")的影子。"垄断",确确实实严重桎梏了市场和要素活力。充分发动要素活力,激发创业、创新,打破垄断,是非常必要的。作为社会主义国家,有共产党长期执政,国家性质和党的宗旨,都告诉我们始终不能忽视人民群众,维护好"劳动"利益是我们始终不渝的。当然,保护彰显劳动利益,也绝不能劫富济贫。各尽所能、各得其所,就是要平衡资本、劳动利益。

2. 平衡贫富关系

从人类发展史看,适当的阶层分化,贫富有所差异,能够一定程度地激励人们上进,刺激生产力发展;但是,分化不可以悬殊太大,更不能固化,否则会使社会处于僵化、动荡之中。

第一,贫富差距产生的必然性。社会主义初级阶段是一个相当长的时期,我们必须坚持党在社会主义初级阶段的基本路线"一百年不动摇",在整个社会主义时期,发展都是中国共产党执政兴国的第一要务,为了发展,为了更好、更快地发展,我们必须长期坚持注重效率的原则。无论是从客观条件方面、还是从主观条件方面来看,不同地区、不同个体之间的差异是确确实实存在的,因此也就无法保持"同步富裕",平均主义尤其是在生产力尚不发达的样态下的绝对平均主义,无法大力发展生产力。邓小平曾明确指出:"过去搞平均主义,吃'大锅饭',实际上是共同落后,共同贫穷"。① 如果分配上一直吃大锅饭,干多干少、干好干坏收入一个样,那就不可能调动各种生产要素投入发展的积极性,无法发展生产力,也就不可能全面建成小康社会。为了大力发展生产力,鼓励有条件的地区、有条件的个人率先发展,允许他们先富起来,先富者带动后富者,逐步达到共同富裕。选择"先富""后富"梯度推进的非同步渐进式道路。这是因为,中国的社会主义仍然处在、并将相当长时期处在社会主义初级阶段,我们选择了社会主义市场经济,多种所有制经济和多种分配方式并存,而且不同地区的经济发展不平衡,人们在劳动技能、素质禀赋等方面存在差别,在社会主义市场经济条件下劳动者的劳动所创造的价值只有通过市场交换才能得到实现,因而社会成员之间必然出现收入上的差别。承认富裕程度的差别,允许和鼓励一部分地区、一部分人先富起来,能够调动人们生产、劳动、创业、经营的积极性,促进国民经济的发展。同时,通过先富的示范、带动作用,加入富裕行列者会越来越多。

第二,贫富差距过大既有失公平也存在极大潜在风险。改革开放 30 多年来,贫富差距越来越大,而且露出"固化"苗头。根据联合国《2014 年人类发展报告》数据,中国基尼系数 2014 年为 0.42。比较而言贫富差距有所缓和,但仍然超过公认的警戒线。根据中山大学社会科学调查中心发布的《中国劳动力动态调查:2015 年报告》,②2014 年全国平均总收入最高的 20% 家庭,收入达到 153546 元,而最低的 20% 家庭,平均总收入只有 7155 元,差距达到 21 倍。城市和农村内部的差距也非常大,城市最高收入组家庭平均总收入是最低组的约 12 倍,农村的差距则高达 27 倍。居民收入差距过大,贫富差距过大,社会阶层分化严重,阶层分化固化,不符合中国共产党执政为民理念,也有悖于社会主义本质要求。无论是从执政为民的角度还是从巩固执政地位的角度,都必须切切实实地防止贫富差距过于悬殊,防止两极分化。这是中国长治久安之道,不可不警钟长鸣。

---

① 《邓小平文选》第 3 卷,人民出版社 1993 年版,第 155 页。
② 中山大学社会科学调查中心:《中国劳动力动态调查:2015 年报告(中国人权)》,光明网,http://www.humanrights - china.org/html/2015/3_1207/12563.html,2015 年 12 月 25 日。

第三,通过深化改革调适、平衡贫富关系。社会主义初级阶段,我们为了发展,为了更好、更快地发展,选择社会主义市场经济体制,保持多种所有制并存、共同发展的状况,那么贫富差距必然长期存在,而且将会有所发展。我们新修订的宪法保护公民的合法的私有财产不受侵犯,那么我们不可能再通过"均贫富""劫富济贫"的方式来剥夺富者济助贫者。不能设想,一部分人先富起来,富者愈富;另一部分人仍然贫穷,而且穷者愈穷,到了一定的时候,通过立法,剥夺富人,接济穷人,一个早上实现共享,达到共同富裕。这不仅有失公正,也难有成效。只有缩小收入差距,使贫穷者脱贫致富,才是走向共享、达到共同富裕的康庄大道。因此,我们必须通过深化改革,合理地使用分配政策杠杆,有效地调控收入差距在一个合理的、社会能够承受的范围之内,不使贫富分化扩大到危险状态。

规范收入分配秩序,完善收入分配调控体制机制和政策体系,建立个人收入和财产信息系统,保护合法收入,调节过高收入,清理规范隐性收入,取缔非法收入,增加低收入者收入,扩大中等收入者比重,努力缩小城乡、区域、行业收入分配差距,逐步形成橄榄型分配格局。

3. 统筹城乡一体化发展

党的十八届三中全会提出,城乡二元结构是制约城乡发展一体化的主要障碍。必须健全体制机制,形成以工促农、以城带乡、工农互惠、城乡一体的新型工农城乡关系,让广大农民平等参与现代化进程、共同分享现代化成果。

缩小居民收入差距,全面建成小康社会,关键点、难点在农村。我们长期实行扶贫政策,推行工业反哺农业,努力解决三农问题,推进新农村建设,确实取得长足进步,但任务仍然十分艰巨。农村落后主要在于基础设施落后,如果农村交通、通信、供水供电、教育、医疗、卫生、生态环境治理、金融、流通等生产生活基本设施完全达到城市化水平,农村宜居优势就会凸显,就能够吸引大批挤在大城市感觉生活不舒服又有经济能力的人"下乡",一旦富裕起来的人下乡,乡村就有了造血功能,进入良性发展。

深化改革,统筹城乡一体化发展,重心仍然是解决农村、农业、农民即"三农"问题。主要着力点是:加快构建新型农业经营体系;赋予农民更多财产权利;推进城乡要素平等交换和公共资源均衡配置;完善城镇化健康发展体制机制,坚持走中国特色新型城镇化道路,推进农业转移人口市民化,逐步把符合条件的农业转移人口转为城镇居民;健全城乡发展一体化体制机制。

4. 先富起来的地区带动后发展地区

当前,地区发展不平衡凸显,欠发达地区与发达地区差距扩大。从 GDP 到居民收入,从基础设施到现代化产业,差距都比较大。人均收入差距也较大,仅以劳动力收入为例,2014 年全国劳动力平均工资为 30197 元,中东部工资最高达到 33624 元,中部地区工资只有 26960 元,西部地区工资 28246 元。① 邓小平南方谈话中提出,可以设想,在本世纪末达到小康水平的时候,就要突出地提出和解决发展不平衡问题。到那个时候,发达地区要继续发展,并通过多交利税和技术转让等方式大力支持不发达地区。

欠发达地区大都处在中西部地区或者边远地区、山区,基础设施落后、工业欠发达;发达地区大都处在沿海、沿江或边贸发展的地区,除了地理、交通优势外,享受了国家各种优惠政策,也确实利用了欠发达地区的资源和市场,欠发达地区是中国水资源、优良空气等生态涵养地,不能够过度开发,发达地区更应该对他们"补偿"。

发达地区支持、补偿欠发达地区,已经有许多举措,但应该形成常态化机制。建立健全资金、技术、人才支持机制,在精准扶贫大形势下,全面规划发达地区对欠发达地区的"对口"援助,不留死角,不留空白。同时,深化改革,侧重对欠发达地区支持、扶植的可持续和生态化,既授之以鱼,又授之以渔;但绝不能再走发达地区先发展后治理的老路,而是一定要在保护好生态环境的前提下、为我们这个"大家庭"留一片生态涵养地的前提下扶持、发展欠发达地区。

5. 调整、平衡长远发展目标与民众短期获得效益的关系

当下,相当部分的人民群众获得感不足。这既有群众获得确实有待提升的问题,也有对发展愿景、对发展长远目标信心不足的问题,对完成两个百年目标、实现中国梦以致最终实现共产主义共同理想未能达成共识的问题。

第一,增强人民群众物质利益之获得。我们认为,要想让广大人民拥有"踏实"的获得感,就要使广大居民个人、家庭拥有财产和财产性收入。对农民,尽可能地确立他们对承包土地的"占有感觉"和支配权。对工人,尤其是国

---

① 中山大学社会科学调查中心:《中国劳动力动态调查:2015 年报告(中国人权)》,ht-tp://www. humanrights – china. org/html/2015/3_1207/12563. html,2015 年 12 月 7 日。

有企业工人,在推行现代企业制度建设的同时,推行股份制改造,让所有职工持有本企业的股份,管理者尤其是高层管理者与一般工人持有的股份不应该过分悬殊。这既有利于提高职工主人公意识,提高生产力积极性,又有利于企业职工退休养老。大大减轻目前企业职工退休待遇与机关事业单位退休职工待遇差别大而造成的社会不公平,对社会稳定大有裨益。

第二,加强理想信念教育。民族奋斗目标,为绝大多数民众接受,成为人民群众的共识,人民群众愿意为之奋斗,发展依靠人民,民族奋斗目标才能够实现。我们必须继续进行并持续进行永不止歇地进行共产主义理想教育,远大理想,是激励人奋进、增强人生意义和奋斗价值、宁静人的心灵、提升人的精神、厚实人的情怀不可或缺的基因。同时,我们又要对党和国家的长远规划、奋斗目标,进行大众化宣传教育,使之深入人心。

6. 调整、平衡全局与局部利益关系

全局与局部关系,主要指中央与地方、地方上级与下级的关系,我们不是从政治学、行政学、管理学层面研究这一关系的,而是从影响共享发展的视角研究这一问题。毋庸讳谈,中央与地方、地方上级与下级关系还有需要进一步理顺的地方,治权、事权、责任还没有完全匹配,从而影响共享发展。

党的十八届三中全会指出,建立事权和支出责任相适应的制度。适度加强中央事权和支出责任,国防、外交、国家安全、关系全国统一市场规则和管理等作为中央事权;部分社会保障、跨区域重大项目建设维护等作为中央和地方共同事权,逐步理顺事权关系;区域性公共服务作为地方事权。中央和地方按照事权划分相应承担和分担支出责任。中央可通过安排转移支付将部分事权支出责任委托地方承担。对于跨区域且对其他地区影响较大的公共服务,中央通过转移支付承担一部分地方事权支出责任。保持现有中央和地方财力格局总体稳定,结合税制改革,考虑税种属性,进一步理顺中央和地方收入划分。要进一步研究把这一深化改革的思路化为现实的路径方法,使之落地生根。

共享发展理念,是中国共产党依据中国实践发展的马克思主义最新理论成果,必将指导中国特色社会主义事业尤其是全面建成小康社会实践的健康发展。随着实践的深入和扩展,其思想内涵会进一步丰富和发展。

(原载于《湖湘论坛》2016 年第 3 期)

共享发展理念的理论特质[*]

党的十八届五中全会通过的"十三五"规划建议提出,"共享是中国特色社会主义的本质要求",强调"共享发展""作出更有效的制度安排",从而使"全体人民在共建共享发展中有更多获得感,增强发展动力,增进人民团结,朝着共同富裕方向稳步前进。"①由此开启了以共享发展为基本国策的和谐发展新阶段。既然"共享发展"成为整个《建议》所力求达到的核心发展理念,那么对作为关注对象的共享发展进行道德哲学视角下的价值向度解析,仔细探究其内涵的丰富伦理意蕴就显得非常重要。

一、人民主体:共享发展理念的灵魂

共享发展理念是"人民主体"的理念,它是我党在领导人民群众全面建成小康社会,实现中华民族伟大复兴的实践中,致力于构建人人参与,人人共享的整体和谐的关系,并在人与社会的良性互动中实现社会的稳定与和谐。从此意义上讲,"人民"两字尽显了共享发展理念的基本理论趣旨,人民主体成为共享发展理念的灵魂。这里的"人民"亦可称为人民群众,人民主体也就是以"人民群众"为主体。现阶段,我国人民包括全体社会主义劳动者,拥护社会主义的爱国者和拥护祖国统一的爱国者。中共中央关于制定国民经济和社会发

* 本文作者:渠彦超(1980 -),男,山东菏泽人,南京大学哲学系博士生,南京体育学院讲师;张晓东(1969 -),男,安徽庐江人,南京大学哲学系教授、博士生导师。
基金项目:江苏省教育科学"十二五"规划项目(C - b/2013/01/012);江苏省教育厅高校哲学社会科学项目(2015SJD173);江苏省高校"青蓝工程"基金项目。
① 《中共中央关于制定国民经济和社会发展第十三个五年规划的建议》,人民出版社2015 年版,第 9 页。

展第十三个五年规划的建议明确指出："人民是推动发展的根本力量,实现好、维护好、发展好最广大人民根本利益是发展的根本目的。"①这充分表明了在发展中坚持人民主体思想的重要意义。作为共享发展理念的灵魂,人民主体主要表现为发展为了人民、发展依靠人民、发展成果由人民共享三个方面。

1. 发展为了人民

"为什么人的问题,是一个根本的问题,原则的问题。"②它不仅构成了发展的基础和逻辑前提,而且决定着发展的性质和方向,是真假马克思主义相区分的根本标志。中国共产党是中国工人阶级的先锋队,同时是中国人民和中华民族的先锋队,是中国特色社会主义事业的领导核心,理所应当代表中国最广大人民的根本利益,坚持发展"为人民服务"。毛泽东多次强调为人民服务的重要性,"我们的共产党和共产党所领导的八路军、新四军,是革命的队伍。我们这个队伍完全是为着解放人民的,是彻底为人民的利益工作的。"③由此规定了中国共产党的发展方向和方针政策的出发点,"我们共产党人区别于其他任何政党的又一个显著的标志,就是和最广大的人民群众取得最密切的联系。全心全意为人民服务,一刻也不脱离群众;一切从人民的利益出发,而不是从个人或小集团的利益出发;向人民负责和向党的领导机关负责的一致性;这就是我们的出发点。"④这里,中国共产党与人民的利益形成了高度的一致和契合,党的一切发展措施都是为了实现人民的福祉。正是和人民群众结成了休戚与共的命运共同体,党才获得了人民的真心拥护和支持,先后取得了新民主主义革命、社会主义革命和社会主义建设的伟大胜利。进入 21 世纪,我国进入全面建成小康社会的新时期,发展中面临着一系列突出的问题,其中,发展不平衡、收入差距不断拉大的问题日益成为党和政府关注的焦点,影响了社会的稳定与和谐。十八届五中全会提出的共享发展理念,既是对长期以来我党一贯坚持的为人民服务宗旨的继承和发展,也是这一宗旨在新形势下的彰显和具体化。发展是为了人民群众,共享也是人民群众的享有,唯物史观的

① 《中共中央关于制定国民经济和社会发展第十三个五年规划的建议》,人民出版社 2015 年版,第 5 页。
② 《毛泽东选集》第 5 卷,人民出版社 1991 年版,第 857 页。
③ 《毛泽东选集》第 3 卷,人民出版社 1991 年版,第 1004 页。
④ 《毛泽东选集》第 3 卷,人民出版社 1991 年版,第 1094 - 1095 页。

生产力标准和人民群众标准在这一理念上得到了完美的凝结,人民则是唯一的聚焦点。共享发展理念再一次充分肯定了人民利益的至高无上性,强调了发展的最终价值指向,也内在设定了中国共产党"奋斗为了人民"的人民情怀。

2. 发展依靠人民

在共享发展理念中,"依靠人民"是人民主体的关键环节,它既是"为了人民"思想的发展和延续,又是"发展成果由人民共享"的基础。只有调动人民群众生产劳动的积极性,才能创造出更加丰富的社会财富,"为了人民"才能落到实处,"人民共享"才具备"发展成果"的现实基础。否则,共享发展就会缺少实现的必要条件,人民主体的思想因为缺少雄厚的物质内容而显得非常贫乏。共享发展理念是"共享"和"发展"的完美融合,它将为人民服务和生产力发展有机统一起来,体现了马克思主义唯物史观人民群众创造历史的伟大作用。马克思恩格斯从历史唯物主义的实践—理论视角出发,对人民群众的地位和作用给予了充分的肯定:"批判的批判什么都没有创造,工人才创造了一切",①"在十七世纪的英国和十八世纪的法国,甚至资产阶级的最光辉灿烂的成就都不是他自己争得的,而是平民大众,即工人和农民为他争得的。"②马克思坚持认为人民是历史发展的主体,是社会财富的直接创造者,是社会发展的最终决定力量。马克思关于人民群众是历史发展主体的观点被后来的无产阶级革命家所继承和发展,并通过社会主义革命和建设的实践活动将之变成为现实。列宁指出:"人民群众在任何时候都不能像在革命时期这样以新社会制度的积极创造者的身份出现。在这样的时期,人民能够作出从市侩的渐进主义的狭小尺度看来是不可思议的奇迹。"③"俄国的整个新纪元正是靠人民的热情赢得并且支持下来的。"④在中国革命和建设征程中,中国共产党继承和发展了马克思主义的群众观点,确立了具有中国特色的群众路线,充分调动最广大人民群众的积极性和创造性,取得了社会主义革命和建设的伟大胜利。诚如习近平所说:"人民是历史的创造者,是我们的力量源泉……没有人民支持和参与,任何改革都不可能取得成功。无论遇到任何困难和挑战,只要有人

① 《马克思恩格斯全集》第 2 卷,人民出版社 1965 年版,第 22 页。
② 《马克思恩格斯全集》第 18 卷,人民出版社 1965 年版,第 325 页。
③ 《列宁全集》第 11 卷,人民出版社 1987 年版,第 96 页。
④ 《列宁全集》第 13 卷,人民出版社 1987 年版,第 81 页。

民支持和参与,就没有克服不了的困难。"①人民群众创造历史的巨大力量,决定了共享发展理念的实现必须依靠人民,同时也是人民主体地位、人民首创精神、人民伟大力量的外化和彰显。

3. 发展成果由人民共享

发展成果由人民共享指的是劳动人民通过生产劳动创造的社会财富最终归人民所有,为人民掌握,用来满足人民群众日益增长的物质文化生活需要。通过共享劳动成果,人民的劳动成为人的类本质的现实化、对象化,劳动成果成为人自由全面发展的重要条件。它是"发展依靠人民"的必然结果,也是"发展为了人民"的最终实现,并在目的—手段—结果高度统一中实现了对资本主义发展中"劳动异化"现象的克服与超越,体现了社会主义制度的优越性。在《1844年经济学哲学手稿》中,马克思对资本主义生产条件下劳动产品的分配状况进行过描述:"劳动为富人生产了奇迹般的东西,但是为工人生产了赤贫。劳动生产了宫殿,但是给工人生产了棚舍。劳动生产了美,但是使工人变成畸形。劳动用机器代替了手工劳动,但是使一部分工人回到野蛮的劳动,并使一部分工人变成机器。劳动生产了智慧,但是给工人生产了愚钝和痴呆。"②此言,马克思论述了资本主义生产方式下资本家和工人在劳动产品分配方面的极端不平等,深刻揭露了资本主义生产方式下资本家对工人的残酷剥削,抨击了资本主义制度的"非人性",表达了对工人阶级生活状况的深切关怀。资本主义生产条件下,工人不可能"共享"社会发展成果,相反,原本是工人"类本质对象化"的劳动成果,却成了束缚工人自由、制约工人发展的"异己的对象"。工人要想摆脱被剥削、被压迫的命运,共享发展成果,必须通过"工人解放这种政治形式"来实现。1956年,我国完成了对农业、手工业和资本主义工商业的社会主义改造,确立了公有制经济的主体地位,消除了无产阶级受剥削的经济根源,为广大人民共享发展成果打下了坚实的经济、制度基础。发展成果由人民共享是社会主义公有制在发展理念上的反映,是人民当家作主的必然结果,也是共享发展理念的真正实现。因此,党和政府应该"不断实现好、维护好、发展好最广大人民根本利益,使发展成果更多更公平惠及全体人民"。③

① 《习近平谈治国理政》,外文出版社2014年版,第97页。
② 《马克思恩格斯全集》第3卷,人民出版社2002年版,第269-270页。
③ 《习近平谈治国理政》,外文出版社2014年版,第41页。

二、公平正义：共享发展理念的核心

共享发展是人们在改造世界的实践活动中公正合理地解决了对劳动产品的占有关系而达致的人与人之间公平正义、良性协调的理想状态。此处，"公平正义"既是共享发展理念达成的重要条件，又是共享发展理念内蕴的基本价值取向，是现实和理想、手段和目的的高度统一，因而成为共享发展理念的核心。对公平正义在社会发展中的核心地位，中国共产党给予了高度的认可。胡锦涛指出："维护和实现社会公平和正义，涉及最广大人民的根本利益，是我们党坚持立党为公、执政为民的必然要求，也是社会主义制度的本质要求。"①温家宝认为，"公平正义比太阳还要有光辉"，习近平强调，"把促进社会公平正义、增进人民福祉作为全面深化改革的出发点和落脚点，是坚持我们党全心全意为人民服务根本宗旨的必然要求。"②那么，作为共享发展理念核心的公平究竟体现在哪些方面呢？我们可以从实现普惠发展、注重机会公平、关怀弱势群体三个维度上重点予以说明。

1. 实现普惠发展

普惠发展是共享发展理念的应有之义，是公平正义的重要价值维度。所谓普惠发展，是指我国的社会主义现代化建设成果惠及全体人民，被全体人民共同享有并成为促进全体人发展的重要条件，它强调发展成果享有的均等性和全覆盖，要求一个都不能少。邓小平认为，社会主义也承认人们的物质利益，但是这种物质利益"是要为全体人民的物质利益奋斗"，绝非是部分人的一己之私，并主张在社会主义社会中，国家、集体和个人的利益在根本上是一致的，如果有矛盾，个人的利益要服从国家和集体的利益。胡锦涛指出："坚持以人为本，就是要以实现人的全面发展为目标，从人民群众的根本利益出发谋发展、促发展，不断满足人民群众日益增长的物质文化需要，切实保障人民群众的经济、政治和文化权益，让发展的成果惠及全体人民。"③他们都强调了我国社会主义事业发展成果的普惠性和全覆盖性，要求发展成果惠及全体人民。

① 《科学发展观重要论述摘编》，中央文献出版社、党建读物出版社2009年版，第70页。
② 中共中央宣传部：《习近平总书记系列重要讲话读本》，学习出版社、人民出版社2014年版，第45页。
③ 《邓小平文选》第2卷，人民出版社1994年版，第297页。

《中共中央关于制定国民经济和社会发展第十三个五年规划的建议》继承这一思想,提出了"使全体人民在共建共享发展中有更多获得感""实现全体人民共同迈入全面小康社会"的目标,将普惠发展观向前推进了一大步。为此,我党提出从以人民群众"最关心最直接最现实"的利益问题为切入点,不断加强公共服务建设力度,提高公共服务共享水平,同时在民生保障、教育质量提高、社会保障制度完善、医疗卫生体制改革等诸多方面进行全面建设,使全体人民都能够从国家发展中得到实惠。当然,我们也应该用具体的历史的眼光来看待今天的普惠发展。共享发展中的普惠性体现了发展的公平和正义,是人类发展理念的进步,代表着人类发展的前进方向,应该予以充分肯定。同时,今天的普惠发展观念因为当前特殊的时空语境而具有了自己的丰富内容和鲜明特色。它不是普遍贫穷,而共同富裕;它不是平均主义,而是更有效率的差异化;它不是物质共享的独角戏,而是人民福祉的全面实现;它不仅是发展的结果,更是进一步发展的开始。普惠发展的实现意味着每个人的基本生存权利得到了无差别的切实尊重和维护,使全体人民的利益都能得到保障,彰显了社会主义制度的优越性。

2. 注重机会公平

机会公平又可以称为机会均等,是指社会成员在获得生存和发展的机会以及这种机会实现过程中是公平的,并不会因为家庭出身、宗教信仰、财富状况而有所不同。机会公平排除了任何"非人"的外在干扰,构筑了"专属于人"的平等发展环境,强调起点的平等性和规则运行的公正性。机会公平是公平正义的核心内容,是共享发展的重要方面,人们不仅要共享发展的成果,更要共享发展的机会。那种将生存和发展机会据为己有,通过对别人发展机会的剥夺来谋取自己私利的行为不仅是非法的,更是对公平正义的亵渎,是不道德的可耻行为,理应受到谴责。在人类发展历史上,机会公平的实现经历了非常曲折的过程。在奴隶社会,奴隶主掌握着国家政权,拥有所有的生产资料甚至奴隶本身,处于绝对的支配性地位,而奴隶只不过是"会说话的工具",连最基本的生存权都得不到最起码的保障。因此,奴隶主和奴隶之间根本就不存在所谓的机会公平,机会仅属于奴隶主所有。封建社会里农民获得了较之奴隶而言更多的发展机会和权利,可以部分占有劳动果实,也具有了更多的人身自由。但是,这种发展机会是建立在血缘家族为本位的社会结构之上以"人的依赖关系"为表征的,神权、皇权、族权如三条锁链将人们牢牢的限制在封建宗法等级制度的框架内,并通过君臣父子的封建礼教构筑了尊卑鲜明的等级秩序,使发展机会呈现出自上而下的递减态势。资本主义将人从"狭窄的范围和孤立的地点"解放出来,实现了形式上的机会均等。然而,由于生产资料占有上的不同,工人的发展机会仅仅体现在交换领域,而在生产领域和分配领域则失去了任何自主选择的机会,在异化劳动的语境中,工人成了"生产工具"。社会主义通过对私有财产即人的自我异化的积极扬弃,实现了"通过人并且为了人而对人的本质的真正占有",机会公平因为生产资料公有制的建立和人民当家作主的实现而第一次真正成为可能。经过三十多年的改革开放,我国的社会主义建设取得了巨大成就,为完全公平实现"机会共享"提供了充分的条件。也正是在此意义上,共享发展体现了"人向自身向社会的即合乎人性的人的复归"。

3. 关怀困难群众

实现机会公平必须关注困难群众,给予特别照顾,使其共享发展成果。关怀困难群众是社会主义的本质要求,是党的先进性的突出表现,也是共享发展理念的重要内容。诚如习近平所说:"对困难群众,我们要格外关注、格外关爱、格外关心,千方百计帮助他们排忧解难,把群众的安危冷暖时刻放在心上,把党和政府的温暖送到千家万户。"①在我国,困难群众范围广泛、人数众多,其中农村贫困人口、失业人员和转岗职工、老弱病残等是主要组成部分。党中央针对困难群众的生活实际,从共享发展的理念出发,根据不同情况提出了相应的策略。一方面,充分发挥社会主义政治优势和制度优势,实施脱贫攻坚工程。经过三十多年的改革开放,我国在减少农村贫困人口、完善农村基础设施和公共服务体系、发展农村经济、增加农民收入等方面取得了巨大成就,走出了一条独具中国特色的扶贫减贫道路,为全球减贫事业做出了突出贡献。据统计,截至 2014 年底,全国农村贫困人口为 7017 万人,比 2011 年减少 5221 万人,平均每年减少 1740 万人;贫困发生率为 7.2%,比 2011 年下降 5.5 个百分点,年均下降 1.8 个百分点。农村人口的比例从 1990 年的 73.6% 以上下降到

---

① 胡锦涛:《在中央人口资源环境工作座谈会上的讲话》,《中国青年报》2004 年 04 月 05 日。

2014 年的 46.27%，我国在所有发展中国家中最早实现了联合国千年发展中的减贫要求，贡献了全球减贫的 70%。然而，扶贫减贫工作仍然是我国经济社会发展中最突出的短板，从绝对数量上来看贫困群体规模仍然很大，扶贫减贫的难度不断增加。从农村实际情况出发，中共中央在阐述共享发展理念中明确指出："农村贫困人口脱贫是全面建成小康社会最艰巨的任务。必须充分发挥政治优势和制度优势，坚决打赢脱贫攻坚战。"①为此提出"精准扶贫、精准脱贫""扩大贫困地区基础设施覆盖面""实行脱贫工作责任制"等一系列措施，体现了党中央对农村贫困人口的关怀。另一方面，共享理念还要求对家庭经济困难学生实施普通高中免除学杂费、开展贫困家庭子女、农民工、失业人员等困难群体的免费职业培训、增加低收入者的收入等方式，不断提高困难群众的生活水平，使其与普通群众一样共享社会发展的成果，体现了共享发展理念的公平正义。

三、共同富裕：共享发展理念的目标

所谓"共同富裕"，就是在建设有中国特色社会主义的过程中，将以人民为中心的发展思想融入社会主义建设全过程、各领域，使全体人民共同享有社会主义建设的成果，反对贫富差距和两极分化，集中体现了社会主义制度的优越性和社会主义经济发展的合道德性。"十三五"时期是全面建成小康社会的关键时期，中国共产党强调"坚持共同富裕的发展目标"，既是党中央全面深化改革在人与人关系上的理论深化和实践落实，更集中体现了我党新时期发展思想的基本思路。共同富裕是共享发展理念的目标，"必须坚持发展为了人民、发展依靠人民、发展成果由人民共享，做出更有效的制度安排，使全体人民在共建共享发展中有更多获得感，增进发展动力，增进人民团结，朝着共同富裕的方向稳步前进。"②该表述集中体现了我党"坚持共同富裕"发展目标的坚定决心。它将人民群众看作是一个整体，个体是集体的有机组成部分，整体是个体利益的集合，在个体和整体的和谐互动中实现人民整体利益的最大化；它坚持社会财富应当由人民群众共同享有的理想价值追求，并通过有中国特色的

---

① 《习近平谈治国理政》，外文出版社 2014 年版，第 189 页。
② 《中共中央关于制定国民经济和社会发展第十三个五年规划的建议》，人民出版社 2015 年版，第 33 页。

社会主义现代化建设,全面实现人民群众的经济、政治、文化等方面的利益,开辟了一条通向"自由人联合体"大同世界的崭新道路;它以共同富裕作为价值评价的重要标准,在社会主义制度框架内肯定和支持增进共同富裕的做法,反对贫富差距的不断拉大和两极分化,并主张采取积极有效的措施为共同富裕目标的实现创造有利的条件。其实质就是在中国共产党的领导下,充分调动人民生产的积极性,并通过保障人民的切身利益、共享社会发展成果,在现实中建立起符合人的"类本质"要求的道德理想国。"共同富裕"的发展目标,内在构成了我国共享发展理念的价值旨归,也使之根本区别于原始社会基于生产力极端低下、物质财富极端匮乏基础上的"共同贫穷",和资本主义社会"专属于"资本家所有的"部分富裕",在理论与实践高度统一的基础上开创了具有中国特色的"共同富裕"的新境界。

作为共享发展理念之目标的共同富裕具有鲜明特点,主要表现为以下方面:一是共同富裕以发展为前提。唯有不断发展社会生产力,创造出更多的财富,将蛋糕做大,共同富裕才具备坚实的基础,共享才具有现实的可能性。否则,只能是共同贫穷。这就要求我们用马克思主义唯物史观具体、历史地看待共同富裕的发展目标,放到当前我国特殊的发展阶段上全面理解共同富裕的内涵,而不能将之绝对化。应该看到,经过三十多年的改革开放,我国积累了较为雄厚的社会财富,为实现共同富裕提供了坚实的保障,在此情况下,增加人民收入,改善人民生活符合社会发展的规律和人民要求,是党和政府的应然之选。改革开放以后尤其是最近二十年中国人的生活条件大幅改善就是最好的说明。同时我们也应该看到,我国目前还处于社会主义初级阶段,离完全实现共同富裕还有很长的一段路要走,这就要求我们不能提出超出当前发展水平的不切实际的共享要求,而是在合理引导预期、防止西方国家"福利病"的同时,"依靠辛勤劳动、诚实劳动、创造性劳动",不断夯实共同富裕的社会财富基础。二是更科学更精细的差异化共同富裕。共同富裕不是平均主义,更不是"大锅饭",而是有内涵有质量、更科学更精细的差异化共同富裕。具体来说,由于我国幅员辽阔、地区发展不平衡等因素的存在,决定了我国只能走"先富带后富"的共同富裕之路。要求同时、同等的均等化共同富裕既不现实,也有违公平正义原则。三是共同富裕的真实性。社会主义公有制的建立,实现了人民群众根本利益上的一致性,为共同富裕提供了最根本的经济保障,体现了社会主义制度的优越性和先进性。与所有制关系相对应,当前我国实行以按劳分配为主体,多种分配方式并存的基本分配制度,调动了人民投身社会主义建设的积极性和主动性,促进了生产力发展,同时能够防止贫富两极分化,实现共同富裕。为此,我国通过建立一系列相关法律、法规和制度,保障了共同富裕目标的真正实现,我国的共同富裕具有任何剥削阶级制度所无可比拟的真实性。

从道德哲学的视角来看,共同富裕目标集中体现了我党坚持将中国特色社会主义现代化建设和人民群众共享发展成果有机结合起来,将促进社会全面进步的科学精神与实现人的全面发展的人道主义精神相统一,在历史进程中追求人—人关系"整体善"的价值趣旨。近代以来,帝国主义列强通过坚船利炮轰开了长期封闭的中国国门,用武力逼迫腐朽的满清政府签订了一系列不平等条约,将中国变成半殖民地、半封建社会。从此,中国人民在封建主义和帝国主义的双重剥削下,过着饥寒交迫、朝不保夕的日子,"中国人民的贫困和不自由的程度,是世界所少见的。"①人民群众创造了财富,自己却成为劳动成果的"旁观者",财富创造的越多,人民就越贫穷,半殖民地、反封建中国的发展具有鲜明的"不道德"性。为了实现国家独立和人民幸福,中国共产党带领人民群众推翻了"三座大山",建立了社会主义新中国,是使中国人民从此站起来了,成了国家主人,为消除劳动异化,实现共享发展创造了制度条件。然而,这并不意味着人民可以一夜之间进入共产主义社会的"道德理想国",一夜之间实现真正的共同富裕。实际上,由于近代以来的积贫积弱,新中国成立后的很长一段时间内,我国的生产力发展水平较低,可供人民共享的社会财富严重不足。因此,只能不断加快社会主义建设步伐,生产出数量更多、质量更好、种类更齐全的劳动产品,共享发展才能从理想变成现实。改革开放以后,我国经济发展速度很快,综合国力显著增强,人民收入大幅增加,生活水平明显提高,人民分享了改革开放的红利,彰显了社会主义制度的优越性。但也出现了发展速度过快、质量不高、发展不平衡、收入差距拉大等问题,与共同富裕目标还有不小的距离。所以,必须结合社会主义初级阶段的实际情况来认识和实现

---

① 《中国共产党第十八届中央委员会第五次全体会议公报》,人民出版社2015年版,第14页。

共同富裕目标,并把共同富裕目标切切实实地贯彻到社会主义建设的全过程和各领域,"我们要随时随地倾听人民呼声、回应人民期待,保证人民平等参与、平等发展权利,维护社会公平正义,在学有所教、劳有所得、病有所医、老有所养、住有所居上持续取得新进展,不断实现好、维护好、发展好最广大人民根本利益,使发展成果更多更公平惠及全体人民,在经济社会不断发展的基础上,朝着共同富裕方向稳步前进。"①从而,把"以人民为中心"的价值目标与公平正义的现实基础有机统一起来,为实现共同富裕的理想目标提供持续改善的经济社会条件。

(原载于《理论月刊》2016 年第 5 期)

---

① 《毛泽东选集》第 2 卷,人民出版社 1991 年版,第 631 页。

共享发展理念与中国道路的新探索[*]

创新、协调、绿色、开放、共享的发展理念,集中体现了以习近平同志为总书记的党中央在新的历史起点上的高度理论自觉。这五大发展理念是对改革开放以来中国现代化实践经验的深刻总结和高度概括,是十八大以来中国道路探索的重大理论成果。正如习近平总书记在关于《中共中央关于制定国民经济和社会发展第十三个五年规划的建议》的说明中指出:"这五大发展理念,是'十三五'乃至更长时期我国发展思路、发展方向、发展着力点的集中体现,也是改革开放 30 多年来我国发展经验的集中体现,反映出我们党对我国发展规律的新认识。"[①]共享发展理念构成五大发展理念的核心和归宿。深刻理解共享发展理念提出的现实背景、基本内涵、重大意义和实践要求,对于全面建成小康社会,对于实现中华民族的伟大复兴和社会主义现代化,具有重大而深远的意义。

一、共享发展理念提出的当今中国社会现实

共享发展理念的提出,蕴涵深刻的问题意识,具有鲜明的现实针对性,折射中国特色社会主义重大现实问题的发现与解决。深化对共享发展理念的认识,需要首先审视共享发展这一理念提出的当今中国社会现实。

* 本文作者:吴波,中国社会科学院中国社会科学评价中心研究员、博士。
基金项目:国家社科基金重大项目"习近平总书记关于中国道路系列重要论述研究"(批准号:14ZDA003)。
① 习近平:《关于〈中共中央关于制定国民经济和社会发展第十三个五年规划的建议〉的说明》,《人民日报》2015 年 11 月 4 日。

巨大的中国成就与巨大的中国问题的紧密纠缠,是当今中国社会现实的一个重要特征。其中一个典型表现是:中国在实现了 30 多年经济快速增长的同时,也完成了从一个绝对平均主义的国家向一个存在严重贫富差距的国家的转变,利益公平分配的问题逐渐突出。根据国家统计局公布的数据,我国居民收入的基尼系数 2003 年为 0.479,2008 年达到最高点 0.491,之后逐年下降,2014 年的基尼系数是 0.469。而在 20 世纪 80 年代初,全国收入差距的基尼系数是 0.3 左右。① 贫富差距不仅体现在收入差距方面,还体现在财产差距方面。北京大学中国社会科学调查中心发布的《中国民生发展报告·2014》显示,1995 年我国财产的基尼系数为 0.45,2002 年为 0.55,2012 年我国家庭净财产的基尼系数达到 0.73,顶端 1% 的家庭占有全国 1/3 以上的财产,底端 25% 的家庭拥有的财产总量仅在 1% 左右。中国的财产不平等程度明显高于收入不平等的程度。②

社会贫富分化不是中国现代化唯一的消极性后果。换言之,利益公平分配问题不是以孤立的特征表现出来。财富的客体尺度与财富的价值尺度不一致的状况,还充分表现在财富创造与人的全面发展的不协调状况。"中国在现代化的进程中一方面取得了极大规模的成就,但另一方面也在抵达现代性限度之际面临最严峻的危险。这危险就是环境的解体和社会生活的解体。"③一个典型特征是物质财富与精神财富之间存在着尖锐矛盾。正如国外观察者指出的:"人们大规模地脱离土地、城市就业及其结构的改变、国际资本和媒体的影响以及收入结构的快速变化,已经加深了现存的代沟,造成了在诸如行为方式和准则这类基本社会问题上的根本性混乱。如今,中国人广泛接受的唯一观念似乎就是赚钱和改善自己的生活水平都是重要的,对文化、后代、婚姻、性以及其他核心问题的态度处于极大的变化之中。"④

在经济因素的变化导致政治、精神领域的相关变化以整体性的特征充分反映出来的同时,社会贫富分化这一因素对政治社会地位以及风险地位等方

---

① 冯华:《贫富差距到底有多大?》,《人民日报》2015 年 01 月 23 日。

② 张心怡:《北京大学发布〈中国民生发展报告·2014〉》,《光明日报》2015 年 08 月 05 日。

③ 吴晓明:《马克思主义哲学创新需要怎样的国际视野》,《中国社会科学报》2014 年 11 月 26 日。

④ 李侃如:《治理中国——从革命到改革》,中国社会科学出版社 2010 年版,第 330 页。

面的作用也以差异性的特征充分反映出来。物质财富占有的状况在相当大的程度上决定了政治和社会地位的状况。据媒体报道,"一些地方人大代表的结构严重失衡,真正来自基层的农民和工人的代表少。有的企业负责人占了一半以上的数量。""还有就是代表的身份严重失真,一些企业主以工人、农民或者是科学技术人员的身份获得了代表的提名。使得那些真正来自基层的,符合条件的人选无法提名。"①

另外,在一定程度上,社会成员的风险地位和经济地位大体一致。在德国社会学家贝克看来,在现代化的进程中,财富生产伴随着风险生产,这个风险是工业化的产品。"风险可以界定为系统地处理现代化自身引致的危险和不安全感的方式。"②"或早或晚,在现代化的连续进程中,'财富—分配'社会的社会问题和冲突会开始和'风险—分配'社会的相应因素结合起来。"③就当下社会现实而言,贝克1992年的预言正在成为现实。诸如矿难、自然灾害等印证了当今世界的一个逻辑:"世界范围内的平等的风险不会掩盖那些在风险造成的苦痛中的新的社会不平等。这些不平等特别集中在那些风险地位和阶级地位相互交叠的地方——这同时也是在国际范围内发生的。"④

正确认识和评价当今中国社会现实,必须依托正确的历史观与价值观的统一。在不同的历史观和价值观的视野下,面对同一个问题,探讨问题的方法和解决问题的答案可能大相径庭。关于社会贫富差距以及衍生的一系列社会问题的认识和解决,必须设置社会主义语境的讨论前提。贫穷固然不是社会主义,但存在悬殊贫富差距的社会也决非与社会主义相容。中国特色社会主义这个概念当下的尴尬处境可能不在于理论的不充分,而在于这一概念蕴涵的社会理想与现实之间的矛盾。实际上,正是利益公平分配的问题构成质疑中国特色社会主义是不是社会主义,中国的现代化是不是社会主义现代化讨论的核心依据。

社会贫富差距是中国道路未来探索必须正视的当今中国社会现实。回过头来看,作为改革开放总设计师的邓小平对于这一问题有十分清醒而准确的

---

① 郭超:《中组部:有代表身份严重失真企业主冒充农民》,《新京报》2015年03月11日。
② 乌尔里希·贝克:《风险社会》,译林出版社2004年版,第19页。
③ 乌尔里希·贝克:《风险社会》,译林出版社2004年版,第17页。
④ 乌尔里希·贝克:《风险社会》,译林出版社2004年版,第45页。

预见。1990 年 12 月 24 日,邓小平指出:"共同致富,我们从改革一开始就讲,将来总有一天要成为中心课题。社会主义不是少数人富起来、大多数人穷,不是那个样子。社会主义最大的优越性就是共同富裕,这是体现社会主义本质的一个东西。如果搞两极分化,情况就不同了,民族矛盾、区域间矛盾、阶级矛盾都会发展,相应地中央和地方的矛盾也会发展,就可能出乱子。"①在 1992 年南方谈话中,邓小平明确指出:"社会主义的本质,是解放生产力,发展生产力,消灭剥削,消除两极分化,最终达到共同富裕。"②这一对社会主义本质的全新概括显然具有鲜明的针对性。1993 年 9 月 16 日,邓小平进一步指出:"我们讲要防止两极分化,实际上两极分化自然出现。""问题也会越来越多,越来越复杂,随时都会出现新问题。"③思想不能无底限地接近现实。在充分肯定中国道路正确性的同时,必须基于社会主义理想的引导,对于中国现代化过程中存在的一系列重大现实问题展开批判性反省,探求规范性矫正的具体路径。这不仅是道路自信的具体表现,更是道路自信的唯一源泉。

二、社会主义语境的共享发展及其意义

共享发展理念不仅构成五大发展理念的核心而且构成五大发展理念的归宿,构成以习近平同志为总书记的党中央完善发展理念的出发点和落脚点。"一种发展理念反映着一种时代精神、实践理性和价值取向,它引导这一个国家、民族的发展潮流,对社会发展产生重大而深远的影响。"④共享发展理念的提出,不仅蕴涵着鲜明的问题意识,而且阐明了中国道路的社会主义性质和马克思主义执政党的特殊历史使命,从而进一步明确了中国道路探索的方向。

1. 共享发展是社会主义的本质要求

2014 年 8 月 19 日,习近平在中共中央为征求"十三五"规划建议意见召开的党外人士座谈会上指出:"广大人民群众共享改革发展成果,是社会主义的本质要求,是我们党坚持全心全意为人民服务根本宗旨的重要体现。我们追

---

① 邓小平:《邓小平文选》第 3 卷,人民出版社 1993 年版,第 364 页。
② 邓小平:《邓小平文选》第 3 卷,人民出版社 1993 年版,第 373 页。
③ 中央文献研究室:《邓小平年谱(1975—1997)》下,中央文献出版社 2004 年版,第 1364 页。
④ 丰子义:《发展的呼唤与回应——哲学视野中的社会发展》,北京师范大学出版社 2009 年版,第 3 页。

求的发展是造福人民的发展,我们追求的富裕是全体人民共同富裕。改革发展搞得成功不成功,最终的判断标准是人民是不是共同享受到了改革发展成果。"①在新的历史起点上,习近平将共享发展作为社会主义的本质要求提出来,反映了现实对理论的迫切要求。

深化对共享发展是社会主义的本质要求这一重要论述的认识,首先需要基于民族文化传统与社会主义原则的统一。一方面,文化传统是理解中国发展道路基本理念的必不可少的视角和资源。中华民族是一个有着鲜明而独特的文化传统的伟大民族。"不患寡而患不均"的文化传统持续而强劲地扎根于一代又一代中国人的心中。在中国现代化道路探索中,不应把这一文化传统理解为纯粹的消极性因素,更应将这一观念作为一个积极的因素置于中国现代化的历史进程之中。在一定意义上,共享发展理念正是这一文化传统的时代表达。另一方面,独特的国情和独特的文化传统与现代化历史任务相联系,决定了"中国的发展根本不可能完全进入到西方资本主义文明中去"②,事实上,正是这种不可能性塑造出中国独特的现代化道路的可能性和社会主义道路选择的历史必然性。共同富裕的观念在今天依然保持着强大生命力,这不仅在于中华民族文化传统的继承,更在于社会主义历史实践的赋予。

深化对共享发展是社会主义的本质要求这一重要论述的认识,还需要从理论上厘清社会主义现代化与资本主义现代化的本质区别。社会主义现代化与资本主义现代化的划分,既不是无聊的文字游戏,也不是抽象的理论区分。与资本主义现代化比较,社会主义现代化的特殊性并不在于是不是注重发展生产力,而在于是不是以牺牲人的全面发展为代价来发展生产力。中国既然选择社会主义现代化为奋斗目标,那么这一过程就绝不是向人对物的依赖关系的转化,而是从确立社会主义现代化目标起就必须明确实现每个人自由而全面发展的历史任务,发展的客体尺度和价值尺度必须在实践中有效地统一起来。这就决定了在实现方式上,一方面要能够有效缩短和减轻人与自然之间、人与人之间的关系的扭曲,以及资本主义现代化过程中出现的各种社会公

---

① 《中共中央召开党外人士座谈会征求关于制定"十三五"规划的建议的意见》,新华网,http://news.xinhuanet.com/politics/2015 – 10/30/c_1116995911.htm,2015 年 10 月 30 日。

② 吴晓明:《当代中国的精神建设及其思想资源》,《中国社会科学》2012 年第 5 期。

害;另一方面,在现代化的各个阶段,每一个社会成员都能在不同程度上享受到现代化所带来的文明成果,而不以牺牲部分社会阶层的当下和长远利益为前提。

共享发展理念不是一个抽象的、超历史的概念,这一理念的实践是一个具体的、历史的过程。换言之,仅仅占领道义制高点是不够的,共享发展的实现不仅要遵循社会主义的原则,也不能脱离中国的现实国情和特殊条件,需要基于条件与要求的统一。"十三五"规划明确提出:"按照人人参与、人人尽力、人人享有的要求,坚守底线、突出重点、完善制度、引导预期,注重机会公平,保障基本民生,实现全体人民共同迈入全面小康社会。"①这一实践方针体现了理想性与现实性的统一。

2. 共享发展开辟了中国发展的新阶段

党的十八大报告指出:"在新的历史条件下夺取中国特色社会主义新胜利,必须坚持人民主体地位,必须坚持解放和发展社会生产力,必须坚持推进改革开放,必须坚持维护社会公平正义,必须坚持走共同富裕道路,必须坚持促进社会和谐,必须坚持和平发展,必须坚持党的领导。"②这"八个坚持"是一个相互联系、相互作用的统一整体,是中国特色社会主义的基本规定。其中,"共同富裕"构成中国特色社会主义的根本原则。共享发展理念与改革开放以来我们党始终坚持的共同富裕目标高度一致,因此,首先需要指出的是,共享发展理念的提出,充分反映了以习近平同志为总书记的党中央对社会主义原则的坚持。

共享发展是一个语义丰富的理念,赋予了发展以崭新的内涵和要求。党的十八届五中全会指出:"坚持共享发展,必须坚持发展为了人民、发展依靠人民、发展成果由人民共享,作出更有效的制度安排,使全体人民在共建共享发展中有更多获得感,增强发展动力,增进人民团结,朝着共同富裕方向稳步前

---

① 《中共中央关于制定国民经济和社会发展第十三个五年规划的建议》,《人民日报》2015 年 11 月 4 日。
② 胡锦涛:《坚定不移沿着中国特色社会主义道路前进为全面建成小康社会而奋斗——在中国共产党第十八次全国代表大会上的报告》,人民出版社 2012 年版,第 13 - 15 页。

进。"①这一重要论述明确了共享发展这一崭新的发展理念的基本内涵和实践要求。其一,发展是亿万人民群众自己的事业,作为认识主体、实践主体和价值主体的人民群众是发展的主体力量。对于马克思主义执政党而言,发展必须紧紧依靠人民。其二,发展主体和发展目的的一致性是社会主义的本质要求,人民群众不仅是发展的主体力量,也应是享有发展成果的主体力量,全体人民的共同富裕是发展的目的和方向所在。对于马克思主义执政党而言,发展必须始终坚持为了人民,发展成果必须由人民共享。其三,以习近平同志为总书记的党中央基于理想性的引导和批判性的反思,以制度的建构和完善为着力点提出了规范性矫正的历史性任务。

基于实践中发展的含义,回顾改革开放 30 多年的历程,大体可以划分为经济发展、科学发展、共享发展三大历史阶段,大体上和不同历史时期相应的发展要求相适应。在第一个阶段,发展基本上指的是追求经济的快速增长,在这个阶段发展的含义主要停留在经济的单一层面和物质的单一层面。在第二个阶段,认识到物质财富的创造固然是评价现代化的基础性尺度但不是唯一的尺度,认识到财富是客体形式的财富与价值形式的财富的统一,财富的主体性内涵和人文意蕴成为普遍的共识。因此必须同时注重经济与政治文化社会的全面和协调发展,主张将经济政治文化社会的发展与人的发展统一起来。

共享发展理念的提出,标志着改革开放以来的发展观进入第三个历史阶段。在这个阶段,发展不仅应基于经济政治文化社会生态的统一、财富的客体尺度和价值尺度的统一,更为重要的是,发展必须基于社会各阶级阶层的统一。通俗地说,"做蛋糕"和"分蛋糕"不仅应统一于现代化过程中的每一个阶段,而且发展成果应在每一个社会成员那里都能得到充分体现。在这个意义上,共享发展既不只是基于发展取得的文明成果分配问题的具体思路,也不只是一种阶段性的考虑。因此可以说,共享发展理念在科学发展观的基础上实现了对发展的本质与意义更为深刻的认识,是对科学发展观的丰富与完善,共享发展与社会主义的内在一致性由此更为全面而充分地体现出来。

---

① 《中共中央关于制定国民经济和社会发展第十三个五年规划的建议》,《人民日报》2015 年 11 月 4 日。

三、共享发展的两大关键性问题

"十三五"规划第七部分以"坚持共享发展,着力增进人民福祉"为题从增加公共服务供给、实施脱贫攻坚工程、提高教育质量、促进就业创业、缩小收入差距、建立更加公平更可持续的社会保障制度和推进健康中国建设等八个方面对如何实现共享发展做出了一系列战略部署。比如,就如何缩小收入差距的问题,"十三五"规划提出:"坚持居民收入增长和经济增长同步、劳动报酬提高和劳动生产率提高同步,持续增加城乡居民收入。调整国民收入分配格局,规范初次分配,加大再分配调节力度。"①贯彻落实共享发展的战略部署,不仅要注重技术层面的设计和安排,也需要注重制度层面的建构和完善。基于经济基础和上层建筑两个层面的统一,共享发展需要思考和讨论一系列重大现实问题。这里特别需要指出的是,所有制问题和劳动权益实现问题,是共享发展必须正确认识和处理的两大关键性问题。

1. 正确认识和处理所有制的问题

在马克思主义看来,生产关系与分配关系具有一致性。这一原理在当下中国现代化实践中得到充分证明。生产关系的变化无疑是考察和分析当今中国社会贫富差距问题的一个重要方面。由此决定了共享发展的实践必须高度关注所有制结构变化的问题并做出战略性的安排。概括而言,拒绝大规模私有化和完善国有经济是正确处理所有制问题的两个主要着力点。

所有制结构的改革与调整必须坚决拒绝大规模私有化的思路和主张。对私有化的拒斥决定于社会主义制度的根本要求,改革开放以来中国的现代化建设之所以取得巨大成就,在恢复和发展非公经济的同时,始终坚持公有制经济为主体、多种所有制经济共同发展的社会主义初级阶段基本经济制度,是其中一个重要原因和重要经验。有国外观察者注意到了这一事实,"关键的改革并非私有化,而是让国有企业引入竞争机制,相互之间、与外国公司之间,特别是与大量新建的私有、半私有和集体所有制企业之间展开竞争。"②有学者在

---

① 《中共中央关于制定国民经济和社会发展第十三个五年规划的建议》,《人民日报》2015 年 11 月 4 日。
② 乔万尼·阿里吉:《亚当·斯密在北京:21 世纪的谱系》,社会科学文献出版社 2009 年版,第 359 页。

此基础上进一步分析后认为,之所以没有实行完全私有化,不是从共产党的意识形态出发,而是根据中国自身的经验教训来思考这个问题。由于中国历史上土地兼并、农民流离失所这样的教训班班可考,所以中国才不会轻易地跨出完全私有化这一步。① 自身的经验教训固然是拒斥私有化的一个重要根据,但这一分析显然严重忽略了社会主义原则对所有制结构变化的决定性影响和作用。

在现代化实践中全面推进国有经济与公有制经济一致性。国有经济一直面临着如何进一步贯彻和体现与公有经济价值原则的问题,这一问题随着改革开放的逐步深入越来越突出地表现出来。国有经济之所以有存在的必要,主要的根据就在于它承担着贯彻和体现社会主义价值的功能,这是社会主义市场经济条件下的国有经济与资本主义市场经济条件下的国有经济的本质区别。应该看到,在当前种种关于针对国有经济的诟病中,有些问题比如国企垄断论和国有存在无意义论等在一定意义上是伪问题,诚如有人所言:"国有经济的改革从来不是'要与不要'的问题,而是如何更有效和公平的问题;从来不仅仅是一个经济问题,而更是一个政治课题。"②由此需要进一步讨论的是,国有企业所遭受的种种诟病中,有些问题(比如国企领导人高薪论和行业收入差距论等)确实不容忽视,必须正视并加以解决,否则国有经济之于社会主义的意义不但会被严重削弱,而且有丧失国有经济作为社会主义市场经济基础意义的可能。

2. 正确认识和处理劳动权益实现的问题

在马克思主义看来,资本与劳动各自的地位决定了它们两者之间没有真正的机会均等。正如有学者指出:"财富的异化不仅体现为创造财富的劳动主体的异化,还表现为分配的异化。资本主义的财富增加的一个突出现象,就是社会财富的增长与创造财富的劳动者的贫困成正比。"③马克思主义还认为,经济和政治之间具有不可分割性。资本的权力不仅体现在生产和分配领域,

---

① 朱云汉:《高思在云——中国兴起与全球秩序重组》,中国人民大学出版社 2015 年版,第 138 页。

② 吴晓波:《国企改革不仅仅是经济问题》,新浪网,http://finance.sina.com.cn/zl/lifestyle/20150819/075723004026.shtml,2015 年 08 月 19 日。

③ 陈先达:《历史唯物主义视野中的财富观》,《哲学研究》2010 年第 10 期。

还蔓延和渗透到政治社会生活的每一个角落。埃及萨米尔·阿明指出:"当下西方在经济上的垄断化和寡头化,带来了政治上极大的变化,即权力的集中和民主的衰退。今天,资本不仅操纵了选举,还操纵了媒体、网站、学校,操纵了反抗的可能性。"①其实,这一切只不过是在资本的强力作用下资本主义民主实质的充分暴露而已,资本毫无疑问是侵蚀和扭曲西方社会权力结构的根源。社会主义初级阶段私人资本存在的合理性决定了讨论共享发展的实践,首先必然涉及作为人民群众主体的劳动群众与资本之间的矛盾,必然涉及经济政治文化的因素在劳动与资本利益关系中的安排,由此形成共享发展必须面对的一个重大现实问题。

事实已经表明,"分蛋糕"的问题正在成长为当前中国社会最为突出的矛盾。有学者预测:"对中国来说,现在各种社会矛盾凸显,在种种社会矛盾当中,劳动关系矛盾将很快取代官民矛盾,跃居全世界第一的位置。原因很简单,城镇化的迅速推进,使得劳资关系的矛盾不断加大,再加上工人群体,劳动者当中的一个很重要的部分,工人群体的本身的组织性、机理性比较强,同质化的程度比较高,联动性十分明显。所以,用不了几年就会取代其他的矛盾,跃居全世界第一的社会矛盾了,这是历史的必然。"②就劳动与资本的现实关系而言,资本处于绝对优势地位。有学者调查得出的结论是:在号称工会覆盖率100%的富士康深圳厂区,在1736位问卷调查受访者中,高达32.6%的被访工人不知道富士康有没有工会甚至以为没有工会;84.8%的工人表示自己没有参加工会,参加工会的工人仅为10.3%。③ 应该看到,与一代农民工相比,新生代农民工的维权意识显著增强。正如有学者指出:"他们比其父辈具有更强烈的不公平感,他们对于种种社会不公正也更为敏感;更为重要的是他们抛弃了上一代人常常怀有的宿命论,他们不认命运,有着强烈的表达利益诉求的

---

① 张君荣,张帆:《萨米尔·阿明:资本主义国家正在走下坡路》,《中国社会科学报》2015年08月05日。

② 张君荣,张帆:《萨米尔·阿明:资本主义国家正在走下坡路》,《中国社会科学报》2015年08月05日。

③ 吴忠民:《劳动关系矛盾将成为社会主要矛盾》,观察者网,http://www.guancha.cn/society/2015_06_01_321710.shtml,2015年06月01日。

动力和对未来更好生活的要求。"①

　　随着经济社会发展水平的不断提高,随着人民群众教育和文化水平的不断提升,越来越多的中下层人民群众的民主权利意识被激活并逐渐增强,社会不平等的议题越来越清晰地进入全社会的视野,社会主义初级阶段社会主义民主形式供给与需求之间的矛盾逐步突出。和谐劳资关系和官民关系的建构,前提是维护广大劳动群众的合法权益。显然,这不仅需要基于劳动的立场从政策层面加以调整和完善,更需要从政治体制层面加以调整和完善,不断推动人民民主的实现。

(原载于《中共贵州省委党校学报》2015 年第 6 期)

---

① 　郭于华,沈原,潘毅,卢晖临:《当代农民工的抗争与中国劳资关系转型》,《二十一世纪》2011 年第 2 期。

国内共享发展若干问题研究述评[*]

党的十八届五中全会通过的《中共中央关于制定国民经济和社会发展第十三个五年规划的建议》指出："共享是中国特色社会主义的本质要求。必须坚持发展为了人民、发展依靠人民、发展成果由人民共享，作出更有效的制度安排，使全体人民在共建共享发展中有更多获得感，增强发展动力，增进人民团结，朝着共同富裕方向稳步前进。"①共享发展理念是中国共产党在不断总结我国经济社会历史发展的经验和教训中，逐步形成的新发展观。

建党以来，中国共产党一直坚持以人民为中心的发展理念，坚持全心全意为人民服务的根本宗旨。党的十六大报告指出："不断提高人民生活水平，保证人民共享发展成果"。党的十七大报告进一步对共享发展的内涵进行了深化，突出人民主体作用，强调人民既要共享，也要发展，提出了"发展为了人民、发展依靠人民、发展成果由人民共享"的发展原则。党的十八大报告把科学发展观确立为党的指导思想，突出了发展的全面性、协调性、可持续性，强调了人民的主体地位，指出要"始终把实现好、维护好最广大人民根本利益作为党和国家一切工作的出发点和落脚点，尊重人民首创精神，保障人民各项权益，不断在实现发展成果由人民共享、促进人的全面发展上取得新成效"。为了顺应时代发展的新要求与新挑战，十八届五中全会提出坚持共享发展的新理念，进

* 本文作者：胡志平，华东政法大学政治学与公共管理学院；甘芬，华东政法大学政治学与公共管理学院。

基金项目：本文系 2014 年度上海市哲学社会科学"十二五"规划课题"城乡发展一体化进程中的公共服务均等化机制研究"（项目编号：2014BGL008）的成果。

① 《中共中央关于制定国民经济和社会发展第十三个五年规划的建议》，《人民日报》2015 年 11 月 4 日。

一步丰富和发展了具有中国特色的发展理念。

自 2015 年 10 月 29 日党的十八届五中全会提出共享发展理念以来,相关研究的期刊文献迅速增加,学术界在共享发展研究上取得了比较丰富的研究成果。这些研究成果为人们理解和把握共享发展理念提供了重要参考和借鉴;但共享发展研究存在系统化、微观化等相对缺乏的问题,还有待于进一步深化与扩展。

为了进一步厘清当前共享发展理念研究的各种方向,推进该理论研究向纵深发展,有必要对该问题进行梳理,明确未来研究发展的重点问题和方向进路。

一、共享发展的基本内涵

正确认识共享发展的内涵,是研究共享发展的逻辑起点。学界主要从共享的全民性、全面性、差异性、参与性四个特性来解读共享发展的基本内涵;为准确理解共享发展,部分学者还通过比较辨析与共享发展相混淆的几组概念,以便清晰展现共享发展的基本内涵。

(一)共享发展的"四个特性"

1. 共享主体的全民性。大部分学者认为发展是手段,共享是目的,而人民是共享的主体,人民创造发展成果,发展成果应该由人民共享。左鹏认为,发展成果的主体应该是发展成果的创造者,即全体社会成员,并且应该突出劳动人民的主体地位。[①] 共享发展的主体超越国界,魏波认为,共享发展主体应包括每一个人、每个阶层、每个民族、每个华人乃至世界友人都可以是共享主体,使共享主体范围突破了国界。[②] 共享发展的主体不仅是当代人,而且超越时空,延续到下一代人。邱耕田认为,共享主体既包括代内绝大多数社会成员,也包括代际那些潜在的社会成员,共享主体不仅限于当代人,还延伸到了后代人。[③] 突出共享发展进程中的问题,有学者认为共享发展主体应有侧重。苗瑞丹指出,共享发展的主体更应侧重于全体人民中的弱势群体,强调共享成果的普惠性,着重包括农民、少数民族、残疾人和困难群众在内的社会弱势群体能

---

① 左鹏:《共享发展的理论蕴涵和实践指向》,《思想理论教育导刊》2016 年第 1 期。
② 魏波:《以共享理解发展》,《中国特色社会主义研究》2016 年第 1 期。
③ 邱耕田:《人民主体视域下的共享发展》,《学习时报》2016 年 2 月 29 日。

够共享发展成果。①

2. 共享内容的全面性。郭广银从"五位一体"总布局的角度出发,认为共享发展不只是停留在物质层面,还包括政治、文化、社会、生态等各个层面。② 王永友等学者注重"文化共享",认为共享不仅是指在物质生活上实现共同富裕的"经济共享",也包括"文化共享"③。任俊华对如何实现五大建设中的共享进行了细分:经济共享,包括个人主动共享和国家参与分配;政治共享,需要做出更有效的制度安排以及进一步推进人民当家作主;文化共享,需要人民在文化共建基础上培养共享意识并实际形成共享行动;社会共享,需要个人、社会、国家共同努力;生态共享,需要达成人与人之间、地区之间、代际之间、人与自然的共享关系。④ 吴忠民则从社会救济、社会保障、社会福利三个方面对社会共享成果进行了划分,认为每个社会成员的基本生存条件应得到满足,基本发展条件应得到保证,生活水准应得到提升。⑤ 随着我国经济水平提高,人民从解决温饱问题的生存需要转向自我发展需要,共享内容随时代变化不再仅限于物质层面,共享内容与以往相比,更具有全面性。

3. 共享成果的差异性。共享发展要求的公平正义不等同于平均共享。有学者就根据马克思的劳动价值论,认为劳动者应该共享新创造的价值,但由于劳动的繁简差异,这种共享是有差别的共享。每个人由于潜能不同和客观因素的限制,不可能实现无差别劳动,平分社会共同财富。⑥ 从我国国情看,我国目前仍处于社会主义初级阶段,生产力发展水平还没有达到共同富裕的阶段,也不可能做到使全体人民群众均等分享发展成果,因此共享发展理念的提出不是要消除差距、人人平均,而是要在"合乎付出与得到,贡献与地位'应得'的正义精神和公平分配原则下,实现经济增长与人们富裕生活的同向一

---

① 苗瑞丹:《西方公正理论对我国人民共享发展成果问题的启示》,《理论导刊》2012 年第 2 期。
② 郭广银:《共享让发展更有动力更可持续》,《人民日报》2015 年 11 月 19 日。
③ 王永友、史君:《"文化共享"理念的理论演进与实践逻辑》,《南京社会科学》2016 年第 1 期。
④ 任俊华:《五大建设视域中的共享发展》,《学习时报》2016 年 2 月 22 日。
⑤ 吴忠民:《论共享社会发展的成果》,《中国党政干部论坛》2002 年第 6 期。
⑥ 白琳:《和谐社会利益共享的政治经济学思考》,《求实》2007 年第 6 期。

致"①。也就是说,要想实现较高的共享水平,达到共享发展,不仅需要政府创造一个共享机会平等的社会,还需要人民群众自身拥有强大的共享能力。发展成果共享不是平均共享,而是在公平竞争下允许的差异性共享,在共建中以个人能力实现自我价值,共享发展成果。

4. 共享过程的参与性。人人共享需要的一个前提就是人人参与、人人尽力。人民作为创造社会财富、提高社会生产力的主体应该在发展过程中积极参与,创造发展成果,使共享的物质前提得到保证。辛鸣指出,共享绝不意味着被施舍、被照顾。"共享"来自"共建",只有在发展过程中人人参与、人人尽力,才可能实现在发展成果上的人人共享。② 在曹爱军看来,共享要以参与为逻辑起点,只有参与经济社会发展过程,分享发展成果才具有合理性和正当性。③ 左鹏也持相同观点,认为要实现共享,保证全体人民都能实现利益分配,需要两个先决条件:共建与共享。即只有保证全体人民充分发挥个人潜力和热情参与建设,有一定的物质基础,才能分享发展成果,同时也应防止人民群众不能共享共同创造的发展成果。④ 李强、温飞也认为,共同享有需要通过共同建设来实现,全体劳动者、全体国民都参与建设,创造出巨大成果,才能为全体国民的共享提供可能性。⑤

《习近平总书记系列重要讲话读本(2016 年版)》中明确指出:"共享是中国特色社会主义的本质要求。共享发展理念,其内涵主要有四个方面。一是全民共享,即共享发展是人人享有、各得其所,不是少数人共享、一部分人共享。二是全面共享,即共享发展就要共享国家经济、政治、文化、社会、生态文明各方面建设成果,全面保障人民在各方面的合法权益。三是共建共享,即只有共建才能共享,共建的过程也是共享的过程。四是渐进共享,即共享发展必将有一个从低级到高级、从不均衡到均衡的过程,即使达到很高的水平也会有差别。"该读本着重强调了共享发展的全民性全面性、参与性、渐进性(发展阶

---

① 王淑芹:《正确理解五大发展理念的内涵和要求》,《思想理论教育导刊》2016 年第 1 期。
② 辛鸣:《论当代中国发展战略的构建》,《中国特色社会主义研究》2016 年第 1 期。
③ 曹爱军:《包容性发展:战略要义与政策路径》,《中共天津市委党校学报》2016 年第 1 期。
④ 左鹏:《共享发展的理论蕴涵和实践指向》,《思想理论教育导刊》2016 年第 1 期。
⑤ 李强、温飞:《构建全民共建共享的社会治理格局》,《前线》2016 年第 2 期。

段的差异性)四个特性。①

(二)共享发展的认识误区

共享发展是否等于平均分配,回到计划经济时代的"平均主义"? 共享发展就是共同富裕? 当前的国外热门词汇"分享经济"与共享发展是否是一回事? 只有理解了它们之间的联系与区别,才能避免对共享发展的错误认识,因而有必要深入辨析与共享发展相关的两组概念。

1. 共享与共富

共享就是共同富裕? 不少人把共享仅限于经济领域,主要是因为把共享发展成果等同于共同富裕,没有清晰地看到两者之间的关系。赵满华认为,共享与共富存在区别与联系,联系在于共享发展是实现共同富裕的基本手段和基本路径,共同富裕是共享发展的目标,只有在坚持共享发展的基础上,才能逐步实现共同富裕的目标。区别在于,共享发展与共同富裕的时空跨度有所不同。共同富裕是在经济高度发展基础上实现的一个目标,而共享发展的时空跨度比较大,无论是在经济发展水平比较低或比较高的阶段都可以实现。②曾令超进一步从共享与共富的不同理论内涵对两者进行区分,认为共富主要是指物质方面的共同富裕,而共享则包含了全体人民共享经济、政治、文化、社会、生态文明等发展成果。他还认为有些学者把共同富裕理解为物质生活、政治生活和精神文化生活等多方面的富裕,是在脱离语境下对邓小平提出共富观的错误解读。他同样看到了两者之间的联系,认为共享与共富的理论基础相同,共享也是共富的丰富与发展,而共享的最终目的是实现共同富裕和促进人的全面发展。③ 因此,共享发展的过程也是逐步实现共享富裕的过程,共同富裕是共享发展的最终目标,两者不可割裂开来。

2. 共享与分享

共享就是分享吗? 分享经济是否就是共享发展应有之义? 赵满华认为,共享发展与分享经济是两个不同的范畴,不能混为一谈。其一,内涵不同。共享发展的核心内涵是让所有社会成员分享经济发展成果和社会进步成果,与

---

① 《以新发展理念引领发展——关于树立创新、协调、绿色、开放、共享的发展理念》,《光明日报》2016 年 5 月 3 日。

② 赵满华:《共享发展的科学内涵及实现机制研究》,《经济问题》2016 年第 3 期。

③ 曾令超:《共富观与共享论的理论内涵分析》,《三明学院学报》2011 年第 3 期。

社会制度密切相关。分享经济是指消费者不购买某种物品的所有权而通过租用或借用的方式实现对某一种物品的使用,是一种经济运行的具体模式,与社会制度无关。其二,目的不同。共享发展的目的是增加所有社会成员的获得感,增加社会成员福祉。分享经济的目的是消费者不图某物所有权,只图使用,意在降低消费者交易成本。其三,条件不同。共享发展需要在以生产资料公有制为基础的社会中才能彻底实现。分享经济需要以信息技术为支撑的大数据支持。其四,结果不同。共享发展的实现提高了社会成员生活水平,调动了他们参与社会发展的积极性。分享经济降低了消费者交易成本,提高了物品的使用率。① 因此,不能把共享发展等同于分享经济,前者强调社会公平正义,旨在提高人民生活水平,后者突出物品的使用效益。陈宪也认为:“共享发展与分享经济有着根本的不同,一个在讲制度变革,一个是利用技术变革形成商业模式。与共享发展比较,分享经济只是技术,共享发展才是制度。”②

3. 共享发展与包容性发展

与共享发展相比,包容性发展有两个缺陷:一是包容性发展所倡导的主要是发展机会的包容,虽然隐含着对于发展成果也要包容(或者包括)其他人分享的权利;而共享发展却具有鲜明的目的导向,它明确地表明发展成果要由各个发展主体所共同享有,当然也要求共享发展的机会。二是包容有一个谁来包容谁的问题,隐含着强势主体对弱势主体的包容,容易理解为前者对后者的恩赐。与此相反,共享发展规定发展成果必须由全体人民共同来享有,体现着权利的平等而不是一方对另一方的恩赐(包容)。③

二、共享发展的理论意义

自共享发展理念提出以来,学者从多种角度阐释其理论意义。五大发展理念作为一种新发展观,是马克思主义中国化的重要理论成果;作为其中之一的共享发展理念也具有重要的理论意义。

(一)哲学意蕴

共享发展理念是马克思主义哲学的当代展现。唯物辩证法和历史唯物主

---

① 赵满华:《共享发展的科学内涵及实现机制研究》,《经济问题》2016 年第 3 期。
② 陈宪:《分享经济能够颠覆资本主义吗》,《文汇报》2016 年 4 月 1 日。
③ 王树义:《财税政策与共享发展》,《北京大学学报》哲学社会科学版 2016 年第 2 期。

义是共享发展理念的哲学基础。

首先,普遍联系的哲学观展现。普遍联系的观点要求坚持系统论。从机体哲学角度看,当代中国的五大发展理念有着内在的逻辑联系,它们从不同方面概括了机体发展的本质特征。五大发展理念相互连接、相互支撑。① 新发展理念构成一个系统化的逻辑体系。创新发展、协调发展、绿色发展、开放发展、共享发展,既各有侧重又相互支撑,共同构成了一个系统化的逻辑体系。② 曲青山也认为:"五大发展理念虽然各有各的定位,各有各的功能,各有各的作用,但它们是一个整体,是一个大的系统,不可分割。"③

其次,矛盾哲学观展现。矛盾哲学观要求有问题意识,解决问题导向。在五大发展理念中,"共享"注重的是解决社会公平正义问题,只有让广大人民群众共享改革发展成果,才能真正体现社会主义制度优越性。④ "共享"侧重解决社会公平。⑤ 有学者明确指出:"新发展理念贯穿着鲜明的问题意识。问题是时代的声音。新发展理念绝不是凭空产生、任意罗列的理念,而是针对我国发展中面临的突出矛盾和问题提出来的。其中,共享发展重在解决公平正义问题。"⑥

再次,尊重客观规律理念展现。新发展理念蕴含着按规律办事的内在要求。新发展理念既是对发展经验的总结,又是对发展规律认识的深化。⑦ "共享发展"与遵循社会规律的包容性发展相互策应。⑧ 在杨宁、张光辉看来,"共享"不是在发展水平低条件下的"共享",而是在经济增长取得辉煌成就下的"共享",共享发展理念是中国特色社会主义的本质要求,是对社会主义发展目

---

① 王前:《当代中国发展理念的机体哲学解读》,《光明日报》2016 年 2 月 17 日。
② 张志蓬:《把握新发展理念的哲学意蕴》,《光明日报》2016 年 4 月 26 日。
③ 曲青山:《辩证法:实施五大发展理念的指导》,《光明日报》2016 年 4 月 6 日。
④ 《以新发展理念引领发展——关于树立创新、协调、绿色、开放、共享的发展理念》,《光明日报》2016 年 5 月 3 日。
⑤ 《贯彻五大发展理念是关键所在——二论打好"十三五"开局攻坚战》,《光明日报》2016 年 4 月 26 日。
⑥ 张志蓬:《把握新发展理念的哲学意蕴》,《光明日报》2016 年 4 月 26 日。
⑦ 张志蓬:《把握新发展理念的哲学意蕴》,《光明日报》2016 年 4 月 26 日。
⑧ 汤荣光:《"五大发展理念"焕发马克思主义哲学旺盛生命力》,《光明日报》2016 年 4 月 9 日。

的规律的新认识。①

最后,马克思主义人本观展现。共享发展坚持人民群众是历史的主体,坚持以人民为中心的发展理念。共享发展理念是以习近平同志为总书记的党中央对马克思主义人民主体和利益共享思想的继承发展,是对中国传统民本思想和西方人本主义思想的批判改造,是对中国特色社会主义人民利益观的弘扬创新,是对人本思想的重大升华。② 马克思主义认为,人民群众是社会历史的主体,是历史的创造者,也是社会物质财富和精神财富的创造者。党的十八届五中全会提出的共享发展理念,强调发展必须依靠人民,突出发展的目的是实现人民共同富裕,要求发展成果由人民共享,这些内涵都突出了人的主体地位与本质,是对马克思主义反对剥削和压迫,要求实现每个人自由而全面发展的关于人的本质理论的继承与发展。③

(二)政治经济学意义

首先,发展经济规律的意蕴。改革开放以来我们做的全部工作,在经济理论上,就是探索以发展为重点的马克思主义中国化政治经济学。④ 共享发展的政治经济学意义在于:在新的历史条件下,对什么是发展、为什么发展、怎样发展,发展为了谁、发展依靠谁、发展成果由谁享有等重大问题,进行了富有创造性的探索,提出了一系列新的观点,深化和丰富了对社会主义经济发展规律的认识,推进了马克思主义政治经济学的创新发展。⑤

其次,生产目的论意义。共享发展坚持马克思主义政治经济学立场和坚持社会生产目的经济理论。顾海良认为,共享理念,是对马克思主义经典作家关于社会生产目的和社会基本经济规律理论、人的自由而全面发展思想的继承。⑥ 杨承训也认为,发展的目的是人,坚持以人民为中心的发展思想,是马克

① 杨宁、张光辉:《"五大发展"理念:中国特色社会主义的新认识》,《人民日报》2015 年12 月8 日。
② 张志兵、吴毅君:《"共享"是对人本思想的重大升华》,《光明日报》2016 年4 月9 日。
③ 崔治忠:《五大发展理念的哲学意蕴》,《学习论坛》2016 年第3 期。
④ 李君如:《马克思主义中国化政治经济学的最新成果》,《理论与改革》2016 年第1 期。
⑤ 张宇、王亚玄:《书写当代中国马克思主义政治经济学的新篇章》,《马克思主义与现实》2016 年第1 期。
⑥ 顾海良:《新发展理念与当代中国马克思主义经济学的意蕴》,《中国高校社会科学》2016 年第1 期。

思主义政治经济学的根本立场。在他看来,我国的"共享"是"以公有制为主体""按劳分配"为主要形式的社会主义的共享,与西方某些资本主义国家以"资本家所有制"为基础的"福利主义"存在明显区别。①

再次,共享发展的微观管理意义。根据马克思主义的生产力与生产关系理论,生产力发展水平构成共享发展的物质基础;生产关系的性质决定共享发展的层次和范围。共享发展不仅包括成果共享,也应该包括劳动过程的共享。共享发展既有制度层面的共享,也有管理层面的共享。② 共享发展不仅要关注宏观制度的共享,也要积极利用价值规律作用,在公有制企业和非公有制企业提高管理水平,通过管理型共享,推进共享发展的实现。

最后,劳动与资本修复意义。"共享经济"不但具有"分享经济"所具备的全部资本修复功能,而且其主要目的和作用表现在劳动修复功能上。与"分享经济"的资本修复功能仅反映在分配领域不同,"共享经济"对劳动的修复全面体现在生产、分配、交换、消费整个经济活动过程中。③

(三)发展观创新

中国社会主义有关建设和发展的思考一直围绕着为什么发展、实现什么样的发展和怎样发展、为了谁发展的问题展开。韩振峰认为,长期以来,我们党在领导革命、建设和改革,推进社会发展的过程中逐步形成和完善了中国化马克思主义的发展观。从毛泽东强调"人类总是不断发展"到邓小平强调"发展是硬道理",到江泽民强调"发展是执政兴国的第一要务",再到胡锦涛提出"以人为本"的科学发展观,都体现了中国共产党人发展观内涵的丰富与发展。党的十八届五中全会在继承以往关于发展理论的基础上提出的五大发展理念丰富和发展了党有关发展理论的具体内容。共享发展是科学发展观的继承和深化。④ 余金成认为,党的十八届五中全会提出的五大发展理念,是对"以人为本,全面协调可持续"的科学发展观的全面深化。其中的共享发展理念,把

---

① 杨承训:《坚持和创新马克思主义政治经济学》,《中州学刊》2016 年第 2 期。
② 刘凤义、李臻:《共享发展的政治经济学解读》,《中国特色社会主义研究》2016 年第 2 期。
③ 丁晓钦、程恩富:《共享发展:中国特色社会主义政治经济学的新话语》,《光明日报》2016 年 7 月 6 日。
④ 韩振峰:《五大发展理念是中国共产党发展理论的重大升华》,《思想理论教育导刊》2016 年第 1 期。

重点放在阐释主体作用上,使"以人为本"原则得到理解错误上的纠正。① 在王一程看来,全体人民共享发展的成果,是全面落实科学发展观的一项根本要求和迫切任务。科学发展观主张的"以人为本"中的"人",不是指某一部分人或少数社会精英,而是指以占人口绝大多数的普通工人、农民及其他劳动者为主体的全体人民。因此,发展成果应由全体人民共享。同时,科学发展观要求全面、协调、可持续发展,体现了其坚持"以人为本"、由人民共享发展成果的价值理念。②

共享发展也是我国发展观的理论创新。共享发展理念,是由中国以往经济社会发展不断实践探索凝练而成的,是我国发展观的重大理论创新。赵满华认为,共享发展理念是马克思主义发展观理论的一次飞跃。他通过说明我国发展理念从侧重"发展"到强调"共享"的变化,阐述了共享发展理念的提出是改革开放以来我国发展经验的集中体现,反映出我们党对中国发展规律的新认识。③ 在王淑荣、许力双看来,共享发展理念是随着中国面临一系列与发展相关的矛盾和问题而提出的,也是中国共产党发展理念的新表达,主要表现在两个方面:一是共享发展理念是对科学发展观的丰富和发展;二是共享发展是对共同富裕这一社会主义原则的坚持和丰富。具体来说,共享发展理念与以往发展观相比,更加突出发展的价值和本质,更加注重对发展过程和目的的统一。④

三、共享发展的实践价值

深入理解共享发展的理论意义与实践意义,是更加清晰理解和推动共享发展的重要动力,也是在当前中国经济新常态下推进供给侧结构性改革的行动纲领之一。共享发展理念具有显著的问题意识导向,主要解决社会公平正义问题,在实践中对国家的政治、经济、社会具有重要的实践价值;是全面建成小康社会的行动纲领,成为具有中国特色的新话语。

---

① 余金成:《五大发展理念是科学发展观的升级版》,《学习论坛》2016 年第 2 期。
② 王一程:《在全面落实科学发展观中保证全体人民共享发展成果》,《马克思主义研究》2006 年第 1 期。
③ 赵满华:《共享发展的科学内涵及实现机制研究》,《经济问题》2016 年第 2 期。
④ 王淑荣、许力双:《共享发展理念的重大意义与实践指向》,《红旗文稿》2016 年第 4 期。

（一）政治实践价值:政治合法性实践要求

政治合法性问题是任何一个执政党执政都必须面临的重大现实问题。唐任伍从党的奋斗目标来看,认为中国共产党领导的社会主义国家,应把实现好、发展好、维护好人民的根本利益,作为发展的根本落脚点和出发点。只有人民共同享受到了改革发展成果,才能体现一个政党、一个国家的合法性质。[1]叶南客认为,共享发展作为建设中国特色社会主义的核心命题,是体现社会主义优越性、维护政治合法性的要求。只有坚持共享发展,才能体现共产党的先进性、社会主义制度的优越性以及政权的合法性。[2] 秦宣则通过对中国与苏联改革效果的比较,认为苏联、东欧共产党之所以丧失执政地位,并不是因为反对派的强大,根本原因在于改革失去了人民群众的支持。社会主义改革的根本目的是不断提高人民群众的物质文化生活水平。这就决定了改革必须依靠人民,改革成果必须由人民共享。如果脱离了这一点,领导改革的共产党必然会失去人民群众的支持,改革也必然失败。[3] 如果人民不能共享改革发展成果,产生贫富分化,就会使低收入群体对国家的改革开放政策产生怀疑和不满,从而损害党和政府在人民心目中的威信,直接破坏社会公众对社会主义制度的政治认同,降低社会主义的政治合法性。[4]

（二）经济实践价值:引领经济新常态,推进供给侧结构性改革

五大发展理念科学把握新常态下"生产力水平",为中国特色社会主义的生产关系发展提供了理论依据,其中创新发展和共享发展破解了新常态下经济社会发展突出问题的体制机制障碍,促进各方面的制度体系更为成熟定型,形成引领经济新常态的根本保障。[5] 赵满华认为,经济新常态下,需要从供给和需求两个方面发力,共同推进我国经济持续健康发展,而共享发展理念的提出,有利于从供给侧进行改革,调整经济结构,更好地满足社会需要,也有利于

---

① 唐任伍:《五大发展理念塑造未来中国》,《红旗文稿》2016 年第 1 期。

② 叶南客:《共享发展理念的时代创新与终极价值》,《南京社会科学》2016 年第 1 期。

③ 秦宣:《改革必须依靠人民改革成果必须由人民共享——社会主义改革的历史经验(三)》,《中共福建省委党校学报》2007 年第 11 期。

④ 王瑾:《共享发展:让群众有更多的获得感》,《当代世界与社会主义》2016 年第 2 期。

⑤ 杨嘉懿、李家祥:《以"五大发展理念"把握、适应、引领经济发展新常态》,《理论月刊》2016 年第 4 期。

扩大社会需求,为推进经济持续发展提供支撑。① 在张来明看来,共享发展可以为经济增长带来一个更稳定的社会环境、更好的人力资本基础和更良好的消费支撑,所以他认为坚持共享发展是促进经济社会可持续发展动力的重要保障。② 颜晓峰从共享的作用来看,认为共享能为持续健康发展提供主体支持,促进发展主体与发展价值协调,激发起人民蕴藏的无穷动力。③ 彭清华则从民生角度出发,认为践行共享发展理念,切实保障和改善民生,发挥民生保障的托底作用,能为新常态下的深度调整、结构性改革提供坚强后盾。④ 共享发展理念坚持发展为了人民、发展依靠人民、发展成果由人民共享,使人民在发展中有更多获得感、幸福感,才能够像谷亚光等所说"为经济社会发展注入更多来自人民的深层动力"⑤,才能激发人民齐心协力、共同奋斗的积极性,实现全面建成小康社会的奋斗目标。

(三)社会实践价值:社会公平正义实践推进

共享发展也是维护社会公平正义的价值选择。冯霞认为,共享发展旨在确保人民平等享有发展机会、发展条件和发展成果。⑥ 封寿严也认为,共享并不意味否定效率、追求平均,而是通过理顺那些不合理、不公平的发展机制和分配机制,使人们实现发展起点的公平、发展机制的公平。⑦ 在张贤明看来,改革发展成果共享的程度和状态是衡量社会公平正义实现状况的重要指标,社会公平正义的实现离不开改革发展成果共享的推进。社会公平正义的实现离不开社会秩序和社会合作,而社会秩序和社会合作的前提是社会成员能够共享合作的成果,所以改革发展成果共享是实现社会公平正义的内在要求。⑧ 孔新峰从政治哲学角度论述共享发展的公平性,并突出了政府在解决社会公平

---

① 赵满华:《共享发展的科学内涵及实现机制研究》,《经济问题》2016 年第 3 期。

② 张来明:《坚持共享发展,促进共同富裕》,《中国发展观察》2016 年第 3 期。

③ 颜晓峰:《中国特色社会主义发展规律的新认识》,《中国特色社会主义研究》2016 年第 1 期。

④ 彭清华:《践行共享发展理念切实保障和改善民生》,《当代广西》2016 年第 8 期。

⑤ 谷亚光等:《论"五大发展理念"的思想创新、理论内涵与贯彻重点》,《经济问题》2016 年第 3 期。

⑥ 冯霞:《新发展理念的人本意蕴》,《人民日报》2016 年 3 月 18 日。

⑦ 封寿严:《共享发展不等于"大锅饭"和"高福利"》,《解放日报》2016 年 11 月 11 日。

⑧ 张贤明、邵薪运:《共享与正义:论有尊严地共享改革发展成果》,《吉林大学社会科学学报》2011 年第 1 期。

问题中所起的作用。他指出,"共享发展"的实质是"民享",而"民享"的实质是社会公平正义问题,即实现共享发展离不开社会公平问题的解决。① 刘博总结为:共享发展理念是社会公正在民生领域落实与实践的集中体现,共享就是要借助政策的实施来搭建社会不同群体民主协商的平台,实现社会各方的交流沟通与相互合作,在此基础上最终形成具有共识性的价值观念与社会规范,增进人民团结幸福,进而保证全面深化改革进程的合法性与正义性,实现社会整体利益的最大化与公平化。②

(四)综合实践价值:全面建成小康社会的行动纲领

共享发展理念是全面建成小康社会的行动纲领。刘儒鹏认为,共享发展是全面建成小康社会的有力抓手。只有保证人人享有发展机遇、享有发展成果,全体人民发展的积极性、主动性、创造性才能充分调动起来,全面建成小康社会才有充足的动力。③ 左鹏也持相同观点,并对共享发展的主体和内容进行了补充,认为只有全国十几亿人口"一个都不能少"地共享了经济发展、政治发展、文化发展、社会发展、生态文明发展的成果,"总体小康"才算跃进到"全面小康"。④ 董玲也认为,共享发展同我国全面小康发展目标有着较为积极的契合,全面小康是我国全体人民共享的小康,如果在发展过程中有一个地区、一个人没有达到小康、出现掉队情况,目标则没有实现。⑤ 谷亚光等则看到了共享与全面建成小康社会的内在关系,他们认为共享发展能使人民群众在真切感受到全面小康所带来福利的同时,也必会极大激发人民对全面建成小康社会的勇气与决心,使"发展为了人民、发展依靠人民、发展成果由人民共享",并最终实现共同富裕。⑥

(五)话语权价值:中国话语

2016 年 5 月,习近平总书记在哲学社会科学工作座谈会上的讲话指出要着力构建中国特色的话语体系。能否建构自己的话语体系,直接关系到在国

---

① 孔新峰:《公平政府建设攸关共享发展》,《中国社会科学报》2016 年 3 月 30 日。

② 刘博《共享发展需要经济与社会的平衡》,《学习时报》2015 年 11 月 16 日。

③ 刘儒鹏:《共享发展是全面建成小康社会的基石》,《理论学习》2015 年第 12 期。

④ 左鹏:《共享发展的理论蕴涵和实践指向》,《思想理论教育导刊》2016 年第 1 期。

⑤ 董玲:《坚持共享发展实现民生目标》,《法制与社会》2015 年第 34 期。

⑥ 谷亚光、谷牧青:《论"五大发展理念"的思想创新、理论内涵与贯彻重点》,《经济问题》2016 年第 3 期。

际竞争中能否掌握话语权。一种意识形态是否具有话语权,关键是看它是否真正反映、体现和表达民众的利益诉求,得到人民群众的认同和支持。①

共享发展真正反映与体现了人民利益,能够获得人民的认同,是以人民为中心的发展思想的展现。共享发展为突出解决中国当前及未来的一系列问题提供了作为"十三五"规划的五大发展理念之一,"共享"发展是对"广泛基础增长""益贫式增长""共享式增长"和"包容增长"的有效继承和超越,形成了一个具有鲜明时代特色的"中国话语"②。中国的共享发展理念超越了基于福利平等、资源平等和能力平等的三种共享发展范式③,形成了具有中国特色的新话语。

习近平总书记提出的共享发展新理念,突出发展的根本目的是为了人民,发展的力量是依靠人民,发展的成果由人民共享,就是具有中国特色社会主义政治经济学的新话语、新概念和新理论,迫切需要在与西方相关话语的比较中深度阐发和积极传播。④ 共享发展这一理念是我们党近20年来三个标志性口号("三个代表"重要思想、科学发展观和中国梦)的具体体现,⑤是一个中国特色的新话语。

四、共享发展面临的实现障碍

要找到实现共享发展的有效路径,必须先了解当前共享发展面临的实现障碍是什么,才能"对症下药",发现问题,才能解决问题。对共享发展面临的问题,学者们从各自角度提出了自己的看法。通过对这些观点的梳理可以发现,共享发展面临的实现障碍主要有:从制度层面看,法律保障缺失,收入分配政策偏离公共性;从利益角度来看,利益结构失衡,受既得利益集团阻碍;从具

---

① 余达淮、刘沛妤:《共享发展的思维方式、目标与实践路径》,《南京社会科学》2016 年第 3 期。

② 王维平、张娜娜:《"共享"发展理念下的社会分配》,《西南民族大学学报(人文社会科学版)》2016 年第 6 期。

③ 余达淮、刘沛妤:《共享发展的思维方式、目标与实践路径》,《南京社会科学》2016 年第 6 期。

④ 丁晓钦、程恩富:《共享发展:中国特色社会主义政治经济学的新话语》,《光明日报》2016 年 7 月 6 日。

⑤ 王树义:《财税政策与共享发展》,《北京大学学报(哲学社会科学版)》2016 年第 2 期。

体实践层面看,脱贫难度加大,公共服务供给不足这几个方面。

（一）制度层面障碍

一是法律保障不健全。法律作为一种强制手段,是促进实现共享发展的有力武器。在新的环境下,面对新问题和不公平现象,一些有关公平正义的法律法规还处于真空状态,法律法规的制定落后于现实需要。在市场经济活动中存在灰色地带,部分官员贪污腐败,以非法途径获取私人利益会带来社会不公。张雪强指出,当前劳动者参与社会分配存在不公平,存在法律保障机制的不足。在他看来,促进有关劳动者在就业机会平等、收入公平、保护特殊劳动全体、健全最低工资制度等方面,需要建立更加公平的法律机制。①

二是收入分配政策偏离公共性。公共政策作为调节国民收入分配的重要手段,对调整社会各阶层利益发挥着重要作用,公共性是公共政策的价值追求和本质属性,倘若公共政策偏离公共性,会带来社会资源分配不均及分配利益受损,引发社会冲突。李玲认为,我国出现的居民收入差距和社会分配不公问题,主要原因在于公共政策在运行过程中偏离了公共性,具体表现在:政策公平价值缺失;政策的不当倾斜和偏好;政策体系不完善等方面。②

（二）利益层面障碍

首先是共享主体之间利益关系失衡。黄卫挺认为,共享发展主要针对各种利益不平衡的现实问题。贫富差距扩大是我国发展过程中共享机制不畅的主要表现。我国存在的利益关系失衡主要表现在:一是区域层面的发展不平衡;二是不同主体(政府、企业和个人)之间的分配不平衡;三是居民收入分配不平衡和贫富差距扩大问题。③

其次是受既得利益集团的阻碍。实现共享发展,重点在全体社会成员都实际分享到发展成果,这势必会打破原有的利益格局,引起既得利益集团的干扰与阻碍。在潘峰看来,人民物质文化生活的提高,是检验共享发展是否实现的标准。他认为,共享发展应更加注重分配好发展成果,克服贫富差距和两极

---

① 张雪强:《公平分配中劳动者利益保护法律机制》,《企业经济》2011 年第 1 期。
② 李玲:《当前中国调节收入分配差距的公共政策:存在的问题与完善路径》,《社会主义研究》2015 年第 2 期。
③ 黄卫挺:《共享发展:兑现历史承诺开启共富新篇章》,《中国党政干部论坛》2015 年第 12 期。

分化,实现社会公平正义。然而,在全面深化改革中,存在着阶层和利益固化的藩篱,既得利益集团为满足自己的私利,采取不法手段牟取公共利益,造成包括腐败在内的各种经济犯罪和影响公平正义的体制机制,都会阻碍共享发展的实现。①

(三)实践层面障碍

一是公共服务供给不足。杨雄认为,中国社会已从解决温饱问题的"生存型"社会向以追求更有质量的"发展型"社会转变。我国已经从私人产品短缺时代进入公共产品短缺时代,但相应的社会制度还不适应这个时代变化的趋势。公共产品短缺成为阻碍扩大内需、制约发展方式转变的一个重要因素。他还指出,中国逐渐步入经济新常态,增长速度告别高速增长,经济改革的压力和速度都将加大。②

二是脱贫攻坚难度加大。十八届五中全会承诺,到 2020 年实现农村人口全部脱贫,脱贫是实现全面建成小康社会的必然要求,也是实现共享发展的重点工作。在新时期,我们必须清楚地看到脱贫面临的问题。刘永富认为,我国目前脱贫面临新的挑战,主要有:脱贫攻坚时间紧任务重、脱贫攻坚面临新环境、扶贫合力尚未形成、精准扶贫体制机制不健全。总的来说就是在不到五年时间实现全国脱贫任务十分艰巨,而且我国目前处于经济下行期,经济增长速度放缓,经济结构亟须调整,相关的制度尚未健全,部分刚脱贫人员处于不稳定状态,社会成员缺乏脱贫自信心,全面脱贫实现全面小康仍面临很大挑战。③

五、共享发展的实现路径

如何破解现实中的共享发展问题?党的十八届五中全会明确提出,坚持共享发展,必须"作出更有效的制度安排",依靠制度的优化与保障来"使全体人民在共建共享发展中有更多获得感"。"共享"的实现不能仅仅依靠思想教育和理论宣传,更需要在具体实践中付诸有效行动。习近平总书记指出:"治

---

① 潘峰:《目标新内涵发展新理念行动新举措——党的"十三五"规划建议的创新亮点》,《理论探索》2016 年第 1 期。

② 杨雄:《经济"新常态"下中国社会发展面临的挑战及政策含义》,《社会科学》2015 年第 7 期。

③ 刘永富:《全力补齐全面建成小康社会的突出短板》,《求是》2016 年第 6 期。

理国家,制度是起根本性、全局性、长远性作用的。""共享发展"理念的实现,归根到底需要有效的制度安排作为坚实后盾。①

(一)完善两大制度安排

1. 完善国家治理现代化机制。党的十八届三中全会提出要实现国家治理体系和治理能力的现代化。国家治理现代化是实现共享发展的重要保障机制。魏志奇认为,发展成果人民共享的现实路径是推进国家治理现代化。促进发展成果人民共享,必须建立起一套以公平正义原则为导向的国家治理体系,具体来说,就是要完善民主权利保障制度、法律监督实施制度;要完善公共财政制度和社会保障制度体系;要完善收入分配制度;要建立科学有效的利益协调机制、矛盾调处机制、权益保障机制。总之,就是要在国家治理过程中体现公平性、普惠性,保障全体人民在各个方面的权益,使人民共建共享改革发展成果。②

2. 坚持和完善基本经济制度。实现"共享发展"需要坚持和完善基本经济制度,一是坚持"国民共进"格局,做大做强公有制经济;二是用好并盘活国有资产,发挥国有资产的基础性和主体性作用;三是发挥公有制经济在民生事业建设中的导向作用。③ 因为"国有企业是绿色发展和共享发展的一个主角",国企是"共享发展"的重要牵动机。④

(二)制度安排的两大核心内容

有学者指出:"要将共享发展从理念落到实处,关键在于构建促进共享发展的体制机制,依靠更有效的制度安排来引导与保障共享发展目标的实现。总体而言,促进共享发展的制度体系主要包括两大部分:一是收入分配制度;二是公共服务及其均等化制度。"⑤

1. 完善收入分配制度。"分配是民生之源",一个科学合理的分配体制才

---

① 张雅勤:《实现共享发展的有效制度安排》,《光明日报》2016 年 4 月 13 日。
② 魏志奇:《发展成果人民共享的理论建构》,《求实》2015 年第 1 期。
③ 侯为民:《立足完善基本经济制度实现共享发展》,《思想理论教育导刊》2016 年第 3 期。
④ 杨承训、杨承谕:《落实"五大理念"必须发挥和扩展国企优势——"十三五"期间国有企业发展问题研究》,《毛泽东邓小平理论研究》2016 年第 1 期。
⑤ 潘文轩:《以有效的制度安排促进共享发展》,《文汇报》2015 年 11 月 29 日。

能够保证公众的生活幸福安康,才能让贫富差距缩小,让改革发展成果惠及全民。① 实现共享发展离不开收入分配制度的完善,要逐步扩大中等收入者比重,形成合理的社会结构;加强和完善制度建设,缓解贫富分化,合理调整国有部门的分配关系和分配秩序。② 共享发展的理念,注重的是解决社会公平正义问题,强调的是对社会资源公平、公正的分配。要科学设计社会再分配制度,通过税收调节制度、公共财政制度、利益补偿制度等社会财富再分配制度,充分发挥制度所蕴含的公共性与公正性在再分配领域的调节作用,解决好区域差距、城乡差距与行业差距等发展不均衡的问题。③ 有学者指出,收入分配制度是共享发展的分享机制。健全共享发展的分享机制要进一步完善收入分配制度、进一步完善收入分配调节监管机制。④

2. 完善公共服务均等化制度。当前,民生问题在我国显得尤为突出,医疗、教育、就业、扶贫、住房、养老、食品安全等问题严重制约了人民共享改革发展成果的实现。因此,要使全体人民在共建共享发展中有更多的获得感,就必须从解决人民最关心、最直接、最现实的利益问题入手。⑤ 民生问题主要是公共服务问题。十八届五中全会决议指出:增加公共服务供给、实施脱贫攻坚工程、提高教育质量、促进就业创业、缩小收入差距、建立更加公平更可持续的社会保障制度、推进健康中国建设、实施食品安全战略、促进人口均衡发展。从这些方面可以看出,扶贫、教育、社会保障等公共服务均等化制度安排至关重要。

公共服务均等化制度引起了学者的重点关注:

首先,社会保障制度完善。林义认为,未来的社会保障要坚持全覆盖、保基本、多层次、可持续的基本方针,要遵守立法先行、政府主导、责任分担等基本规律,重视管理与服务功能的提升。即通过建立与完善更加公平可持续的社会保障制度,以促进共享发展的实现。⑥

其次,公平的教育制度完善。为实现共享发展提供制度保障,"十三五"时

① 袁华明:《优化分配制度共享发展成果》,《杭州日报》2008 年 3 月 18 日。
② 王瑾:《共享发展:让群众有更多的获得感》,《当代世界与社会主义》2016 年第 2 期。
③ 张雅勤:《实现共享发展的有效制度安排》,《光明日报》2016 年 4 月 13 日。
④ 赵满华:《共享发展的科学内涵及实现机制研究》,《经济问题》2016 年第 3 期。
⑤ 张雅勤:《实现共享发展的有效制度安排》,《光明日报》2016 年 4 月 13 日
⑥ 李慧:《社保改革:如何践行共享发展理念》,《光明日报》2015 年 12 月 3 日。

期应当加强以下几方面的制度建设。一是建立健全公平教育制度;二是完善劳动标准和就业制度;三是改进收入分配和调节制度。① 尽快提升教育事业的公平性,促进并维护充分平等的就业,继续深化收入分配制度改革,加快健全社会保障体系,努力推进基本公共服务均等化,都应当成为新时期实现共享发展的基本制度保障。②

再次,完善劳动公平就业制度。共享发展成果离不开劳动就业制度的完善。劳动还是谋生的手段,劳动就业制度的完善与否直接关系到劳动者的收入差距是否扩大。当前劳动就业市场的分割严重阻碍了共享发展成果的实现。必须处理好增强劳动力市场灵活性与劳动力市场分割持续发展的矛盾、完善市场评价要素贡献并按贡献分配的机制与缩小劳动收入差距的矛盾、"新常态"下劳动要素驱动力下降的客观规律与促进并保护就业现实需要的矛盾,破解这三组矛盾,实现发展成果由全体劳动者共享③,必须更好地发挥政府的作用,统筹城乡发展,改革户籍制度,建立城乡一体的劳动力市场。④

(三)实现制度安排的两大关键机制

1. 利益机制。何志强指出,建立全体人民共享发展成果的三个机制:一是利益表达机制;二是利益平衡机制;三是利益协调机制。⑤ 在蒯正明看来,加强人民共享成果,需要公平的利益机制,除了合理的利益表达机制和利益协调机制外,还要完善科学的决策机制,以及公平的利益分配机制。⑥ 赵建杰也认为,协调利益关系、实现公平正义的机制包括:利益分配机制和利益表达机制。⑦

2. 扶贫机制。能否脱离贫困直接关系到共享发展能否实现。李再勇认为,精准扶贫、有效脱贫是共享发展的路径选择。他指出实现脱贫需要从三个

---

① 郑志国:《完善共享发展的制度体系》,《南方日报》2015 年 12 月 7 日。
② 张宝文:《通过制度安排着力促进共享发展》,《人民政协报》2016 年 4 月 27 日。
③ 肖潇:《共享发展成果须处理好劳动力市场中的三组矛盾》,《山东社会科学》2016 年第 2 期。
④ 王瑾:《共享发展:让群众有更多的获得感》,《当代世界与社会主义》2016 年第 2 期。
⑤ 何志强:《建立全体人民共享发展成果的机制》,《中共贵州省委党校学报》2006 年第 1 期。
⑥ 蒯正明:《保障人民共享 30 年改革发展成果利益的机制构建》,《吉首大学学报(社会科学版)》2008 年第 93 期。
⑦ 赵建杰:《当前中国社会利益关系存在问题的原因及对策》,《东岳论丛》2009 年第 6 期。

方面努力:一是扶智,即党员干部要有消除贫困的自信心和可行的发展思路;二是聚焦,即精准识别扶贫对象,提升扶贫的科学性;三是改革,激发发展内生力,调动困难群众脱贫积极性。①

六、总结与展望

综上所述,国内学术界从各自的学术背景和研究方向出发,对"共享发展"进行了多角度的研究,取得了比较丰富的研究成果。这主要表现在:其一,对共享发展的基本内涵进行了全面解读,阐述了共享发展的全民性、全面性、差异性、参与性四个特性,并对与共享发展相混淆的几组概念的辨析,使得共享发展基本内涵的呈现更加清晰;其二,对共享发展的理论意义和实践价值进行了深入挖掘,使得共享发展的价值得到充分展现,也使共享发展的必要性和迫切性更加突出;其三,对共享发展的问题进行分析,找到阻碍共享发展的因素,探寻共享发展的阻力,进而对症下药;其四,对共享发展的实现路径进行探索,从国家治理、基本经济制度、运行机制三个不同方面层层深入,为共享发展的实现提供了有效的实践价值。同时,由于共享发展理念提出时间不长,国内学术界相应的研究也还不够深入,既有的研究总体而言还有待拓展和推进。笔者认为,今后国内学术界应在以下三个方面加大研究力度。

首先,从研究内容来看,要重点加强对共享发展的实证研究。共享发展理念提出以来,学术界研究的内容主要集中在共享发展的形成过程、理论基础、基本内涵、现实意义、实现路径等方面,学者们的研究成果不断增加,探讨的视角不断扩展。但也应看到,目前学术界对共享发展的研究还处于比较分散、零星的阶段,涉及具体层面、操作层面仍需要很大努力,特别是有关共享发展的评价体系研究更是缺少。

共享发展理念旨在增强人民福祉,提高人民生活水平,让全体人民在发展过程中拥有更多的获得感。"获得感"既需要人民的主观感受,更需要客观的评价指标,然而,现有的文献中很少有对共享发展评价体系的研究内容,因此有关学者应更加关注对共享发展的评价体系研究,找到更科学合理的评价指标和方法,为决策者和执行者提供全面、准确的共享实现水平信息,为共享发

---

① 李再勇:《精准扶贫共享发展》,《理论视野》2015 年第 12 期。

展理念在实践中的运用提供有效参考。同时,学者应加强对共享发展落实到具体操作层面的对策和方法研究,切勿泛泛而谈,缺乏实际运用价值。

其次,从研究深度来看,要深化对共享发展的历史维度研究。众多学者都从宏观上描述了共享发展的发展轨迹,以新中国历代主要领导人的讲话和中共会议为主要内容,对有关共享发展的形成过程进行了描述。但是大部分的学者都只是描述事实,而没有概括性的总结和分析;全是直接引用领导人讲话和文件摘要,既没有进行理论归纳,也没有进一步的解释与阐发,这难以对共享发展的内涵有科学把握和正确领会。

因此,应当关注对共享发展的阶段性和整体性研究,把共享发展置于党的历史中,根据中国不同的历史时期情况,把握共享发展侧重点不同的现实及原因,并作出阶段性总结,这样才有利于从整体上把握共享发展的历史轨迹,深刻剖析共享发展在各个阶段的基本内涵、本质特征、意义及不断深化的逻辑,为十八届五中全会提出的共享发展理念提供较为准确的解读。

最后,从研究方法看,应注重对共享发展的比较研究。当前,国内学术界关于共享发展的研究,主要运用的研究方法是规范研究法、文献研究法和历史研究法。今后,要增强共享发展的指导价值还需注重运用共享发展的比较研究。比较研究分为纵向比较与横向比较。在比较中国共享发展理念与西方国家提倡福利社会的不同主张中,应看到国外某些国家在社会福利与社会保障等方面积累了不少经验和教训,这些经验和教训对于中国贯彻共享发展理念具有很好的借鉴意义和启发价值。同时也应保持理智,对西方的理论与经验进行有区别、有选择的借鉴。

（原载于《当代世界与社会主义》2016年第4期）

论共享发展理念的内涵、理论根基与实践路径

——基于历史唯物主义的视角*

党的十八届五中全会明确提出了创新、协调、绿色、开放、共享五大发展理念。特别是共享发展理念的提出,对推动中国经济社会发展、全面建成小康社会具有重大的理论意义和现实意义。当前对共享发展理念的解读应上升到哲学的理论高度:一方面,现实需要哲学的理论指导;另一方面,哲学是时代精神的精华,理应面对当前现实,做出哲学的回应。因此,从历史唯物主义视角对共享发展理念的内涵、理论根基与实践路径等作出深刻解读,这是哲学应尽的时代任务,与此同时,社会发展也急需科学的理论指导,这为该问题的提出赋予了理论意义和现实意义。

一、共享发展理念的内涵

党的十八大以来,中国经济迈入了以"中高速、优结构、新动力、多挑战"为特征的经济新常态发展阶段。在这一历史大背景下,党的十八届五中全会提出了五大发展理念,特别是共享发展理念,对于全面建成小康社会具有重大的价值导向作用。所谓共享发展,是指以人民群众为主体,在全民共有的前提下,通过人民群众的共建过程,最后公平地、全面地、渐进式地享有政治、经济、文化、社会、生态等发展成果。

共享从本质上讲是一个公共性的概念。应该说社会必然带有公共性,然而不同社会阶段其公共性的性质、内容都有所不同。真正能展现全面、本真的

＊ 本文作者:陈琼珍,中山大学马克思主义学院讲师。
　　基金项目:本文受 2015 年度中山大学人文社会科学青年教师桐山基金项目资助。

公共性的社会,人民能拥有和享受高度公共性的应该是共产主义社会阶段。社会主义作为初级阶段的共产主义,在社会生产资料所有制方面实行公有制,即生产资料归全民所有,也是人类社会历史告别资本主义生产资料同生产者分离的状态,重新将生产资料同劳动生产者结合。共享的条件是共建,决定是否能够拥有和享受社会成果的关键在于是否参与社会共建。可以说,社会发展的共享推动人民群众共建,而人民群众共建也促进共享发展。

作为社会发展的重要理念,共享发展有三个方面的重要内容,即公平的共享发展、全民的共享发展、阶段性的共享发展。

1. 保障公平的共享发展

共享发展理念以人民为发展主体,注重解决的是社会公平正义问题,强调中国特色社会主义发展的公平正义价值取向。"昔先圣王之治天下也,必先公。公则天下平矣。平得于公。"(《吕氏春秋》)发展成果具有公有性,即社会所有人的共有性;公平性,每个人都能有相同的发展机会,受到平等的对待。在现实层面,由于每个人现实初始条件的不同,即使有相同的发展机会、受到平等的对待,还是存在机会不均等的现象。为了解决这样的问题,党和政府应该采取必要的行动,改善弱势群体的状况。保障每个公民都能均等、公平地享受发展成果,这是共享发展理念的题中应有之义。

2. 注重共享发展理念的全面性

共享发展理念坚持发展成果的共享,包括经济、政治、社会、文化和生态文明等方面,满足人民群众日益增长、丰富多样的需要,全方位提高人民群众的生活水平,提高其幸福指数。改革开放以来,人民群众的生活水平有了显著提高,在此基础上,人民群众对生活有了更多、更高的期盼。对这些新需求的满足是社会发展的目标,也是共享发展的着力点。正如习近平总书记指出的:"我们的人民热爱生活,期盼有更好的教育、更稳定的工作、更满意的收入、更可靠的社会保障、更高水平的医疗卫生服务、更舒适的居住条件、更优美的环境,期盼孩子们能成长得更好、工作得更好、生活得更好。人民对美好生活的向往,就是我们的奋斗目标。"①

---

① 习近平:《在十八届中央政治局常委同中外记者见面时的讲话》,《人民日报》2012年11月16日。

3. 明确共享发展的阶段性

在中国这样一个幅员辽阔的发展中国家实现全面的、公平的共享发展,不是一朝一夕就能实现的,需要持久艰苦的奋斗过程。当前"发展就是硬道理"已成为全民共识,人们都普遍认同只有发展才能增强综合国力、创造人民幸福生活。而当下的问题侧重于如何才能实现更合理化的发展。当前,中国的发展存在不少问题,贫富分化、地域发展不平衡、生态破坏等,都是影响共享发展的重要因素。因而,共享发展一方面不可能一蹴而就,必须经历一个由不平衡趋向平衡的过程,逐步削减有违全面、公平分享发展成果的现象;另一方面,我们应该坚定共享发展的信心,以科学理念为指导,在实践中全力以赴,克服艰难险阻,如期实现社会主义全面小康社会的建设目标,实现中国梦。

二、共享发展理念的理论根基

共享发展是中国共产党人在准确理解马克思主义理论的基础上,遵循历史唯物主义,在新的社会历史条件下,认真总结历史经验,以人民群众为社会主体,始终坚持发展依靠人民群众,发展为了人民群众的宗旨。因此,共享发展理念的提出是马克思主义中国化的一次理论创新。

1. 共享发展理念与马克思主义社会发展目标相一致

谋求人类解放以及追求人的自由全面发展是作为终极价值诉求贯穿于马克思主义研究的始终。共享发展同马克思的理念相一致,共享发展同样以人的自由全面发展为目标。特别是我国社会主义发展取得突出成就的今天,在为社会主义事业欢欣鼓舞的同时,中国共产党人也清醒地认识到发展存在的不足,比如区域发展不平衡、贫富差距扩大等诸多影响社会和人的共享式的发展问题迫在眉睫,离开共享式发展,让发展成为少数人谋求利益、积累财富的手段,必然影响社会主义事业。只有始终将人的自由全面发展作为共享发展的价值归宿。

2. 共享发展强调人民群众是历史的创造者,人民群众理所当然是社会财富的共享者

历史唯物主义的基本原理告诉我们:社会历史在生产力与生产关系、经济基础与上层建筑的矛盾运动中进行。不少人错误的将市场、资本看作是社会主义经济建设的根本力量,或者认为英雄是社会历史的创造者。我们必须厘

清这种错误认识,明确历史的主体是人民,是人民的历史活动创造了历史。在资本主义社会,社会财富的创造者和享有者分属不同阶级。财富创造者不能充分享有自己创造的财富,而剥削阶级作为社会财富的享有者没有付出相应的劳动,却能享有大多数的社会财富。这种创造和享有的分裂,正是阶级社会不公正的突出表现。社会主义消灭私有制、消灭剥削,也就消灭了成果创造者和共享者分离的物质基础,第一次在人类历史上实现社会历史成果创造者和分享者统一,实现了社会公平正义,也能最大限度地团结最广大人民群众,凝集人民群众的力量,为社会主义添砖加瓦。

3. 共享发展理念对社会生产力有促进作用

社会存在决定社会意识,社会意识反作用于社会存在。共享发展理念作为人类意识,随着客观世界的变化发展而不断变化发展并深入推进,作用于客观世界。自邓小平同志提出"发展是硬道理"以来,发展成为中国社会最重要的问题,而如何发展也就成为考验党和政府的重大理论问题。按照新时期发展的实际状况,党的十七大确定科学发展观为党的指导思想,指导中国经济社会的发展方向。随着社会经济的进一步发展,不可避免地出现了一系列新问题,经济新常态已成为客观状况,因而催生了新的发展理念。正如习近平总书记指出:"新常态是一个客观状态,是我国经济发展到今天这个阶段必然会出现的一种状态,是一种内在必然性,我们要因事而谋、因势而动、因势而进。"①在新的历史条件下,五大发展理念逐渐成为人民的共识。特别是共享发展理念,回答了发展目的这一根本性问题,社会发展的价值取向是人民,与此同时侧重发展成果分配遵循公平分配原则。只有共享原则的彻底贯彻落实,才能从根本上激发人民群众的创造动力,不断提高社会生产力,促进社会的发展。这也体现了社会意识对社会存在的反作用。

4. 共享发展理念体现社会主义的公共性本质

社会主义是迄今为止公共性发展最充分的社会阶段。马克思提到社会主义是以"对生产资料的共同占有"即公有制为基础,"随着联合起来的个人对全部生产力的占有"②,共享发展充分体现了全民对社会全部生产力的占有,这

---

① 习近平:《习近平在省部级主要领导干部学习贯彻十八届五中全会精神专题研讨班上的讲话》,《人民日报》2016 年 1 月 18 日。

② 马克思、恩格斯:《马克思恩格斯文集》第 1 卷,人民出版社 2009 年版,第 582 页。

种占有并不是抽象的占有,而是具体的占有全部生产力,即"在协作和对土地及靠劳动本身生产的生产资料的共同占有的基础上"①。邓小平同志明确指出贫穷不是社会主义,社会主义的本质是解放生产力,发展生产力,消灭剥削、消除两极分化,最终达到共同富裕。只有明确发展成果为人民共享,才能激发人民的创造力,促进社会生产力的发展,积极创造更多更好的社会财富和文明成果。人民创造的成果数量越多、质量越高,也就意味着人民共享的质量和水平会越高。两者相互促进,使改革发展朝着社会主义现代化国家的建设目标和人民幸福的方向不断推进。坚定共享发展理念,使改革发展成果更多、更公平地惠及全体人民,只有这样才能真正显示出社会主义制度的优越性。

三、共享发展理念的实践路径

在新的历史条件下,在建设中国特色社会主义现代化国家的过程中,共享发展理念实施的核心是国家,而国家真正要将发展的成果惠及全体人民,必须将共享发展理念贯彻到经济建设、政治建设、社会建设、生态文明建设、文化建设及外交建设等诸多领域。

1. 经济建设方面

贯彻共享发展理念要求在经济发展上始终以人民生活水平提高为目的,并逐步实现共同富裕。解决社会经济发展中创造者同享有者分离的问题,明确人民群众作为物质财富的创造者的同时,充分享有创造的物质财富。

2. 政治建设方面

贯彻共享发展理念就是要以全心全意为人民服务为根本宗旨。履行执政为民原则,因为一切权力都是人民赋予的,要为人民用好权,习近平同志指出,"让人民监督权力,让权力在阳光下运行,把权力关进制度的笼子里。"②真正做到权为民所用、情为民所系、利为民所谋。

3. 社会建设方面

贯彻共享发展理念,就是要关注民生、重视民生、保障民生、改善民生。党的十八大报告指出,加强社会建设,必须以保障和改善民生为重点。要多谋民

---

① 马克思、恩格斯:《马克思恩格斯全集》第44卷,人民出版社1979年版,第874页。
② 习近平:《在庆祝全国人民代表大会成立60周年大会上的讲话》,人民出版社2014年版,第12页。

生之利,多解民生之忧,解决好人民最关心最直接最现实的利益问题,在学有
所教、劳有所得、病有所医、老有所养、住有所居上持续取得新进展,努力让人
民过上更好的生活。面对存在的两极分化等问题,国家必须继续深化改革分
配制度,建立起更加完善的社会保障体系,切实有效地解决地区之间、部门之
间的利益矛盾和社会成员收入分配两极化的问题。

4. 文化建设方面

贯彻共享发展理念就是要让人民共享文化发展的成果。社会主义的发展
绝不仅仅是追求物质的充裕,还包括精神生活的多样性和文化品质的提高。
因而,邓小平同志强调物质文明和精神文明"两手抓、两手都要硬"。人民群众
除了享有经济权益、政治权益外,还理应享有文化权益。当前,国家大力建设
社会主义先进文化,建设社会主义文化强国,目标在于"丰富人民精神世界、增
强人民精神力量"①。这也是新的历史条件下对共享文化发展的新要求。

5. 生态文明建设方面

共享发展理念遵循人与自然和谐发展的理念,发展目标是让人民共享青
山绿水、美好生态环境。自然与人民群众的生活质量息息相关,同整个社会的
和谐稳定紧密相连。早在一百多年前,恩格斯就告诫人类,"我们不要过分陶
醉于我们人类对自然界的胜利,对于每一次这样的胜利,自然界都对我们进行
了报复。"②杜绝先污染后治理的错误理念,倡导保护环境、改善生态环境,就
是保障民生、提高生活质量的新理念。此外,生态环境最能体现共享发展的公
共性,习近平同志指出,"良好的生态环境是最公平的公共产品,是最普惠的民
生福祉"③。让人民共享生态美,是实现中国社会可持续发展、绿色发展的必
然要求。

6. 合作共赢的共享发展

合作共赢的共享发展,是指中国同世界各国在合作共赢原则下携手并肩
维护更持久的和平,建设更加繁荣的世界。随着中国社会经济的发展,综合国
力由弱变强,中国国际地位不断提升。然而,新的历史条件下,新问题不断涌

---

① 习近平:《习近平在中共中央政治局第十二次集体学习时强调》,《人民日报》2014 年 1
月 1 日。
② 马克思、恩格斯:《马克思恩格斯选集》第 1 卷,人民出版社 1995 年版,第 383 页。
③ 《良好生态环境是最普惠的民生福祉》,《光明日报》2014 年 11 月 7 日。

现。在外交方面,"中国威胁论"甚嚣尘上。习近平总书记指出:"世界各国联系紧密、利益交融,要互通有无、优势互补,在追求本国利益时兼顾他国合理关切,在谋求自身发展中促进各国共同发展,不断扩大共同利益汇合点……要积极创造更多合作机遇,提高合作水平,让发展成果更好惠及各国人民,为促进世界经济增长多作贡献。"①中国的发展需要与国家之间的合作,而合作是靠共赢来保证的。因此,我们应认识到不仅要在国内的合作中实现共赢和共享,也要在国际合作中实现共赢和共享。零和游戏、赢家通吃原则在今天没有市场。合作共赢、共享成为更为有效的国际规则。中国政府一贯坚持改革开放、独立自主的和平发展原则,永不称霸,愿与世界各国一道建设和平的世界。新的历史条件下,2013年,习近平总书记提出建设"新丝绸之路经济带"和"21世纪海上丝绸之路"的战略构想,即"一带一路"。"一带一路"战略,正是贯彻落实共享发展理念,放弃零和博弈思维,秉承共赢原则,因此,不仅对中国社会经济发展有积极作用,更是对维护全球秩序,促进世界多极化、经济全球化、文化多元化和发展模式多样化具有重大的意义。

共享发展是在中国共产党人认真总结中国社会发展的经验教训的基础上,在面对新时期新挑战的背景下对历史唯物主义的继承和发展。共享发展理念是中国共产党人面对新时期的新问题,提出的新理论,是马克思主义中国化的新理论成果,为中国特色社会主义事业的发展提供理论和实践保障。

(原载于《新疆社科论坛》2016年第6期)

---

① 习近平:《共同创造亚洲和世界的美好未来——在博鳌亚洲论坛2013年年会上的主旨演讲》,人民出版社2013年版,第5页。

共享发展理念的马克思主义世界观方法论探析*

以共享发展理念引领我国发展,维护社会公平正义,保障发展为了人民、发展依靠人民、发展成果由人民共享,这是全面建成小康社会、建设和发展中国特色社会主义以及实现中华民族伟大复兴中国梦的必然要求和根本目的。"五大发展理念"把"共享"作为发展的出发点和落脚点,体现了"十三五"发展目标的核心价值,充分体现了马克思主义的基本立场、观点和方法,体现了中国特色社会主义的本质要求和以人民为中心的发展思想。共享发展理念是全民共享、全面共享、共建共享、渐进共享的辩证统一,是马克思主义世界观和方法论在发展问题上的科学运用。

一、共享发展理念体现了马克思主义的基本立场

坚持马克思主义世界观方法论,首先就要坚持马克思主义的基本立场,即人民大众的立场。这个立场和马克思主义的创始人——马克思的人生理想和价值追求是分不开的。恩格斯在《在马克思墓前的讲话》中,对马克思有一个评价:"马克思首先是一个革命家。他毕生的真正使命,就是以这种或那种方式参加推翻资本主义社会及其所建立的国家设施的事业,参加现代无产阶级的解放事业,正是他第一次使现代无产阶级意识到自身的地位和需要,意识到自身解放的条件。斗争是他的生命要素。"①马克思为什么要成为一个革命家? 这是由他的人生理想和价值追求所决定的,这就是为了人民大众的解放

---

* 本文作者:董振华,中共中央党校哲学教研部。

① 《马克思恩格斯文集》第 3 卷,人民出版社 2009 年版,第 602 页。

和自由。

在马克思、恩格斯看来,资本主义社会中种种不公正、不合理现象产生的根源在于资本主义制度本身所具有的不平等、不自由以及人与人之间剥削与被剥削的关系,生产条件和发展成果都不能由人民共享。因此,马克思主义自产生之日起,就以推翻资本主义制度,建立共同富裕、人人共享的新社会为目标。正如马克思、恩格斯在《共产党宣言》中所指出的:"代替那存在着阶级和阶级对立的资产阶级旧社会的,将是这样一个联合体,在那里,每个人的自由发展是一切人的自由发展的条件。"①马克思在《资本论》中又进一步明确指出,未来的共产主义,是"以每个人的全面而自由的发展为基本原则的社会形式"。②

1894 年 1 月 9 日,恩格斯在致朱泽培・卡内帕的信中,答复他们要求"用简短的字句来表达未来的社会主义纪元的基本思想"时,又一次强调,如果要用一句话来描述未来社会,"除了《共产党宣言》中的下面这句话,我再也找不出合适的了:'代替那存在着阶级和阶级对立的资产阶级旧社会的,将是这样一个联合体,在那里,每个人的自由发展是一切人的自由发展的条件。'"③在马克思、恩格斯所设想的理想社会中,每个人在自由全面发展的基础上,通过"自由人"的"联合体"共建共享社会发展成果。

不仅如此,他们还指出了实现共享的基本条件和具体路径。恩格斯在为马克思《雇佣劳动与资本》所写的单行本导言中指出,"在人人都必须劳动的条件下,人人也都将同等地、愈益丰富地得到生活资料、享受资料、发展和表现一切体力和智力所需要的资料。"④他们认为,只有通过无产阶级运动推翻资本主义制度,建立共产主义制度,才能真正实现社会的公平,因为"无产阶级的运动是绝大多数人的、为绝大多数人谋利益的独立的运动"⑤,社会主义和共产主义能"保证一切社会成员的富足",能够"结束牺牲一些人的利益来满足另一些人的需要的状况;彻底消灭阶级和阶级对立;通过消除旧的分工,通过产业

---

① 《马克思恩格斯选集》第 1 卷,人民出版社 1995 年版,第 294 页。
② 《马克思恩格斯选集》第 2 卷,人民出版社 1994 年版,第 239 页。
③ 《马克思恩格斯选集》第 4 卷,人民出版社 1995 年版,第 730－731 页。
④ 《马克思恩格斯选集》第 1 卷,人民出版社 1995 年版,第 330 页。
⑤ 《马克思恩格斯选集》第 1 卷,人民出版社 1995 年版,第 283 页。

教育、变换工种、所有人共同享受大家创造出来的福利,通过城乡的融合,使社会全体成员的才能得到全面发展"。① 而要做到这一点,就必须进行革命性实践,因此,马克思立志成为一个坚定的革命家,一生宣传革命、投身革命事业。正如马克思、恩格斯在《德意志意识形态》中所说的那样:"对实践的唯物主义者即共产主义者来说,全部问题都在于使现存世界革命化,实际地反对并改变现存的事物。"②

由此可见,实现每个人的自由全面发展,是马克思主义理论一以贯之的最高理想、价值追求和逻辑起点,共建共享发展成果是未来理想社会的基本特征。共产主义社会坚持以每个人的全面而自由的发展为基本原则,坚持全体社会成员联合占有生产资料,坚持全体社会成员参与民主管理,坚持全体社会成员共同占有劳动产品,这为实现发展成果由人民共享提供了条件。

虽然马克思主义在不同历史时期、针对不同的时代课题具有不同的理论形态,但马克思主义的基本立场、观点和方法是始终贯穿其中,一脉相承的:从马克思、恩格斯在《共产党宣言》中明确提出共产党人始终坚持为无产阶级、为绝大多数劳动人民谋利益,到列宁强调党是无产阶级的先进部队,要为人民群众服务、代表他们的利益;从毛泽东同志关于共产党人必须全心全意为人民服务的重要思想,到邓小平同志关于必须把人民拥护不拥护、赞成不赞成、高兴不高兴、答应不答应作为衡量改革和一切事业根本标准的重要思想,到江泽民同志关于中国共产党必须始终代表最广大人民根本利益的重要思想,到胡锦涛同志关于发展为了人民、发展依靠人民、发展成果由人民共享的重要思想。而以习近平为核心的党中央领导集体更是明确提出,人民群众对美好生活的向往就是我们的奋斗目标。从中我们可以清楚地看到一条一脉相承又与时俱进的思想主线,这就是:始终站在人民大众立场上,一切为了人民、一切相信人民、一切依靠人民,诚心诚意为人民谋利益。这就是马克思主义的根本出发点和落脚点,也就是基本的政治立场。正如习近平一再强调的,"始终站在人民大众立场上,始终不脱离、不动摇这个立场,这是共产党人掌握马克思主义世

---

① 《马克思恩格斯文集》第 1 卷,人民出版社 1995 年版,第 689 页。
② 《马克思恩格斯选集》第 1 卷,人民出版社 1995 年版,第 75 页。

界观的重大问题"。① 我们一代一代共产党人正是始终坚守着马克思主义的这一根本立场,不断带领和团结人民群众进行革命、建设、改革和发展,从一个个胜利走向了更大的胜利。可见,我们所强调的共享发展理念,即发展为了人民、发展依靠人民、发展成果由人民共享,正是马克思主义核心价值追求在当代中国特色社会主义伟大实践中的体现。

二、共享发展理念是中国特色社会主义的本质要求

习近平指出,"中国特色社会主义是社会主义而不是其他什么主义,科学社会主义基本原则不能丢,丢了就不是社会主义。一个国家实行什么样的主义,关键要看这个主义能否解决这个国家面临的历史性课题。"②

那么,什么是社会主义呢? 社会主义就是共产主义的初级阶段。对于共产主义,恩格斯 1847 年 10 月—11 月间完成的《共产主义原理》中明确指出,"第一问题:什么是共产主义?""答:共产主义是关于无产阶级解放的条件的学说。"③也就是说,共产主义是一门研究如何实现无产阶级和人类解放的学问。让无产阶级摆脱奴役和压迫,成为这个世界的主人,这就是马克思主义这一学说的全部使命。正如恩格斯所说:"完成这一解放世界的事业,是现代无产阶级的历史使命。"④这个使命就是让人民大众摆脱人类社会和思想的奴役和压迫,成为自由全面发展的人。马克思主义是关于无产阶级革命和人类解放的理论和纲领体系。什么是马克思主义、什么是社会主义,这两个问题实际上是一个问题。邓小平说过:"马克思主义的另一个名字叫共产主义。"⑤马克思主义是灵魂,社会主义是载体,马克思主义是价值追求,而社会主义是实现方式。如果马克思主义离开了社会主义,它只能成为空想,只能成为空中楼阁;如果社会主义没有了马克思主义就会丢魂,就会走邪路。所以,社会主义就是实现马克思主义的手段,也就是说要为人民大众谋福利,要为人民大众的解放而进

---

① 《深入学习中国特色社会主义理论体系,努力掌握马克思主义立场观点方法》,《求是》2010 年第 7 期。
② 《在发展中国特色社会主义实践中不断发现、创造、前进》,《人民日报》2013 年 1 月 6 日。
③ 《马克思恩格斯选集》第 1 卷,人民出版社 1995 年版,第 230 页。
④ 《马克思恩格斯选集》第 3 卷,人民出版社 1995 年版,第 760 页。
⑤ 《邓小平文选》第 3 卷,人民出版社 1993 年版,第 173 页。

行制度设计。

马克思主义所追求的人类解放主要从两个方面展开。

第一,通过发展生产力特别是科学技术,实现人对与自然界之间物质交换关系的有效控制,把人从自然界的盲目必然性的奴役中解放出来,使人"成为自然界的主人"。邓小平指出:"什么叫社会主义,什么叫马克思主义?我们过去对这个问题的认识不是完全清醒的。马克思主义最注重发展生产力。我们讲共产主义,共产主义的含意是什么?就是各尽所能,按需分配。这就要求社会生产力高度发展,社会物质财富极大丰富。所以,社会主义阶段的最根本任务就是发展生产力。社会主义的优越性就是体现在它的生产力要比资本主义发展得更高一些、更快一些。如果说我们建国以后有缺点,那就是对发展生产力方面有某种忽略。社会主义要消灭贫穷。贫穷不是社会主义,更不是共产主义。"①

第二,通过革命性实践摆脱社会中阶级的奴役和压迫,使人成为"自己的社会结合的主人",让人民大众共享改革和发展的成果,实现个人的全面发展。中国共产党从诞生之日起就以共享和追求共同富裕为己任,一直把发展成果由人民共享看作是社会主义的内在本质要求。改革开放以来,发展成果由人民共享的理念得到进一步发展。1987年邓小平就指出,"社会主义发展生产力,成果是属于人民的。……我们的目的是共同富裕。"②尤其党的十八大把科学发展观确立为党和国家必须长期坚持的指导思想以来,习近平进一步指出,"人民对美好生活的向往就是我们的奋斗目标"。③发展成果由人民共享是中国特色社会主义的出发点和终极目标,是中国特色社会主义的本质要求,也充分反映了我们党在中国特色社会主义道路上的探索和实践中,对社会发展和社会建设科学规律认识的不断深化。

这两个解放是互相贯通、互相交织的。这就要求社会主义必须坚持生产力标准和人民利益标准的统一,物的尺度和人的尺度的统一,合规律性和合目的性的统一,即在发展生产力的基础上让广大人民群众共享发展的成果。正

---

① 《邓小平文选》第3卷,人民出版社1993年版,第63页。
② 《邓小平文选》第3卷,人民出版社1993年版,第255页。
③ 习近平:《摆脱贫困》,福建人民出版社1992年版,第16-17页。

如邓小平所指出的,"社会主义原则,第一是发展生产,第二是共同致富。"①这个论点他在南方谈话中再次重申:"社会主义的本质,是解放生产力,发展生产力,消灭剥削,消除两极分化,最终达到共同富裕。"②中国特色社会主义的辉煌成就,充分说明了中国特色社会主义是在当代中国实现马克思主义根本价值追求的科学道路,也是科学社会主义在中国的成功实践,充分体现了共享这一社会主义的本质要求。

三、共享发展理念是唯物辩证法在发展问题上的科学运用

共享是中国特色社会主义的本质要求,它不能建立在追求绝对平等的空中楼阁之上,而只能建立共享发展理念的马克思主义世界观方法论探析在全体人民共同奋斗、经济社会发展的基础之上。共享发展是中国共产党人针对新的发展要求提出的科学发展理念。坚持以人民为中心的发展思想,就要坚持人民主体地位,按照人人尽力、人人享有的要求,充分调动一切积极因素,凝聚全面建成小康社会的强大力量,在共建中不断实现共享。这是一个从不均衡到均衡的渐进过程,是唯物辩证法"两点论"与"重点论"的统一、"平衡"和"不平衡"的统一、"连续性"和"阶段性"的统一、"目的"和"手段"的统一的原理在发展问题上的科学运用。

第一,共享发展既不是"单打一",也不是"均衡论",而是"两点论"与"重点论"相统一的统筹兼顾。唯物辩证法要求用联系的而不是孤立的观点看问题。事物是普遍联系的,任何一方面的发展都与其他方面的发展相联系、相依存。事物作为一个系统而存在和发展,组成系统的各个要素在事物发展过程中的地位和作用是不同的,有主导要素也有非主导要素。也就是说,有主要矛盾和矛盾的主要方面,也有次要矛盾和矛盾的次要方面,主要矛盾和矛盾的主要方面规定和制约着次要矛盾和矛盾次要方面的存在和发展,对事物的发展起主导和决定作用。主要矛盾和矛盾的主要方面解决得好,次要矛盾和矛盾的次要方面就可以比较顺利地得到解决;反过来,次要矛盾和矛盾次要方面的问题解决得如何,又会直接影响主要矛盾和矛盾主要方面问题的解决。我们

---

① 《邓小平文选》第 3 卷,人民出版社 1993 年版,第 172 页。
② 《邓小平文选》第 3 卷,人民出版社 1993 年版,第 373 页。

看待一切问题、处理所有事情,都要坚持"两点论"和"重点论"相统一。对发展中的各种矛盾,要抓住主要矛盾,同时也要学会"弹钢琴",注意解决次要矛盾。

"十三五"时期是我们全面建成小康社会的决胜阶段。一方面,全面建成小康社会就是要全民共享改革发展成果,全面建成小康社会的核心就在"全面"。这个"全面"既体现在覆盖的人群是全面的,也体现在覆盖的地域是全面的,是不让一个人掉队的全面小康,意味着全国各个地区都要迈入小康社会。因此,我们坚持共享发展必须抓住重点,补齐短板。目前,我国消除贫困的任务依然十分艰巨,贫困人口脱贫已成为全面建成小康社会最艰巨的任务,促进共享发展最基本的要求。另一方面,共享发展是全面共享,必然有关人民生活的方方面面,是"一个方面都不能少"的共享。正如习近平所指出的,"我们的人民期盼有更好的教育、更稳定的工作、更满意的收入、更可靠的社会保障、更高水平的医疗卫生服务、更舒适的居住条件、更优美的环境,期盼着孩子们能成长得更好、工作得更好、生活得更好。"[1]

共享发展涉及经济、政治、文化、社会、生态建设等方方面面,我们要全面推进,同时也要重点突破,在抓住经济建设这个中心的基础上切实解决好民生问题。正如习近平2015年5月27日在浙江召开华东七省市党委主要负责同志座谈会、听取对"十三五"时期经济社会发展的意见和建议时强调指出的,要坚持经济发展以保障和改善民生为出发点和落脚点,全面解决好人民群众关心的教育、就业、收入、社保、医疗卫生、食品安全等问题,让改革发展成果更多、更公平、更实在地惠及广大人民群众。

第二,共享发展既不是"遥不可及",也不是"一蹴而就",而是连续性与阶段性相统一的一个渐进过程。唯物辩证法要求用发展的而不是静止的观点看问题。对于发展要周密策划,围绕实现战略目标正确处理各个阶段的关系,使当前目标的实现为长远目标的实现创造条件,不要急于求成和急功近利。习近平指出,"我们做一切工作,都必须立足当前、着眼长远。我们强调求实效、谋长远,求的不仅是一时之效,更有意义的是求得长远之效。当前有成效、长远可持续的事要放胆去做,当前不见效、长远打基础的事也要努力去做。千万

---

[1] 习近平:《人民对美好生活的向往就是我们的奋斗目标》,《人民日报》2012年11月16日。

不要'空前绝后',出现'前任的政绩,后任的包袱',甚至犯下不可补救的过失,造成不可挽回的损失。"①共享发展不是一蹴而就,是一个渐进的过程。共享不是齐步走,必须立足国情,根据经济社会发展水平进行谋划。

我国正处于并将长期处于社会主义初级阶段,我们既不能重蹈超越阶段、欲速不达的覆辙,也不能只停留在口头上、想法上,必须拿出积极的行动。到2020年全面建成小康社会意味着全国各个地区都要迈入小康社会,而不是一部分地区进入小康社会,其他地区还处在贫困状态。但这并不等于说所有地区在同一天迈入小康社会,全面建成小康社会最艰巨最繁重的任务在农村、特别是在贫困地区,而发达地区则要向更高水平的小康迈进;也不意味着所有小康社会的指标同一天达到,有的指标可能提前实现,有的可能需要一些时日才能实现。尽管有先有后,有快有慢,但必须在整个社会经济持续健康发展的情况下,不断缩小发展差距,从而全面建成小康社会,进而全体人民共享发展成果。正如习近平所强调的,"面对人民过上更好生活的新期待,我们不能有丝毫自满和懈怠,必须再接再厉,使发展成果更多更公平惠及全体人民,朝着共同富裕方向稳步前进。"②

共享发展的目标是实现共同富裕,但也应认识到,从共享走向共同富裕是一个长期过程,任重而道远,不可能一蹴而就。今天,我们促进共享发展,既要明确方向和目标,也要把握好阶段性特征,脚踏实地、一步一个脚印走向共同富裕。

第三,共享发展既不是"两极分化",也不是"平均主义",而是平衡性与不平衡性相统一的共同富裕。唯物辩证法认为,在事物的发展过程中,其内部包含的各种矛盾所处的地位是不平衡的,其矛盾诸方面的发展也是不平衡的。事物发展的不平衡是绝对的,平衡是相对的。同样,共享不是搞平均主义,共享承认差距,但要求把差距控制在合理范围内,防止贫富悬殊。

改革开放之后,群众收入水平、生活质量整体上有了巨大提高。但是,区域之间、城乡之间、不同的行业之间收入差距也呈现不断拉大的趋势。一些群体由于各种原因成为新的贫困人口,一些人产生相对剥夺感,甚至对于改革的

---

① 习近平:《之江新语》,浙江人民出版社2007年版,第86页。
② 习近平:《在纪念毛泽东同志诞辰120周年座谈会上的讲话》,《人民日报》2013年12月27日。

信念产生动摇。当前社会的贫富差距已经影响到公平正义,影响到经济的可持续发展,影响到社会的稳定和谐。只有更加注重社会公平,增加群众的获得感,才能更好地凝聚全面深化改革的思想共识,最终实现全面深化改革中的共享发展。

我们必须在不断做大"蛋糕"的同时把"蛋糕"分好,形成体现公平正义要求、符合共享发展方向的收入分配格局。共享不是平均主义,共享要处理好做大蛋糕和分好蛋糕的辩证关系。共享发展,是我国在经济社会发展到更高水平,对于"效率优先,兼顾公平"发展理念的发展和完善。从 20 世纪 90 年代提出"效率优先,兼顾公平"的分配原则,到党的十八大报告提出"初次分配和再分配都要兼顾效率和公平,再分配更加注重公平",我们党对于效率与公平的辩证关系的认识越来越深刻。生产有效率,蛋糕越做越大,分配才有更大空间;分配讲公平,蛋糕惠及百姓,生产才有更强动力。"做大蛋糕"是前提、是基础,只有把蛋糕做大了,群众提高生活、增加收入、改善居住、扩大就业等最现实、最关心、最直接的需求才有得到满足的可能。分好蛋糕是做大蛋糕的根本目的。在做大蛋糕的同时分好蛋糕,要坚持尽力而为、量力而行,更好地保障和改善民生,使发展成果更多更公平惠及全体人民。没有经济的持续增长,分配就没有可靠的物质基础;没有合理分配,增长也会缺乏持久动力和稳定的社会环境。既不能以放弃经济发展为代价片面追求收入分配的绝对均等化,更不能以收入分配差距过大为代价换取一时的经济增长。共享经济社会发展成果,不仅仅是一个"蛋糕分配"的经济问题、社会问题,更是一个促进社会和谐稳定、增强发展内生动力的政治问题。

第四,共享发展既不是"劳而不获",也不是"福利主义",而是目的与手段相统一的共建共享。共享发展是对资本的逻辑驱动下的不劳而获和劳而不获的不合理现象的批判和否定,但是,共享发展也不是坐享其成的福利主义。共享发展,必须坚持人民的主体地位。中国特色社会主义事业是亿万人民群众共同的伟大事业,必须紧紧依靠人民群众。全体人民作为全面建成小康社会的实践主体,既是价值创造主体也是受益主体,是社会物质财富和精神财富的创造者,也理应成为发展成果的享有者。坚持共享发展,既追求人人享有,也要求人人参与、人人尽力,人人都为国家发展、民族振兴和个人幸福贡献自己的力量。

今天的中国,虽然经济总量已经跃居世界第二、综合国力大幅提升,但还处在社会主义初级阶段,无论人均 GDP 水平、科技教育水平还是生态水平,同发达国家相比都还有较大差距。即使将来经济总量超越美国成为世界第一,我国的人均 GDP 也还不高。我们每个人都不应企望坐享其成,要共享首先要共建。

毋庸讳言,由于目前我们仍然处于社会主义初级阶段,还存在着一些分配不公、贫富分化、发展不平衡等问题。只有不断地解决这些问题,不断地促进社会公平正义,才能保证人人享有发展机遇、发展成果,在发展中有更多获得感,也才能更好地突出人民的主体地位,进而增强发展动力、增进人民团结,朝着全面建成小康社会的目标稳步前进。

共享需要共建,共建为了共享。实现共享发展,就要激发全体人民的建设热情和创造活力,使全体人民在"共建"中各尽所能,在"共享"中各得其所。只有牢牢把握共建与共享的辩证法,在全社会营造人人参与、人人尽力、人人享有的良好环境,以共享引领共建、以共建推动共享,才能厚植发展优势、凝聚发展伟力、提升发展境界。

人民是国家的主人,是推动发展的根本力量。只要我们坚持以人民为中心的发展思想,坚持共享发展理念,把增进人民福祉、促进人的全面发展作为发展的出发点和落脚点,发展人民民主,维护社会公平正义,就一定能充分调动人民的积极性,让广大人民群众在共建全面小康社会中实现共享发展。

（原载于《哲学研究》2016 年第 6 期）

共享发展的理论基础、实践追求和价值旨归[*]

党的十八届五中全会指出："共享是中国特色社会主义的本质要求。必须坚持发展为了人民、发展依靠人民、发展成果由人民共享，做出更有效的制度安排，使全体人民在共建共享中有更多获得感，增强发展动力，增进人民团结，朝着共同富裕方向稳步前进。"[①]共享发展是中国特色社会主义的核心命题，从理论、实践和价值的角度对其进行整体把握，具有重要的理论意义和现实意义。

一、共享发展的理论基础

任何一种发展理念都有其理论基础，共享发展正是基于马克思主义政治经济学的基本立场，坚持唯物史观和科学社会主义基本原则，在中国特色社会主义实践中形成和发展起来的。

（一）共享发展是马克思主义基本原理的内在要求

首先，共享发展是唯物史观"历史主体论"的根本要求。在人类思想史上，马克思恩格斯率先开创了人民群众是历史发展主体的先河。"历史活动是群众的活动，随着历史活动的深入，必将是群众队伍的扩大。"[②]历史是靠人民群众创造的，人民群众集历史的创造主体和价值主体于一身，因此，物质财富和

* 本文作者：赵汇，中国人民大学马克思主义学院教授、博士生导师；代贤萍，中国人民大学马克思主义学院。
① 《中共中央关于制定国民经济和社会发展第十三个五年规划的建议》，《人民日报》2015 年 11 月 04 日。
② 《马克思恩格斯文集》第 1 卷，人民出版社 2009 年版，第 287 页。

精神财富的创造者理当是发展成果的享有者。马克思在《神圣家族》中写道："并不是'历史'把人当作手段来达到自己——仿佛历史是一个独具魅力的人——的目的。历史不过是追求自己目的的人的活动而已。"①人民群众的实践活动和社会历史发展逻辑是一致的，人民群众的利益是马克思主义的最高道德标准。是否坚持人民群众的主体地位，是唯物史观与唯心史观的根本区别。唯心史观的典型表现是"英雄史观"，必然会导致少数人创造历史的"精英中心论"；唯物史观的精髓内核是"群众史观"，必然会形成"人民中心论"。胡锦涛指出："相信谁，依靠谁，为了谁，是否站在最广大人民的立场上，是区分唯物史观和唯心史观的分水岭，也是判断马克思主义政党的试金石。"②集"科学的社会历史观和以人为本的价值观"于一体的唯物史观是共享发展的哲学基础，是"发展为了人民，发展依靠人民，发展成果由人民共享"的理论依据。

其次，共享发展坚持马克思主义政治经济学的根本立场。马克思主义政治经济学不但揭示了经济社会发展的客观规律，而且始终站在最广大人民的根本立场上。在《资本论》中，马克思揭示了资本剥削的奥秘，以铁的逻辑论证了资本主义两极分化的必然性。经济基础决定上层建筑，资本主义生产资料私有制决定了资本主义社会是高度不平等的社会形态，因此资本主义社会不可能有真正的人民"共享"。马克思主义政治经济学认为，社会主义的生产目的是满足人民群众日益增长的物质文化需要，"保证社会全体成员的充分福利和自由的全面发展。"③为实现这一目的，必须采取相应的手段，斯大林指出："用在高度技术基础上使社会主义生产不断增长和不断完善的办法，来保证最大限度地满足整个社会经常增长的物质和文化的需要。"④这表明共享的必要前提是高度发达的生产力。关于社会财富的分配，马克思在《哥达纲领批判》中指出，受生产力发展水平和经济社会结构的制约，在共产主义第一阶段必须实行按劳分配原则，"每一个生产者，在做了各项扣除以后，从社会领回的，正好是他给予社会的。他给予社会的，就是他个人的劳动量。"⑤这是在商品等

---

① 《马克思恩格斯文集》第 1 卷，人民出版社 2009 年版，第 295 页。
② 《胡锦涛：在"三个代表"重要思想研讨会上的重要讲话》，《人民日报》2003 年 07 月 02 日。
③ 《列宁专题文集（论社会主义）》，人民出版社 2009 年版，第 381 页。
④ 《斯大林文集》，人民出版社 1985 年版，第 628 页。
⑤ 《马克思恩格斯文集》第 3 卷，人民出版社 2009 年版，第 434 页。

价交换中通行的原则,实质上只是一种"形式上的平等"。用同一把尺子去衡量情况不同的人,必然会导致"事实上的不平等","就它的内容来讲,它像一切权利一样是一种不平等的权利。"①"真正的自由和真正的平等只有在共产主义制度下才可能实现。"②只有在生产力高度发达、社会财富充分涌流的共产主义社会,才可能超越资产阶级权利的基本框架,实现"各取所需,按需分配"。共享的制度前提是共产主义,要真正实现共享发展,就要像《共产党宣言》中所论述的那样:一方面要尽可能地增加生产力的总量,另一方面要采取具体的措施,譬如征收高额累进税、促使城乡对立逐步消灭、对所有儿童实现公共的和免费的教育、把教育同物质生产结合起来等。③

再次,共享发展是科学社会主义的根本追求。实现人的解放是科学社会主义的基本原则,人人共享发展成果是"未来社会"的主要特征。马克思在《论犹太人问题》中指出:"任何一种解放都是把人的世界和人的关系还给人自己。"④无产阶级担负着解放全人类的历史使命,《共产党宣言》中指出:"过去的一切运动都是少数人的,或者为少数人谋利益的运动。无产阶级的运动是绝大多数人的,为绝大多数人谋利益的独立的运动。"⑤无产阶级只有解放全人类才能解放自己,是科学社会主义的重要论断。所谓人的解放,就是把人从自然和社会的奴役中解放出来,实现人的自由全面发展,"代替那存在着阶级和阶级对立的资产阶级旧社会的,将是这样一个联合体,在那里,每个人的自由发展是一切人自由发展的条件。"⑥"自由人联合体"是人类本质和人类关系的最高范畴,它"结束牺牲一些人的利益来满足另一些人的需要的状况……所有人共同享受大家创造出来的福利"⑦使社会全体成员的才能得到全面发展。列宁作为将科学社会主义理论付诸实践的第一人,也明确指出在新的、更好的社会里:"共同劳动的成果不应该归一小撮富人享受,应该归全体劳动者享

---

① 《马克思恩格斯文集》第3卷,人民出版社2009年版,第435页。
② 《马克思恩格斯全集》第1卷,人民出版社1956年版,第582页。
③ 《马克思恩格斯文集》第2卷,人民出版社2009年版,第52-53页。
④ 《马克思恩格斯全集》第1卷,人民出版社1956年版,第443页。
⑤ 《马克思恩格斯文集》第2卷,人民出版社2009年版,第42页。
⑥ 《马克思恩格斯文集》第10卷,人民出版社2009年版,第666页。
⑦ 《马克思恩格斯文集》第1卷,人民出版社2009年版,第689页。

受。"①共享的主体是"全体社会成员",终极目标是人的自由全面发展,这也是科学社会主义理论和实践的根本追求。

(二)共享发展是中国共产党性质和执政宗旨的根本要求

政党的性质和宗旨是其本质特性的体现,是一个政党区别于其他政党的内在规定。中国共产党是马克思主义的无产阶级政党,除了最广大人民的利益,没有自己的特殊利益。中国共产党从成立开始就将为人民谋利益作为建党的原则,从"全心全意为人民服务"的根本宗旨到"坚持以人民为中心"的发展思想,昭示着中国共产党的基本立场和执政理念。科恩在《为什么不要社会主义》中曾提出三个问题:"第一,我们追求的是什么形式的社会主义社会?第二,为什么我们想要这种社会主义?第三,我们怎样才能实现社会主义?"②这是长期困扰社会主义运动的问题,中国特色社会主义用发展实践做出了回答。毛泽东在 1955 年就提出了社会主义"共同富裕"的思想;邓小平从生产力与生产关系相统一的角度发展了"共同富裕"思想,并将其上升到社会主义本质和根本原则的高度。在新的历史时期,中国共产党进一步继承和丰富了共同富裕思想,江泽民不仅将"人的全面发展"纳入共同富裕的范畴,而且首次提出"人民共享经济繁荣成果";胡锦涛明确提出"发展成果由人民共享"的理论命题;习近平将"共享发展"提升到国家发展理念和中国特色社会主义本质的层面。从"共同富裕"到"共享发展",体现着人民主体地位原则,显示出中国共产党与时俱进的理论自觉和理论自信,深化了社会主义本质理论,体现了党的执政理念和根本宗旨。

二、共享发展的实践追求

针对全面建成小康社会的"短板",针对经济社会发展的现实诉求,共享发展坚持目标导向、问题导向和民生导向的统一,将共享发展的全民性、全面性、共建性、渐进性原则贯穿到实现全面建成小康社会和中国梦的伟大实践中。

---

① 《列宁专题文集(论社会主义)》,人民出版社 2009 年版,第 381 页。
② [英]G·A·科恩:《为什么不要社会主义》,段忠桥译,人民出版社 2011 年版,第 89 - 90 页。

（一）共享发展把实现人民福祉作为发展的根本目的

习近平强调："人民对美好生活的向往，就是我们的奋斗目标。"①发展为了人民，坚持共享发展，就是要坚持把实现人民福祉作为发展的根本目的。首先，坚持共享发展的全民性原则。贫穷不是社会主义，两极分化也不是社会主义，共享的全民性是由社会主义的本质决定的。人民既是整体的、抽象的，也是分阶层的、具体的。从个体的角度讲，共享立足于每个公民自身利益和价值的实现；从社会的角度讲，人不是抽象的存在物而是各种社会关系的总和，共享体现为各个阶层共享发展成果的整体性；拓宽共享的外延，共享还是全世界华人的共享。同时，全民共享并不意味着"均享"，而是全体公民的付出与回报成正比例的"得所应得"。

其次，坚持共享发展的全面性原则。社会发展的全面性与人的需求的全面性，决定了共享的全面性。从共享的内容看，共享既包括经济发展成果，也包括政治、社会、文化、生态等非物质发展成果。认为共享就是共享经济发展成果的观点是片面的，经济发展成果是共享内容中最重要和最基础的部分，但并不是唯一的内容。从共享的领域看，共享的对象主要是指公共产品，公共产品涵盖教育、交通、国防、大众传媒、卫生、天气等多个领域，关系着人民群众的切身利益。从共享的环节看，共享包括发展成果、发展机会与发展权利的共享。发展权利的共享是共享的先决条件，发展机会的共享是共享的关键所在，发展成果的共享是共享的必然结果与主要表现。

再次，坚持共享发展的民生导向，积极回应人民诉求。共享发展不局限于改善民生，但改善民生是共享发展的主要内容。人民群众不断提高的民生需求与单一滞后的民生供给是当前民生建设的主要矛盾。"民之所呼，政之所向"，共享发展的全民性、公正性、全面性与民生改善的普惠性、益贫性、多元性高度契合，民生"短板"是民众诉求的焦点，也是共享发展的着力点。共享发展不仅着眼于民生改善的纵向差距，更注重于民生改善的横向差距，针对发展成果流动的惯性偏好，打破发展成果共享的传统壁垒，通过增加公共服务供给、实施"精准扶贫"、促进就业创业、推进教育公平、健全社会保障、缩小收入差距、推进健康中国建设等一系列根本性举措，回应多元民生诉求。

---

① 《习近平谈治国理政》，外文出版社 2014 年版，第 4 页。

（二）共享发展坚持把紧紧依靠人民作为发展的根本动力

习近平指出："人民是历史的创造者,群众是真正的英雄。人民群众是我们力量的源泉。"①坚持共享发展,就是要坚持把紧紧依靠人民群众作为发展的根本动力。首先,坚持共享的共建性原则。共享以共建为前提,人民集共享的实践主体和价值主体于一身,共享的权利和共建的义务二者相辅相成。人民不仅追求分享利益的"获得感",也十分看重创造成果的"尊严感"。正如美国经济学家吉利斯所言："经济发展的关键因素,是人民必须是这一过程的主要参与者,这样才能带来结构的诸多变化。参与发展过程,意味着享受发展带来的利益,并且参与这些利益的生产过程。"②共享既包括结果的共享,也包括劳动过程的共享,这也是共建的实质。

其次,尊重人民群众的主体地位,充分调动人民群众的积极性。共享是建立在"劳动价值论"基础之上的,要保护和尊重人民群众的劳动和创造主体地位。共享不是纯粹从道德感出发的施舍怜悯,而是基于生产力原则的主体发扬。共享不是要培养新的寄生群体,而是在承认物质利益原则的前提下,充分调动人民群众的积极性,不断做大社会财富的"蛋糕"。经济新常态下更需要从人民群众中汲取经济发展的智慧和力量,调动人民群众参与到"大众创新,万众创业"中去的积极性,在为经济发展增添新动能的同时实现自身价值,促进社会阶层流动,为改革发展提供持久动力。

（三）共享发展坚持把实现共同富裕作为发展的根本目标

习近平指出："我们追求的发展是造福人民的发展,我们追求的富裕是全体人民共同富裕。"③发展成果必须由人民共享,坚持共享发展,就要把不断实现共同富裕作为发展的根本目标。首先,厘清共享与共富的关系,坚持共享的渐进性原则。共享与共富都是社会主义的本质要求,共享发展是对共同富裕原则的坚持和丰富。共享是有限的共享,共享水平的提高受经济社会发展水平的制约,有一个从低水平到高水平、从不均衡到均衡的过程。共享的最终目标是逐步实现共同富裕也即最高水平的共享,这不是一蹴而就的。为了更好

---

① 《十八大以来重要文献选编》上,中央文献出版社 2014 年版,第 70 页。
② ［美］吉利斯:《发展经济学》,中国人民大学出版社 1998 年版,第 7 页。
③ 《中共中央召开党外人士座谈会征求对中共中央关于制定国民经济和社会发展第十三个五年规划的建议的意见》,《人民日报》2015 年 10 月 31 日。

地实现共同富裕,可以采取阶段性的发展战略,制定共享的中长期目标,扩大中等收入群体比重。中等收入群体不断壮大,相应地会使金字塔底部的贫困人口逐步减少,不断趋近共同富裕。

其次,坚持社会主义初级阶段的基本经济制度。社会主义制度是共富共享的制度前提,社会主义公有制的主体地位决定了人民是社会财富的主人,决定了改革发展成果由人民共享的必然性。然而,当前中国社会存在着贫富悬殊、私人资本大规模存在以及国有资产大量流失等偏离社会主义根本原则的状况,劳动在财富生产和分配中不仅不占主导地位反而有逐步弱化的趋势,并衍生出一系列不平等现象。共享发展正是基于这一问题形成的理论和实践自觉,习近平指出:"公有制主体地位不能动摇,国有经济主导作用不能动摇,这是保证我国各族人民共享发展成果的制度性保证。"[①]在实践中必须坚持社会主义初级阶段的基本经济制度,坚持两个"毫不动摇",坚决阻止大规模私有化,巩固国有经济的基础地位,按照社会主义价值原则对国有经济进行战略调整,杜绝假"做大做强国有经济"之名行"国有资产私有化"之实。

再次,坚持社会主义初级阶段的分配制度。利益分配是共享的主要内容,"分蛋糕"的公正性是当前中国社会矛盾的焦点,分配问题的实质是劳资关系问题以及效率与公平的关系问题。一方面,劳动和资本的对立决定了二者的不平等,资本在生产和分配中都具有绝对优势,财富的异化主要体现为分配的异化。当前存在劳动者权益不能得到有效保障的问题,企业工会形同虚设,农民工工资时遭拖欠,随着经济文化发展水平的提高和新生代劳动者维权意识的增强,劳资矛盾有可能上升为社会的突出矛盾。另一方面,效率与公平关系是共享的关键。效率与公平并非完全相悖,在任何社会形态,效率都是公平的基础。邓小平曾做出"发展起来以后的问题不比不发展时期少"的前瞻性论断,在"未发展起来"时期,"效率优先、兼顾公平"具有积极意义和合理性,在"发展起来后"的时期,政策也必须做出相应调整,更加"注重社会公平"。坚持社会主义初级阶段的分配制度,就是要在坚持"按贡献大小"分配的同时,站在社会整体利益的角度做好"二次分配"和"三次分配",求得利益的平衡与社会

---

① 《习近平在中共中央政治局第二十八次集体学习时强调:立足我国国情和我国发展实践,发展当代中国马克思主义政治经济学》,《人民日报》2015 年 11 月 25 日。

的团结,确保全面建成小康社会"一个都不能少"。

三、共享发展的价值旨归

"一种发展理念反映着一种时代精神、实践理性和价值取向,它引导着一个国家、民族的发展潮流,对社会发展产生重大而深远的影响。"[1]共享发展贯穿着以人民为中心的发展思想,体现着公平正义的价值取向和对人的全面发展的终极追求。

(一)共享发展贯穿着以人民为中心的发展思想

在剥削社会,发展主体与发展成果享受者往往不一致,共享发展作为社会主义的本质要求,坚持人民群众是发展主体、历史主体与价值主体的统一,回答了"为谁发展,由谁享有"这个发展理念中最具根本意义的问题,体现着以人民为中心的价值取向,是马克思主义社会发展理论的核心要旨。坚持以人民为中心的发展,就是要确保"生产力归人民所有",确保科学发展以降低发展成本。共享发展既不是"为少数人发展",也不是"为发展而发展",而是果断摒弃了现实中片面追求经济增长的"不协调发展"、短期效益的"不可持续发展"、少部分人受益的"不均衡发展"以及轻视人民群众作用的"技术决定论"这些与人民群众的根本利益相违背的错误理念,追求发展的科学性与可持续性。共享发展在发展主体、发展目标、发展动力、发展布局、发展旨向等各方面贯穿着以人民为中心的红线,共享发展的价值取向也是马克思主义的价值取向。

(二)共享发展蕴含着公平正义的价值取向

习近平指出:"公平正义是中国特色社会主义的内在要求,是我们党追求的一个非常崇高的价值目标。"[2]共享发展的实质是公平正义,公平正义的一个重要取向就是人民能够共享发展成果。从共享发展的前提来看,发展是共享的必要前提,发展本身就意味着公平正义的不断提升,因为发展可以减少贫困、失业和不平等;社会主义是共享发展的制度前提,社会主义是以社会为本的社会,旨在追求全民"共享"的共同性价值,社会制度本身具有正义性。从共享发展的过程性价值来看,共享发展意味着全体社会成员能够合理而平等地

---

① 丰子义:《发展的呼唤与回应——哲学视野中的社会发展》,北京师范大学出版社2009年版,第3页。
② 《习近平总书记系列重要讲话读本》,学习出版社、人民出版社2016年版,第94页。

享受社会的经济利益、政治利益和其他利益,意味着权利的平等、机会的均等和分配的合理,在实践共享发展的过程中,体现着防止贫富分化、促进社会和谐、维护公平正义的价值取向。从共享发展的根本性价值来看,共享包括横向的代内共享和纵向的代际共享,内在地蕴含着公平正义原则,代内共享的公正是指所有公民都天然享有一切平等自由权利,体现着社会的公正;代际共享的公正是指共享的可持续性。共享不仅是一种发展理念,还是建立在一定的生产方式和分配方式之上的价值观,蕴含着公平正义的价值取向,体现着社会主义的本质属性。

(三)共享发展体现了对人全面发展的终极追求

人类社会发展是一个自然历史过程,有其内在的规律。马克思主义认为,人类社会发展的本质是促进人的全面发展,但是受生产力发展水平和人类自身认识水平的局限,往往将目的和手段本末倒置,出现发展的异化。马克思在《1844年经济学哲学手稿》中曾经论述过资本主义社会劳动异化的问题,资本主义社会的资本拜物教、商品拜物教都是异化的表现。体现在发展理念上,见物不见人的“唯GDP”发展观就是典型代表。第二次世界大战后,世界范围内的发展观先后经历了从“传统经济增长型发展观”到“以人为中心的发展观”的历史嬗变,逐步实现了从“以物为本”向“以人为本”、从“无情增长”向“有情发展”、从“排斥性增长”向“共享型发展”的转变,这符合经济社会发展规律和人类认识发展规律。共享发展理念汲取了人类发展思想的精华,认为经济社会发展与人的发展相互促进,人的发展是一切发展的最终目标,社会其他方面的发展只是人的发展的手段和条件。共享发展坚持把人的发展作为发展的终极目的,是对共产党执政规律、社会主义建设规律和人类社会发展规律的自觉遵循,是合规律性与合目的性的统一。

(原载于《理论探讨》2016年第11期)

论共享发展理念的政治伦理意蕴*

"十三五"规划建议指出:"坚持创新发展、协调发展、绿色发展、开放发展、共享发展,是关系我国发展全局的一场深刻变革。"①其中的共享发展理念,我们可以看到它具有双层含义。一方面,共享发展理念是"针对我国经济发展进入新常态、世界经济复苏低迷"②的应对策略之一,要体现在"经济社会发展各个环节"。③ 所以,它是一个经济社会发展的范畴;另一方面,共享发展理念是"中国特色社会主义的本质要求。"④共享发展注重解决的是社会公平正义问题。"⑤所以,它又是一个政治伦理的范畴。学界从前一个视角探讨的较多,而从后一视角探讨的较少。为此,我们就有必要进一步深化和研究共享发展理念的政治伦理意义,以此来促进我们对共享发展理念的深刻把握,同时,也可以更好地发挥共享发展理念对经济社会发展的作用。

---

* 本文作者:左乐平,男,中共江西省委党校哲学教研部副教授、中共中央党校哲学教研部博士生,主要研究方向为马克思主义哲学中国化。
基金项目:本文为江西省社科规划重点项目"改革开放是当代中国最鲜明的特色和中国共产党最鲜明的旗帜"(项目编号:14KS010)的研究成果。

① 《中共中央关于制定国民经济和社会发展第十三个五年计划的建议》,《人民日报》2015 年 11 月 04 日。
② 习近平:《落实创新协调绿色开放共享发展理念,确保如期实现全面建成小康社会目标》,《人民日报》2016 年 01 月 07 日。
③ 习近平:《在省部级主要领导干部学习贯彻十八届五中全会精神专题研讨班开班式上重要讲话》,《人民日报》2016 年 01 月 19 日。
④ 《中共中央关于制定国民经济和社会发展第十三个五年计划的建议》,《人民日报》2015 年 11 月 04 日。
⑤ 习近平:《在党的十八届五中全会第二次全体会议上讲话》,《求是》2016 年第 1 期。

一、问题的提出

我们之所以要提出共享发展理念的政治伦理意蕴问题,实质上是要回答共享发展理念的政治伦理关照的可能性和必要性,也即这一问题的提出具有理论的和现实的根据。

第一,理论的根据。这实际是回答共享发展理念是否是一个政治伦理概念,回答是肯定的。政治伦理是指"社会政治共同体(主要是指国家,亦包括诸社会政治共同体之间)的政治生活,包括其基本政治结构、政治制度、政治关系、政治行为和政治理想的基本伦理规范及道德意义。"①依据政治生活的不同层面划分,我们可以把政治伦理内容大致归纳为政治制度伦理、政治关系伦理、政治行为伦理和政治理想等。马克思主义作为一门探求无产阶级及其整个人类解放的科学,实质上也是政治伦理学。虽然,马克思没有单独写政治伦理学的专著,但是马克思是一个与全部社会问题有关联的"政治思想家"②,他对整个社会具有伦理关怀,且主要是从伦理关怀视角来展开工作的。所以,有学者明确指出,马克思开辟了一条真正合乎人性的人类解放之路,形成了"与资产阶级传统伦理学相异质的新型政治伦理的雏形"③。我们党把马克思主义政治伦理思想与中国的具体实际相结合,提出了中国特色的政治伦理思想。共享发展理念就是这样的政治伦理思想。因为共享发展理念反映了党的宗旨和社会主义的本质要求,注重解决整个社会的公平和正义问题,强调以人民为中心的发展思想。这一理念是我们党治国理政思想的重要组成部分。它不是一个抽象的、形而上学的东西,而是实实在在体现于"经济社会发展各个环节"④,体现于老百姓的幸福生活之中。所以,这种共享发展理念必然是蕴涵着深厚的伦理情怀的。这种伦理情怀必然要体现在共享发展理念具体化的政治制度设计、政治行为安排以及社会政治理念和理想之中。如果共享发展理念成了一个"抽象、玄奥的概念"和"止步于思想环节"的东西,那么,这种发展

---

① 万俊人:《政治伦理及其两个基本向度》,《伦理学研究》2005 年第 1 期。
② R. 博尔基:《马克思思想的形成》,蔡声宁译,《马克思主义来源译丛:第 4 辑》,商务印书馆 1983 年版,第 457 页。
③ 杨楹,卢坤:《政治:一个伦理话题》,社会科学文献出版社 2008 年版,第 337 页。
④ 习近平:《在省部级主要领导干部学习贯彻十八届五中全会精神专题研讨班开班式上重要讲话》,《人民日报》2016 年 01 月 19 日。

理念实际上就是与活生生的政治生活毫无关联，也不会对政治生活产生任何影响，更不用说对经济社会发展的促进作用了。共享发展理念缺失了政治伦理的意义和关怀，那么就会使得这一理念仅仅具有经济社会发展的"工具"维度，而没有"目的"维度，这会导致共享发展理念在理论上和实践上出现问题。就理论而言，我们可能扭曲共享发展理念的科学内涵和本质，导致我们应对经济新常态的指导思想上的偏差；就实践而言，我们可能受这种有偏差的发展理念指导进一步激发社会矛盾，导致社会公平正义缺失加剧，危及社会稳定。所以，我们从政治伦理来关照共享发展理念就显得极为必要。

第二，现实的根据。这实际是要问，共享发展理念的政治伦理意义是否具有现实的可能性。回答也是肯定的。首先，从"新常态"来看，我们需要新动力和新动能推进历史进步发展。但是，历史进步是由人的活动所导致的，那么，历史进步的动力也是由人的活动的结果所导致的。所以，"新常态"所需要的新动力和新动能也只能是由人的活动所导致。那么，关注人及其活动，实质上就是关注人的主体性和价值性，也就是极为重要了。对经济活动中人的关注是与人的政治活动紧密相关的，而不是脱节的。共享发展理念实际上就是要解决"新常态"下的人的积极性和创造性的动力问题，从而实现"两个一百年"和中华民族的伟大复兴。为此，对人的发展动力问题的解决必然需要伦理的关注，赋予其价值意蕴，而不是把人仅仅作为一种工具和手段来使用。其次，从人民群众共享改革发展成果来看，我们面临着较严重的分配不公、收入差距拉大、城乡公共服务水平差距较大的事实。很显然，这是与我们的社会主义性质和党的宗旨有一定的背离。当然，这是我们在发展过程中出现的问题，根本的原因是我们的发展不足所导致的，这依然需要我们通过发展来解决发展中的问题。但是，我们不得不承认，人民群众是没有能够有效共享改革发展成果和没有实现"使全体人民在共建共享发展中有更多获得感"[1]，这实际上涉及社会公平正义问题，而社会公平正义问题必然是一个政治伦理问题。所以，从政治伦理的视域来关照共享发展理念也是现实的必然要求。最后，从一些具体制度和体制实际情况来看，我们对政治制度的伦理关怀是不够的，或者是不

---

[1] 《中共中央关于制定国民经济和社会发展第十三个五年计划的建议》，《人民日报》2015 年 11 月 04 日。

完善的。习近平总书记在谈到共享改革发展成果时指出,我们设计的制度,还是具体实际情况,具有很多"不完善的地方",要求"作出更有效的制度安排"。① "不完善"和"更有效"等一方面表明了我们的制度与实际情况之间有差距,没有完全遵循科学性;另一方面则表明了我们的制度还没有真正做到"以人为本",也就是还没有完全达到"真正合乎人性"的制度设计,实质上就是没有完全遵循价值性。故而,具体制度和体制的设计就需要有政治伦理的关照。

总之,无论从理论上,还是从现实上来看,共享发展理念的政治伦理意义的研究都是极为必要的。

二、共享发展理念的政治伦理意义

从政治伦理视域来关照共享发展理念,那么,我们可以看到,共享发展理念实质上是一种"以人民为中心的发展思想"②,追求的是人民的美好生活和幸福生活。

1. 手段和目的的关系问题

共享发展理念的主体是人民。人民既是共创发展成果的主体,也是共享发展成果的主体。在这里,人民既是手段,又是目的;人民既是发展逻辑的起点,又是发展逻辑的终点。共享发展理念的人民价值性深刻地凸显了马克思主义的人的解放的政治价值理想。马克思恩格斯在《德意志意识形态》一文中指出,共产主义者的历史使命"在于使现存世界革命化,实际地反对并改变现存的事物"③。所以,社会历史本质上是"现实的人"的现实的活动,是一个人向"自由个性"阶段逐步前进的过程。这里的"自由个性"阶段实际上就是共产主义。马克思对人也即无产阶级政治主体的伦理关怀,在《共产党宣言》中用一句话进行了概括,那就是"每个人的自由发展是一切人的自由发展的条件"④。当然,马克思这一政治伦理理想是对资本主义社会的"反人性化"的种

---

① 习近平:《在党的十八届五中全会第二次全体会议上讲话》,《求是》2016 年第 1 期。
② 习近平:《在省部级主要领导干部学习贯彻十八届五中全会精神专题研讨班开班式上重要讲话》,《人民日报》2016 年 01 月 19 日。
③ 《马克思恩格斯选集》第 1 卷,人民出版社 2012 年版,第 155 页。
④ 《马克思恩格斯选集》第 1 卷,人民出版社 2012 年版,第 422 页。

种现象的批判而得来的。例如资本主义社会最突出的异化现象，实质上就是与人本身相背离，这种异化现象可以表现为异化劳动、消费主义、拜金主义、极端个人主义等具体形式，它们造成了"完全丧失了合乎人性的外观"①的人类社会。在资本主义社会里，人作为手段和目的是完全错位的，造成错位的深层动因主要是它的生产资料私有制。作为社会主义的中国，由于具有可以避免这种手段和目的错位现象的一定的经济政治条件，我们更需要从政治伦理视域来关注人。一方面，从维护最广大人民群众的最根本利益出发，实现全体人民朝着共同富裕的方向稳步前进。这就要求我们党制定一切的路线、方针、政策等都要代表人民的最根本利益，而且一切具体制度和体制设计都要渗透伦理关怀，一句话就是要"以人为本"。另一方面，我们在实现发展的时候，要避免发展的价值维度和人的维度的缺失。发展的价值维度，是指我们在扭住发展是硬道理的前提下，需要时时刻刻关注到发展最终是为了人自身，而不是为了人之身外之物，如唯 GDP 论和唯增长速度论等。要把发展的质和量以及价值性和科学性统一起来，其中特别是要突出发展的质和价值性，因为如果发展失去了意义和价值的关照，那么，这种发展将会是非常苍白的，也必定会成为人的解放的阻碍。发展的人的维度，在一定意义上也是发展的价值维度，但是，我们的发展是人与自然的和谐统一的发展，人的维度的发展是基于自然之上的，而不是脱离自然的，更非是通过破坏自然的方式而获得的。所以，发展的人的维度本质上是人与自然相协调的发展。

2. 共享发展理念和自由能力问题

人民共享是包含人民共创的，人民共创是人民共享的前提。没有人民共创，人民共享就会成为一句空话。一般来说，人民共创是会导致人民共享的，人民共享也一定要求人民共创，所以，人民共创和人民共享是相辅相成、不可分割的。但是，要实现人民共创共享，前提是共创共享的主体即人民具备一定的自由和能力，也就是说人民必须具有"自由个性"②，它表现为人的全面自由发展。当然，"自由个性"是共产主义发展阶段的人的自由和能力。但是，在社会主义初级阶段，这种"自由个性"可以具体表现为一定的"全面的关系""多

---

① 《马克思恩格斯全集》第 2 卷，人民出版社 1957 年版，第 45 页。
② 《马克思恩格斯全集》第 46 卷（上册），人民出版社 1979 年版，第 104 页。

方面的需求""全面的能力的体系"和"自由""权利"等。只有具备了一定的自由和能力的主体,共创共享理念才能够成为现实。

我们党对共享发展理念的认识具有一个从"共富"到"共享"的历史过程。早在新中国成立之初,我们就提出了"共同富裕"的概念,但仅仅是指物质财富方面的内涵;党的十一届三中全会之后,邓小平把"共同富裕"与社会主义本质相联系起来,这里的"共同富裕"既涉及物质文明,也涉及精神文明,但更多的是指物质文明成果;在 20 世纪末和 21 世纪初,我们党提出了"以人为本"的共享理念,"社会公平正义"的共享理念。这一共享理念不仅仅是物质财富的"共同富裕",而且也包括共创共享的自由和能力。人民主体的自由和能力才是真正实现共享发展理念的前提和基础。阿玛蒂亚·森在论述发展的时候指出,发展,实质上是自由和能力的发展。造成贫穷的根源是"实质自由"和"可行能力"的剥夺。这种"可行能力"就是指人作为人的基本生存和发展的各方面权益和自由,"即个人有理由珍视的那种生活的实质自由",①如享受教育、医疗和居住等基本的权利。所以,在阿玛蒂亚·森看来,发展,实质上就是一种自由的增长,也是人自身的发展。当然,阿玛蒂亚·森的发展自由观是建基于自由主义之上的,必然具有缺陷和不够完善的地方。但是,阿玛蒂亚·森的自由观在一定意义上也反映了马克思的政治伦理思想。马克思在《政治经济学批判(1857 - 1858 年手稿)》中按人的自由发展程度把人类社会划分为三个阶段:人依赖人的阶段、以物的依赖为基础的人的独立性阶段、自由个性阶段。自由个性阶段就是人的自由全面发展。当然,这种自由全面发展是建立在现实的人的实践活动基础上的。马克思的这一发展自由观思想,远远超越了阿玛蒂亚·森的发展自由观。所以,共享发展理念不仅是指物质财富和精神财富,而且包括物质财富和精神财富的共创共享的自由和能力。

为此,我们在实践共享发展理念的时候,必须注意以下方面:一是坚持人民的主体性。要解决共享发展的主体问题。习近平多次强调要坚持人民的主体性原则,必须回答清楚发展的目的和手段问题、发展的科学性和价值性问题、秉持"共建共享"理念的问题。习近平在主持中央政治局第 28 次集体学习时强调指出了要坚持以人民为中心的发展思想。二是坚持"兜底"思维,保障

---

① 龙静云:《共享式增长与消除权力贫困》,《哲学研究》2012 年第 11 期,第 113 - 119 页。

基本民生。习近平强调,我们的施政要特别注意坚守民生底线,实现全面建成小康社会,不让一个老百姓掉队。创造人民自由能力发展的条件,努力消除人民自由能力发展的阻碍。厘清政府、市场和社会的边界,划清资本、权力和权利行使的范围,避免三者的任意越界和任意缺位,从而保障人民共享发展的自由和能力。三是坚持共享发展主体的主动性和能动性,强调人民主体具有自我创造和共享发展成果的自由能力以及获取资源的权利能力。由此,我们需要完善共享发展主体的权利结构和能力培养。共享发展主体的主动性的发挥,恰恰是一个社会发展的根本动力。党中央提出的"五大发展理念"之一的"创新理念"就体现了人民的主动性和能动性。要真正实现创新引领发展,使创新成为推动社会历史进步的重要动力,就必须进一步完善创新主体的权利结构和能力培养。只有创新主体真正做到了自我解放,并获得了这种自我解放的能力和权利,才可以说是创新成为发展的第一动力。同样如此,共享发展理念也必须推动人民具有共创共享的自由、能力和权利等为核心的主体性的发挥。当然,我们在这里谈的共享发展理念的自由和能力是与中国特色社会主义建设实践紧密相连的,而不是脱离社会实践基础的空洞的抽象的一种自由和能力。

3. 个体自由和社会秩序的关系问题

共享发展理念涉及两个层面的内涵:一方面是共同的社会秩序,这是社会的公平正义问题;另一方面是组成共同的社会秩序的个体,这是个体自由问题。这两方面实质上是紧密相联的,是辩证统一的。

在政治伦理史上,存在着社会秩序和个体自由二者之间孰重孰轻的争论。但这只不过是学者们依据社会历史条件不同以及政治理念的差异,而只关注其中某一个方面而已。在西方学界,这种争论具体表现为政治伦理的价值目的论和政治伦理的社会道义论之间的争论。政治伦理的价值目的论,以英国功利主义为代表,它主要强调政治目的和基本价值是最高的衡量标准。政治目的和政治基本价值具有优先性,通过塑造"克理斯玛"型的政治领袖的示范效应以及强化政治行为和政治制度的实践效果等来体现出这种优先性。所以,政治伦理的价值目的论具有强烈的价值性倾向和功利主义倾向。往往在这种政治伦理的目的论的指导下,导致一定程度上泯灭了个体自由和个体权利,它看似张扬人的主体性,实质上是在一定意义上抑制了人的主体性。政治伦理的社会道义论,以罗尔斯等为代表,主要关注社会公平正义秩序和政治制度的有效性、长久性和稳定性。这种社会道义论认为,应该严格划分公共领域和私人领域,也即政治、市场和社会的范围界定。在公共领域应该保障公平正义的社会秩序,这既是维护整个人民的利益、权利和幸福,也是真正促进个人的自由、权利和能力的条件。在私人领域则应该弘扬公民的政治美德,让公民具有自由发展的不受抑制的抉择空间,也即主体性的发挥。这种政治伦理的社会道义论,强调了权力权利的清晰,但这并不能避免私人领域的极端个人主义和自由主义,以及公共领域政治责任淡化等问题的出现。所以,政治伦理的目的论和社会道义论都存在着各种缺陷。

马克思在批判资本主义的基础上,开创了一条新的人类解放道路,建构了一种新型政治伦理思想。马克思要构建的社会共同体是"每个人的自由发展是一切人自由发展的条件",本质上就揭示了个体自由("每个人")和社会秩序("一切人")之间的辩证关系。当然,马克思关于个人自由和社会秩序的辩证统一是具体的历史的,是与具体的社会历史发展阶段相适应的。在我国社会主义初级阶段,实现现代化依然是我们的主要目标,所以,一方面要注意整个社会秩序的公平正义,强调社会的稳定性和持久性,发挥政治制度的积极功能和伦理关怀,强化政府责任和权力的阳光化,培育社会主义核心价值观,形成团结一致的向心力和凝聚力。另一方面要注意个体自由和权利的一定张扬,特别是要促进个人一定自由、权利和能力的培育。因为我国依然处于社会主义初级阶段,发展生产力是我们的根本任务。只有生产力高度发达了,社会主义现代化才可以实现。在一定意义上来看,现代化实质上就是人的现代化,也就是人的一定自由度的发展。如果说没有人的现代化,那么,中国的社会主义现代化建设也就不是真正意义上的现代化。所以,共享发展理念所蕴含的个体与集体、自由和秩序的矛盾是需要我们的政治伦理关照和回应的。

4. 生产和分配正义问题

共享发展理念内含着发展成果的生产以及发展成果的分配问题,也就是常说的"做大蛋糕"和"分好蛋糕"的问题。"做大蛋糕"和"分好蛋糕"是具有紧密联系的,但二者并不是截然相等的。"做大蛋糕"并不必然导致"分好蛋糕",但是要更好地"分好蛋糕","做大蛋糕"则是前提和基础。"分好蛋糕"则有助于"做大蛋糕",当然,如果是"分好蛋糕"变成了绝对平均主义,那么,这是很难"做大蛋糕"的。但总的来说,在社会主义制度条件下"做大蛋糕"和"分好蛋糕"具有正向相关性。马克思也指出过,分配问题往往是与生产什么、如何生产等紧密联系的,而不仅仅是一个分配领域的问题,"这取决于他们进行生产的物质条件"①。我们实行社会主义制度,建立了生产资料的公有制,确立了人民当家作主的政治制度,这就决定了我们最广大人民群众在最根本利益基础上是一致的,这也决定了我们表现"自己的生命"的方式异于以生产资料的私有制为基础的资本主义社会的生活方式。但是,我们还是处于并将长期处于社会主义初级阶段,经济文化等相对而言是比较落后的。所以,这也决定了我们的生产和分配具有特定社会历史发展阶段的特殊性。

从生产而言,我们需要进一步解放思想和进一步解放社会活力,全面深化改革,完善具体的生产方式和生产体制,调整产业结构,转变经济发展方式,调整上层建筑不适应经济基础和生产关系不适应生产力的地方,从而激发人民群众的"大众创业,万众创新"的活力和积极性。同时,我们要避免生产发展中各种异化现象,如发展的"物的意义"遮蔽发展的"人的意义","小我"发展的意义凌驾于"大我"发展的意义之上,片面追求"物的发展"导致人类生存环境的恶化以及人与人之间关系的商品化等。

从分配而言,我们需要关注公平和正义,避免由收入差距过大造成两极分化,也就是习近平总书记所说的要坚决杜绝"'富者累巨万,而贫者食糟糠'的现象"②。马克思在《哥达纲领批判》中曾经论述了向社会主义过渡阶段的分配问题,这对我们具有极为重要的启示意义。马克思指出,在分配生产资料的时候,对于"共同需要的部分",我们应该提供足够的生活资料,来确保如学校等正常运转和经营。同时,我们要设计各种社会保障制度,对那些失去劳动能力的人提供各种"基金",以便能够使这部分人较好地生活下去。马克思甚至认为,在共产主义社会,我们对保障社会公平正义的这部分,应该"显著地增加",而且应该随着"新社会"的发展而"日益增加"。③ 马克思关于分配生产资料的思想,实质上揭示了一个分配正义的问题。这个分配正义问题,在社会主义初级阶段,更具政治伦理意义:一是分配制度要促进人的自由和能力的发

---

① 《马克思恩格斯选集》第 1 卷,人民出版社 2012 年版,第 147 页。
② 习近平:《在党的十八届五中全会第二次全体会议上讲话》,《求是》2016 年第 1 期。
③ 《马克思恩格斯选集》第 3 卷,人民出版社 1995 年版,第 303 页。

展,形成人的主动性和自治性;二是分配制度要有"兜底"功能,扶助各种弱势群体,使其与社会其他成员获得共同发展的能力和资格;三是分配制度要有效促进生产力的发展,促进效率的提升;四是分配制度要有"获得感"。如果人民群众在社会发展进步的过程中,没有获得实实在在的好处,没有感受到发展的喜悦,没有实现共同富裕和共同发展。那么,这种分配制度显然是存在一些问题的。只有让民众在发展中有"获得感",民众的力量才可以激发,民众的团结才可以持久,社会发展的目标才可以实现。马克思关于生产资料的分配思想是置于整个社会主义实践运动之中的,所以,马克思的分配思想也是与其生产思想紧密相连的,它们是共同服务于马克思的人的自由而全面发展这一价值理念。

党中央提出的共享发展理念,恰恰就是要解决收入分配差距过大问题,然后由此提升为解决整个社会的公平正义问题。因此,共享发展理念所内蕴的生产和分配正义问题需要政治伦理去关照。

5. 共享发展理念与幸福的关系问题

这个问题实质上是涉及共享发展理念的目的问题。那么,这种共享发展理念所追求的是什么呢? 这种追求就是习近平总书记在 2012 年 11 月 15 日同中外记者见面会上的讲话主题:"人民对美好生活的向往,就是我们的奋斗目标。"这里的"美好生活"就是我们共创共享的目的,也可以把"美好生活"概括为"幸福"。何谓幸福? 如何达致幸福? 马克思在《青年在选择职业时的考虑》一文谈到选择职业的主要目的是人类的幸福和自身的完美。但是,马克思此时并没有找到实现幸福的有效途径,直到《德意志意识形态》时期,马克思才真正找到了一条通往幸福境界的道路,那就是"现实的人"的现实的活动达到共产主义社会。在这个社会中,马克思认为可以依据自己的兴趣做打猎、捕鱼、批判和放牧等各种活动,那么个人就不是一生从事一个职业,或者一生就会一种才能,而是一个自由全面发展的人。也就是说我们可以兼做"猎人、渔夫、牧人或批判者"①。在这种活动状态中的人是最幸福的,社会也是最和谐的。这样的社会实际上是一个越过了必然世界到达自由世界的理想社会。如何实现

———
① 《马克思恩格斯文集》第 1 卷,人民出版社 2009 年版,第 537 页。

从必然王国到自由王国的飞跃呢？马克思说："工作日的缩短是根本条件。"①
所谓"工作日的缩短"，是指劳动工作日的不断缩短，自由时间不断增加，自由
王国才会繁荣，人的幸福才会真正实现。而要缩短工作日，必然需要大力发展
生产力，满足人们日益增长的物质文化需要。当然，马克思也指出缩小劳动时
间，并非缩小必然王国。因为人的需要是扩大的，那么，要满足这种需要的生
产力也会扩大，当然，必然王国也会扩大。总而言之，发展生产力、促进物质财
富的极大繁荣和人类能力的发展等，是实现人的幸福的前提条件。当然，马克
思的幸福思想是具体的历史的，不是一蹴而就的，是一个历史实践的过程。党
中央提出的人民共享发展理念实质上就是与人的幸福相关联的，是马克思幸
福思想的一个具体体现。当前，这种幸福的最大任务就是实现全体人民共同
迈进全面小康社会。这里的"小康"讲的是发展水平，这种发展是科学发展，是
"坚持以提高发展质量和效益为中心，实现更高质量、更好效率、更加公平、更
可持续的发展"②。这里的"全面"讲的是"发展的平衡性、全面性和协调性"，
全面小康是"覆盖的领域要全面，是五位一体的全面""覆盖的人口要全面，是
惠及全体人民的小康""覆盖的区域要全面，是城乡区域共同的小康"。③ 为
此，我们需要坚持共享发展，着力增进人民福祉。另外，我们在前面谈到的共
享发展理念中所蕴含的手段和目的的关系问题、自由和能力问题、个体自由和
社会秩序关系问题以及生产和分配正义问题等实质上都是解决人民的幸福生
活问题。故而，共享发展理念是内蕴着幸福的价值诉求，而幸福的价值诉求也
体现在共享发展理念之中。

三、政治伦理关照下的共享发展理念的意义

共享发展理念具有的政治伦理价值可以体现在理论意义和实践意义两个
方面。

第一，从理论意义而言，共享发展理念促进了马克思主义政治伦理思想的
丰富和发展。在政治伦理学说史中，始终存在着政治与伦理是否相联系的争
论。在希腊罗马时期，苏格拉底、柏拉图和亚里士多德等是主张政治与伦理相

---

① 《马克思恩格斯全集》第 25 卷，人民出版社 1974 年版，第 927 页。
② 习近平：《在党的十八届五中全会第二次全体会议上讲话》，《求是》2016 年第 1 期。
③ 习近平：《在党的十八届五中全会第二次全体会议上讲话》，《求是》2016 年第 1 期。

关联的、相渗透的。但是,马基雅维利却把政治与伦理相分离,强调政治是非道德的,不应该把伦理牵扯进政治。马氏的政治伦理思想实质上是一种现实主义致思路径。不过,到20世纪中期,以罗尔斯为代表的政治伦理思想家却在另外一个意义上回复到古希腊罗马的传统,政治伦理结盟成为一种时代潮流。我们反思政治伦理思想史,就可以看到其中实质上是存在着事实性和价值性的问题。这一问题在形而上学的视角中是无法获得解决的,也无法找到这种解决问题的桥梁。但是,马克思立足于实践唯物主义,从"现实的人"的现实的实践活动出发,形成了一种有别于资产阶级社会的政治伦理思想。马克思政治伦理思想具有一般的意义,所以,在中国社会主义初级阶段的条件下,马克思政治伦理思想需要进一步结合中国的具体实际来实践化,才能够解决我国在社会主义初级阶段所遇到的政治伦理问题。共享发展理念,可以说就是马克思政治伦理思想中国化的一个具体成果。共享发展理念所具有的政治伦理意蕴,在一定意义上也丰富和发展了马克思政治伦理思想。具有政治伦理意义的共享发展理念的形成过程和实践经验,具有方法论意义和普遍性意义。

第二,从实践意义而言,共享发展理念可以有效促进和形成公平正义的体制机制,构建社会主义和谐社会制度。首先,共享发展理念的政治伦理意义可以具体化和渗透到国家治理体系之中去。习近平总书记对此有深刻的阐述,具体概括而言,有这么几个方面:一是进行制度的顶层设计,科学规划,合理安排。反对各种人为因素造成的不公平不公正现象的出现,保证机会、权利、权力和起点等是平等的。二是确立了促进社会公平正义的标准。如果说没有明确的和科学的标准,那么,无论是制度设计和具体政策的实施都是盲目的。习近平指出,必须把增进人民福祉作为标准,一切体制机制以及政策等都要以这个标准来衡量和判断它们的性质和作用。三是勇于承担责任,改正错误,不是得过且过,甚至是故意隐瞒包庇。如果这样的话,只能是损害社会的公平正义,也不能"实现好、维护好、发展好最广大人民根本利益"[1]。其次,共享发展理念的政治伦理意义可以促进人的主体性的极大发展,满足人民群众不断增

---

[1] 习近平:《切实把思想统一到党的十八届三中全会上来》,《人民日报》2014年01月02日。

强的公平意识、民主意识、权利意识等要求。在一定意义上,社会发展水平的高低取决于人的主体性发展的程度,也即人的才能和文明素质等发展程度,或者说是"人的自由而全面发展"的水平。这里的人不是少数人,而是指绝大多数人。共享是指绝大多数人的共享,并且共享是人本身的自由能力全面提升。所以,共享是形成人和社会可持续发展能力的重要途径。

(原载于《中共福建省委党校学报》2017 年第 1 期)

基于联动思维的共享发展理念与实现机制[*]

　　"五大发展理念"是习近平治国理政新理念新思想新战略的重要组成部分,是以习近平同志为核心的党中央对解决中国社会主义初级阶段发展道路上所出现问题的有益探索,具有鲜明的现实性、针对性和时代性。在"五大发展理念"中,"共享发展理念"是对社会主义国家以往发展思想的突破与升华,是对我国在全面建成小康社会征程中存在障碍的积极回应。党的十八届五中全会提出:"坚持共享发展,必须坚持发展为了人民、发展依靠人民、发展成果由人民共享,作出更有效的制度安排,使全体人民在共建共享发展中有更多获得感,增强发展动力,增进人民团结,朝着共同富裕方向稳步前进"[①],体现中国共产党化解社会矛盾、促进社会公平、改善民生、增进人民福祉的行动决心。在社会发展问题复杂多样的特殊时期,要实现这个目标,需要共享发展理念切实融入制度,进而指导现实,需要转变独立作战思维,创新实现机制,探索一条切实有效的联动实现路径。

---

[*] 本文作者:何影(1975—),女,黑龙江孙吴人,吉林大学哲学社会学院,黑龙江科技大学人文社会科学院博士后流动站研究人员;教授,从事政治社会化研究;韩致宁(1990—),女,黑龙江哈尔滨人,北京大学马克思主义学院博士研究生,从事科学社会主义、国际政治经济研究。
基金项目:黑龙江省教育厅人文社会科学项目"煤矿企业和谐劳动关系的合作模式及实现机制研究"(12542247);黑龙江省哲学社会科学研究规划项目"我国社会阶层间利益共享机制研究"(14E039)。
[①] 《中国共产党第十八届中央委员会第五次全体会议公报》,《广元日报》2015年10月30日。

一、以联动思维研究共享发展理念实现的理论构架

所谓共享发展是指在国家经济发展、政治文明、社会进步、文化先进的特定时期,广大人民群众有共建机会、共享基础、共富保障的前提下,国家用以重构社会利益结构,平衡社会利益关系,调整分配结构的思想观念和制度体系。"实施共享发展的目标在于建构共享发展型社会,即人人有权参与发展并分享发展成果"①。可以说,它是在特定的社会生态环境下,为参与社会建设的人民群众能够公平享有社会发展成果,为人与社会实现全面发展而提供的价值理念和制度保障。共享发展不单是价值理念,还是制度机制。从理念形态上理解,共享发展理念是人们对社会公共资源公平分配的主观判断,是人们对以发展成果共享来促进人与社会全面发展过程的概念理解、心理认知和价值判断。从制度层面上理解,共享发展机制是保障参与社会建设的人们获得应得利益、获得公平机会和民主权利的制度保障体系。

共享发展何以联动?所谓联动是系统内外要素的交流互动,是系统内多元主体的互动耦合、多种行为的协同配合。事物联动需要其本身是一个具有各种要素的系统。从系统论角度分析,共享发展是一个复杂的系统,主要由共享发展理念、共享发展主体、共享发展制度、共享发展环境四个子系统构成。

(一)共享发展系统构成

1. 共享发展理念系统

共享发展理念蕴含对共享发展主体和客体的价值评价标准,是全面建成小康社会的进步性发展观念。自中央正式提出"五大发展理念"之后,学者们对共享发展理念的内涵和核心价值给予多种解释,比如,有学者认为:"共享发展理念具有深刻的理论内涵和科学的实践价值,集中体现了人民是推动发展的根本力量的唯物史观、党全心全意为人民服务的根本宗旨、全面小康人民共建共享的价值取向,彰显了以人民为中心的发展导向。"②实际上,共享发展作为一种全民共享式的发展理念,囊括的内容是丰富的,但归根结底来讲,都是

---

① 何雪松,杨超:《共享发展:宏观社会工作的当代取向》,《学习与探索》2016 年第 7 期,第 46 - 49 页。

② 孙肖远:《共享发展理念的理论内涵与实践价值》,《科学社会主义》2016 年第 4 期,第 71 - 76 页。

对共同富裕、共同发展、共同繁荣的美好向往,其内在价值主要包括共建共享、公平正义、民生、民享、民富、全面发展、包容普惠等要素,各要素之间交融契合、相互补充。

2. 共享发展主体系统

共享发展具有多维主体,以施动的主动性和被动性为标准,可以分为获得主体和分配主体。获得主体是社会发展成果的欲求者和接受者,主要指广大人民群众,由不同阶层、群体、个人构成。分配主体则是社会发展成果的实施主体,由政府、市场、社会等构成。追求共享发展是文明社会中多维主体的行动目标,共享发展目标的实现离不开多维主体的联动与合作,这里我们重点讨论分配主体。市场负责社会财富的一次分配,市场运行带来的分配不公需要政府和社会通过二次分配和三次分配来调节,以此促进社会资源的合理分配。

3. 共享发展制度系统

在全面建成小康社会的进程中,用以保障共享发展理念得以实现的各种制度和机制需要诠释理念的每个要素内涵。这意味共享发展理念结构要素要融入社会建设和人们生活中,促进广大人民群众的发展机会、劳动收入、社会保障、公共服务、医疗卫生、教育发展等均衡享有,需要相对应的制度机制给予保障。共享发展的制度系统囊括物质、精神和行为层面的制度体系,运行机制主要包括权利平等、公平分配、自由竞争、平等发展、保障发展等机制要素。共享发展理念的实现需要公共服务、扶贫救助、教育、就业创业、公平分配、社会保障、医药卫生等制度机制的协同创新和联动发展。

4. 共享发展社会生态系统

共享发展是社会发展的必然需求,是特定历史发展阶段的产物,它所生存的社会生态环境具有特殊性。共享发展的不同要素结构构成彼此的内部生态环境。外部生态系统主要由政治结构、社会结构、经济结构和发展模式、政府决策和行为、个体素质和机会等要素构成,各要素相互作用和影响。从政治环境看,共享发展只能在社会主义制度下得以存在和实现,即政权掌握在人民群众手里。从社会结构环境看,共享发展的最理想社会结构是"橄榄形"的,中产阶级占社会的绝大多数,社会上层和社会下层人数不多,贫富分化不明显。从经济环境看,共享发展以经济快速发展为基础,需要现代化的经济结构和发展模式支持。从国际环境看,共享发展需要和平、包容、共进的国际环境,暴力战争和政治冷战会阻断其实现。从认知环境看,共享发展既需要政府及其工作人员"全心全意为人民谋福利"的精神,也需要人民对政府的信任和支持。

(二)共享发展系统内外联动模式

共享发展是由多个子系统构成的大系统,每个子系统又包含多个要素,各子系统、各要素之间相互影响和作用。一个完整的共享发展系统本身具有结构性、层次性、动态性和开放性,其结构不是单一线性排列,而是环形网状排列。构建共享发展理念的实现模式,"要注意各个不同要素之间关系的彼此联系性、相互作用性与发挥作用时的协力性,而不能用简单的、线性的、表面的关系来代替复杂的、非线性的、深层次的关系"①对此做出判断。依据共享发展系统要素间的交互关系,可以构建共享发展系统内部联动和内外部联动两种联动模式。

1. 共享发展系统内部联动模式

共享发展系统内部联动模式表现为共享发展理念要素联动、共享发展主体联动、共享发展制度机制联动、共享发展生态环境要素联动等四个子系统的内部联动。其中,共享发展系统理念联动需要一套耦合机制、多元主体联动需要一套合作机制、多方制度机制联动需要一套合围机制、多维环境联动需要一套协同机制。

2. 共享发展系统内外部联动模式

共享发展的内外部联动是共享发展理念付诸实践的有效过程,既是不同共享发展系统各个要素的协同,也是不同共享发展子系统间的合作与共进,表现为共享发展理念与主体融合、理念与机制耦合、理念和主体与环境协同、具体运行机制与环境联动等四个内外互动模式。共享发展某一子系统与其他系统联动,其他系统可以视其为该系统的生态环境。"系统在跟环境的相互作用中获取资源,开拓生存空间,形成边界,建立同环境交换物质、能量、信息的渠道和方式,适应环境的约束,提高抗干扰能力,等等"②。无论是内部环境,还是外部环境,都会影响共享发展系统的交互方式和运作模式。

---

① 许源源,彭馨瑶:《基于系统思维的精准脱贫实施机制:一个分析框架》,《行政论坛》2016 年第 3 期,第 14 - 18 页。
② 苗东升:《论系统思维(六):重在把握系统的整体涌现性》,《系统科学学报》2006 年第 1 期,第 1 - 5 页。

共享发展每个子系统构成要素所在的位置并非固定不变,而是依据国情变化发生位置变换,也根据社会主义建设目标的实现情况发生位置调换。共享发展的联动是共享发展理念付诸实践的有效过程,既是不同共享发展系统各个要素的协同,也是不同共享发展子系统间的合作与共进。在共享发展系统要素联动过程中,耦合理论、合作理论和协同理论融合于系统要素的互动过程。共享发展系统内部协同和内外互动的网络结构可以促进共享发展系统的有序整合,避免条块分割,最终目标是要以机制合围的方式改善民生,促进社会和谐。

二、以联动思维研究共享发展理念实现的现实逻辑

"渴望发展是不言而喻的国家诉求,国家发展快慢好坏关系民族前途和人民利益。"①改革开放以来,我国经济发展速度和国民整体生活水平具有历史性突破,举世瞩目,但是在经济取得巨大成就的同时,也催生掣肘社会发展的诸多问题,政治资源、教育资源、就业机会、公共服务、社会保障等尚不能公平惠及每一位社会成员,成为我国全面建成小康社会、实现共同富裕的障碍。

(一)共享发展涉及的现实问题错综复杂

共享发展是改革攻坚期的艰巨任务。在推进共享发展过程中,出现的障碍及其生成根源是错综复杂的,发展障碍之间并不是孤立的,而是相互关联和衍生的关系,涉及领域众多、范围广泛。由此推断,要清除共享发展道路上的羁绊,依靠一种或几种思想和理念的引领,一种或几种制度和机制的改革,并不能解决这些复杂的现实难题。既然中国把共享发展理念作为治国理政新理念之一,就不能也不会将其停留在"口号"上,而是会在相关领域积极践行。为了这个理念能有效内化在现实中,需要实践主体的有力推进、制度机制的及时配合、社会生态环境的有力支撑。没有这些要素的协同与联动,理念将永远停留在思想层面,沦为空谈,无法落到实处,无法解决中国的现实问题。共享发展作为一个整体系统,面临问题带有结构性和复杂性,要高效地完成这项系统工程,需要以系统联动思维来分析问题,同时在思考解决路径时要考虑彼此的

---

① 齐卫平:《贯彻五大发展理念对党的建设提出新要求》,《理论探讨》2016 年第 3 期,第 107 – 110 页。

关联性,避免重复建设和建设脱钩等影响发展效率的现象出现。

(二)共享发展理念的联动实现存在困难

人民共建共享共发展需要有效的制度保障,理念与制度的协调共进是共享发展得以实现的基础和前提。共享发展理念实践困境的根源在于理念与实现机制步调尚不能做到高度一致,主体与环境、运行机制与环境、主体内部、运行机制内部衔接不畅,协同力度欠缺,从而导致共享发展需求与供给出现脱节,影响共享发展理念的实现速度和效果。主要表现在以下四个方面。

1. 理念要素耦合不够紧密

社会主义初级阶段预设的共享发展目标需要依照其理念指导行动。共享发展理念由多个价值要素构成,在以往的共享发展价值目标践行过程中,出发点和落脚点是人民富裕、国家富强,为此践行主体也会依照价值目标来努力。然而在实践过程中,往往理念要素的平衡协调不够理想。按照共享发展理念的本意,发展要带动共享,效率要促进公平,然而在实践过程中往往这些要素的耦合不够紧密。国民经济迅猛发展导致分配不公和贫富分化,经济发展总量的增加尚不能完全满足共享社会发展成果的物质需求,共建的贡献程度尚不能与共享份额完全匹配。凡此种种,共享发展理念要素的耦合式联动不够娴熟,尚未达到预想程度。

2. 践行主体合作不够有力

共享发展理念的践行不缺少主体,但主体之间的合作缺少主动性,同时主体整合作用发挥力度不够。政府、市场和社会作为践行共享发展的分配主体,各自在不同领域所起到的作用有所差别,政府占主导地位。"在政府占绝对主导的情况下,社会组织和市场组织被动行事"①。三方主体缺少交流平台和协商机制,对合作任务分工不明确,市场组织等着政府调控,社会组织等着政府指示。政府主导下的市场和社会不能主动寻找机会发挥自身优势,特别是社会组织在促共享发展中处于明显的边缘地位。实际上,在共享发展理念的实现过程中,政府更多的是发挥战略战术作用,政策和制度具有鲜明的普适性;市场的本质是竞争,它的作用更多的是为有能力、有竞争优势的人提供平台和

---

① 许源源,彭馨瑶:《基于系统思维的精准脱贫实施机制:一个分析框架》,《行政论坛》2016 年第 3 期,第 14 - 18 页。

空间;社会组织更多时候会在政府和市场顾及不到的个别事件中发挥自身救助功能,是对政府和市场促发展行为的补充和辅助。社会组织在民生目标的实现工作中更容易做到"精准",对全体人民共享发展成果和全面建成小康社会具有不可忽视的作用。三方主体在共享发展理念的践行中均不可或缺,为了提高主体的功用和价值,需要进一步加强合作,及时沟通,明确分工,互相补台,有效协作。

3. 制度机制协同不够明显

在共享发展理念引导下形成的制度、机制归根结底都是为实现共享发展的价值目标服务的。在共同目标指引下的制度制定和机制运行无疑具有密切关联性,它们需要整合资源、相互协同。改革开放以来,中国政府为实现共同富裕、全面建成小康社会的发展目标,在物质、精神和行为层面的制度运行体系的构建中越来越注重对权利平等、公平分配、自由竞争、平等发展、保障发展等制度机制要素内涵的吸纳和输出。政府各职能部门为之付出的努力,从中国的经济发展水平和国民生活水平的提升中可见一斑。然而,在改革攻坚期提出"共享发展理念"的实现制度和机制组合经验不足,各方面的制度机制协同不够明显。政府职能部门在制定相关政策时虽然能充分考虑本部门的职权范围和历史任务,但对相关问题涉及的其他政策了解和调研不够充分,结果可能会出现政策孤立,缺少配套,最终实施难度增大。实际上,我国践行共享发展理念,公共服务管理、扶贫救助、教育发展、就业创业、公平分配、社会保障、医药卫生事业建设之间是相互关联和影响的,目标是要形成合力不断满足人民日益增长的美好生活需要。比如,要从根源上扶助贫困,除了扶贫政策的支持,还需要教育、就业、社保、医疗卫生等配套政策的辅助。其他政策也一样,孤立的政策无法肩负实现共享发展理念的艰巨任务。目前,在共享发展系统运转中,制度机制协同不明显,主要原因在于:一是政府职能部门对共享发展的系统性和关联性没有深刻认识;二是相对封闭、孤立的工作作风禁锢了协作思维;三是职能部门间缺少主动沟通和交流。职能部门间的及时沟通、充分交流、密切配合是共享发展制度机制协同的前提和基础。

4. 外部环境调适能力不足

从生态学的角度来理解,共享发展理念的实现需要相应的萌发、生长环境,只有在适合的环境下共享发展理念,才能真正得以实现。这种社会生态环境的形成不是一朝一夕的事情,需要长期不懈地培育和改造。社会生态环境是复杂多变的,国际和国内的政治、经济、文化、社会等宏观环境均会影响共享发展相关制度的制定和机制的运行。共享发展制度和机制也会在特定时期对外界环境起到改善作用。共享发展理念的践行要同时考虑内外因素的影响,难度很大。共享发展系统内部要素之间的联动可以通过磨合相互改变达到逐渐适应,而外部影响因素并不容易掌控,其中,国际环境风云变幻,在很大程度上会影响国内的政治、经济、文化等环境。共享发展理念、主体、机制势必会受到这些外因的影响,为了促进共享发展目标的顺利实现,共享发展系统不仅要不断地调整自身状态,还要改造社会生态环境,谋求和培育适合自身生长的生态环境。这意味着,共享发展系统为了与外部环境适应,一是可以改变自身结构,调节自身状态;二是力图改变环境,创造适合自身的成长环境。这两个方面都需要提高共享发展系统,特别是主体的调适能力。目前,在推动社会发展成果共享的伟大事业中,中国政府充分结合国情,借鉴国外有益做法,使得人民生活有了大幅度提高,民主权益得到保证,幸福感强烈。然而,要实现更高的社会发展目标,中国仅仅停留在现有的调整和适应外部环境的能力上是行不通的。共享发展系统要顺利运行,需要大力提升系统主体调适外部环境的能力。

三、共享发展理念的联动实现机制

针对共享发展存在的现实难题,需要跳出传统的单一机制作用模式,以联动思路探索共享发展核心价值耦合、多元主体合作、制度机制合围、系统与环境协同的对策,从而推进共享发展理念的实现。

(一)理念耦合:核心价值联动

理念蕴含价值取向的耦合可以最大限度地发挥理念的引领作用。在协调和促进核心价值要素耦合时,重点需要弄清楚以下四种核心价值的联动关系。

1. 共建与共享联动

广大人民群众是社会发展成果的创造者、所有者或者支配者,他们有义务和权利直接或间接参与社会生产和建设,同时有权利享有社会发展成果。共建和共享互为基础,相互作用。一是共建保共享。人民大众以智力、资产、人力资本等形式提供差异化的贡献成果,无论贡献大小都有权利享有平等的发展机会、享有国家提供的公共服务。二是共享促共建。只有在充分享有应有的权利、机会和利益,在共建中有"获得感",广大人民群众才能热情饱满地投入社会主义建设中。

2. 公平与效率联动

共享发展的实现不能忽视效率与公平的联动。在做大"蛋糕"的同时,也要分好"蛋糕",这是共建基础上共享时需要重视的关键问题。一是为了能更好地共享,广大人民不但要共建"蛋糕",而且要建造出大体积高质量的"蛋糕"。"蛋糕"就是要提供给全社会共享的社会发展成果。社会发展成果可以概括为两种形态:一种是以物质形态存在的社会成果,主要包括通过劳动、资产投入创造和获得的财富收入或福利待遇,是社会财富得以继续创造的基础条件,是个人发展的基本物质保障;另一种是以精神形态存在的社会成果,主要包括政治权利和文化权益等方面内容。政治、经济、文化领域的物质财富和精神财富,具体由教育资源、就业机会、公共服务、社会保障等构成,是社会成员发展所不可或缺的。二是在考虑做大"蛋糕"的同时,还要考虑"蛋糕"的分配问题。习近平指出:"把不断做大的'蛋糕'分好,让社会主义制度的优越性得到更充分体现,让人民群众有更多获得感。"①在物质财富困乏的时候,大家也许并不十分关注分配公平问题,而当物质财富丰富但又不能各取所需的时候,大家更为关注分配公平。由于个体能力和贡献差异、所处时代和环境差异等因素的影响,以个体形式存在的社会成员所需要的发展成果和所获得发展机会、成长资源、劳动收入、各项权益的"份额"有所不同。份额的多少,并不能否定"共享"的存在,换言之,共享是以合理差异为前提的享有,而非平均享有。所谓"合理"就是要得到分享利益的所有利益主体的认可,而这种认可又是建立在公正的制度规范和程序基础上的。

3. 共享与发展联动

共享是发展的基础,发展是共享的动力,共享和发展互为依托。"按照马克思、恩格斯的构想,共产主义社会将彻底消除阶级之间、城乡之间、脑力劳动和体力劳动之间的对立和差别,实行各尽所能、按需分配,真正实现社会共享、

---

① 《习近平在省部级主要领导干部学习贯彻党的十八届五中全会精神专题研讨班上的讲话》,新华网 http://news. xinhuanet. com/politics/2016 - 05/10/c _ 128972667. htm, 2016 年 05 月 10 日。

实现每个人自由而全面的发展"①。社会主义国家共享发展的最终目标和经济社会发展的最终指向都是人的自由而全面的发展。共享和发展共生共进，经济的快速发展可以为人民提供更为丰富的物质基础，在享有社会发展成果的基础上，个人才有全面发展的机会，而个人全面发展的同时又可以增强自身的享有能力。一是国家经济水平提高，国民经济收入增加，可以为改善民生提供充足的物质资源。可以为广大人民群体提供优质的公共服务，可以解决教育、医疗、社保等享有不公提供问题，可以托住全民基本保障的底，可以解决贫困群体就业、住房等基本生活问题。二是我国在改善民生进程中从重视社会阶层间的分配公平到重视人的全面发展。把发展的出发点和落脚点都放在独立的个人上，深刻认识到国家的发展离不开人的发展，人的发展最终将促进国家的发展。三是社会中个体之间的均衡发展是社会整体发展的必要前提，共享则能为以个体形态存在的"人的全面发展"提供必要的基础。人的全面发展蕴含两个"全面"：一是发展惠及群体全面，具有普惠性；二是发展涉及的范围和对象全面，是人的一种全方位多角度的综合发展。共享与发展的联动需要全方位的政策引领和制度保障。

4. 民生与公正联动

共享发展核心价值是要从本质上改善民生、缩小贫富分化、全面建成小康社会，并要以此价值取向引领个人发展、国家富强和社会进步。民生与公正联动表现在：一是改善民生就是要解决民生需求和民生供给之间的矛盾，把发展成果更多、更公平地惠及民生改善上，让全体人民在共建共享中有更多的获得感。二是共享发展所关注的民生是全体人民的民生，更是贫困人群的民生。如果贫困人群不能从本质上脱贫，改善民生也就成为一句空话。扶助贫困人口脱贫，要从促进公平正义着手。改善民生与公正直接相关，公正是要保证人民对社会发展成果的公平享有，这并不是追求平均分配，而是对弱势群体，特别是贫困人群的关注和扶助。公正的目标是要弥补原有的社会最少受益者，政策要向他们倾斜，使全体人民拥有的社会资源更加接近，缩小贫富差距。这就是罗尔斯所说的补偿原则，即"为了平等地对待所有人，提供真正的同等的

---

① 《习近平在省部级主要领导干部学习贯彻党的十八届五中全会精神专题研讨班上的讲话》，新华网 http://news.xinhuanet.com/politics/2016 - 05/10/c_128972667.htm，2016 年 05 月 10 日。

机会,社会必须更多地注意那些天赋较低和出生于较不利的社会地位的人们。这个观念就是要按平等的方向补偿由偶然因素造成的倾斜"①。在共享发展理念的践行过程中,要改善民生,需以底线思维来帮助特殊贫困人群解决温饱问题,采取公平机制保证贫困人群享有基本社会保障,扶助他们渡过生活难关,助力他们走出贫困,让他们感受生活的幸福与美好。

(二)主体合作:政府、市场、社会联动

共享发展理念的实现需要多种分配主体良性合作。长期以来,政府主导的单一推进机制是改善民生的主要路径,共享发展仅靠政府主导机制难度很大。共享发展的实现需要政府主导机制、市场调节机制、社会救援机制等三维主体机制协同推进。市场分配更加关注效率,而非公平。政府、市场、社会共同遵循共享发展理念,发挥自身功能和特长,以开放、包容、合作、共赢的发展态度和决心攻克人民群众生存发展中的各项难题,从而实现原来仅靠单一实践主体难以达到的民生目标和社会发展目标。比如改革开放之后,我国由计划经济体制转向市场经济体制,经济体制的转变促进了经济的飞速发展,市场在社会资源分配中起主要作用,随之出现先富地区和群体,社会贫富差距不断拉大,社会公平遭遇挑战,此时需要提升政府调控力度,明确分配意向、调控政策和调节机制。同时,要发挥社会组织在社会公平中的促进和协同作用。

(三)生态协同:理念、机制与外部环境联动

共享发展理念的实现需要优化社会生态环境,促成共享系统与外部环境协同与联动。一是优化经济环境,进一步完善公有制为主体、多种所有制经济共同发展的基本经济制度,为共享发展提供制度保障,同时要保持经济发展的稳步增长,为共享发展提供必要的物质基础。二是优化民主政治环境,保障人民的参政地位和权利平等、公共资源的竞争机会公平、利益表达渠道畅通,同时要提高政府工作人员的执行能力和水平。三是优化主体认知环境,坚定对人民主体地位的认同,明确人民是社会主义发展的主体,发展的最终成果由人民共享。共享发展作为国家治理理念,需要政治决策人物保持"初心",以改善民生、促进社会发展和国家富强的坚定信念做出具有时代特征的战略部署和制度安排,以此营造良好的政治风气;需要广大民众坚定对党的信心,正确认

---

① 约翰·罗尔斯:《正义论》,何怀宏译,中国社会科学出版社1988年版,第101页。

知党和国家倡导的发展理念,认可和赞同政府改善民生、促进社会公平、实现人的全面发展制度安排,以深度的信任和满怀的期盼营造良好的民风。四是加强上述环境的协同,让认知氛围营造、经济改革和民主政治建设有机统一,步调一致,同时以国内环境的通力配合增强共享发展的适应和改造能力,从而迎接国际环境的冲击和碰撞。

总之,联动是共享发展践行的自然状态,是共享发展理念付诸实践的有效保障。面对长期形成的错综复杂的民生、就业、医疗、扶贫、教育等社会问题,要从根源上彻底解决共享发展不均衡问题,需要考虑问题的关联性,突破以往单向解决问题的思路,以政策合围和机制联动的方式来实现我国公共服务供给、教育资源分配、就业创业机会、社会保障、收入分配、医疗卫生、贫困人口生活的共享问题。

(原载于《行政论坛》2017 年第 6 期)

共享发展：马克思社会学说的当代表达[*]

在《1844 年经济学哲学手稿》(以下简称《手稿》)中，马克思通过对"共产主义思潮"的批判，指出它本质上是一种私有财产普遍化的共产主义，是以知性形而上学、思辨哲学为根基的共产主义。与此同时马克思阐述了自己的"共产主义"主张，他指出："共产主义是对私有财产即人的自我异化的积极的扬弃，因而是通过人并且为了人而对人的本质的真正占有；因此，它是人向自身、也就是向社会的即合乎人性的人的复归，这种复归是完全的复归，是自觉实现并在以往发展的全部财富的范围内实现的复归。这种共产主义，作为完成了的自然主义，等于人道主义，而作为完成了的人道主义，等于自然主义，它是人和自然界之间、人和人之间的矛盾的真正解决，是存在和本质、对象化和自我确证、自由和必然、个体和类之间的斗争的真正解决。它是历史之谜的解答，而且知道自己就是这种解答。"①在这一经典表述中，共产主义以双重规定的形式，即私有财产的积极扬弃与"自然主义＝人道主义"呈现出来。问题在于，这两者之间是什么关系？马克思为何从私有财产的积极扬弃突然转向对自然主义和人道主义的论述，而且把共产主义界定为"自然主义＝人道主义"？长期以来，理论界对此并没有给出清晰的说明，甚至把这一论断理解为马克思早期思想不成熟的表现。然而在笔者看来，这个问题关涉的正是马克思共产主

* 本文作者：范迎春，女，复旦大学马克思主义学院博士后，河南科技大学马克思主义学院副教授，主要从事马克思主义中国化研究。

基金项目：2016 年教育部人文社会科学基金项目（16YJC710007）；河南省教育厅人文社会科学项目（2017 - ZZJH - 148）；中国博士后基金第 61 批面上资助项目（2017M611468）。

① 《马克思恩格斯文集》第 1 卷，人民出版社 2009 年版。

义理论的核心所在,而今天我们所讨论的共享发展理念,恰恰切中并遵循了马克思共产主义理论的本质规定性。

一、马克思"社会"思想双重规定性的内在关联及本质内涵

在《手稿》中,马克思的共产主义思想更多的是以"社会"概念的形式出现的。在他看来,所谓"社会",它既可以用来指称作为社会关系之总和的一般意义上的社会,也可以特指人类历史发展的一个特定时期,即人和自然界、人和人之间矛盾真正解决的"共产主义社会"。马克思指出,人们在一起的"直接共同的活动和直接共同的享受"并不仅仅就是社会的活动和社会的享受;而一个人单独从事的活动都与社会密切相关,都是社会的活动。因此,在《手稿》中,马克思主要是在狭义上来运用"社会"概念的,以此指称他的共产主义思想,并据此划清与"共产主义思潮"的本质性界限。

在马克思看来,作为"社会"状态的共产主义与粗陋的或政治性质的"共产主义思潮"虽然都主张对"私有财产即人的自我异化的积极扬弃",但它们是有本质区别的。粗陋的或政治性质的"共产主义思潮"由于没有看到私有财产的积极本质和需要所具有的人的本性,因而并不能真正理解私有财产的本质。由于不理解私有财产的本质,那么在"共产主义思潮"那里,私有财产消灭实际上就是私有财产的平均化,是让每个人都变成小私有者,而不是从根本上铲除私有财产,"私有财产关系仍然是共同体同实物的世界的关系。"①

据此,马克思以追问私有财产的本质,并在追问中来界定作为"社会"状态的共产主义的本质规定性,来展开其共产主义社会学说的逻辑前提。正如有学者提出的:"我们不能抛开对私有财产本质的追问而仅仅在外在形式的意义上理解马克思的社会学说。"②只有把握了私有财产的本质,才能理解马克思共产主义社会状态之双重规定性之间的内在关联,才能真正洞悉马克思共产主义社会状态的本质内涵。那么,何谓私有财产的本质?对此,马克思有明确表述:"私有财产的主体本质,私有财产作为自为地存在着的活动、作为主体、

---

① 《马克思恩格斯文集》第1卷,人民出版社2009年版。
② 卜祥记、孙丽娟:《马克思社会学说的经济哲学分析及其当代意义》,《学习与探索》2010年第1期。

作为人,就是劳动。"①这一"劳动"就是"作为私有财产运动之结果的外化劳动",就是通常所说的"异化劳动"。可见,是异化劳动导致私有财产的产生。正如马克思指出的:"诚然,我们从国民经济学得到作为私有财产运动之结果的外化劳动(外化的生命)这一概念。但是,对这一概念的分析表明,尽管私有财产表现为外化劳动的根据和原因,但确切地说,它是外化劳动的后果,正像神原先不是人类理性迷误的原因,而是人类理性迷误的结果一样。后来,这种关系就变成相互作用的关系。"②如此一来,从根本上铲除私有财产就必须首先消灭异化劳动。于是对私有财产之本质的追问就变成了对"异化劳动"之本质的追问与分析。

然而,马克思是通过对私有财产之本质乃是异化劳动的逻辑追问导引出"自然主义=人道主义"的。这一逻辑的过渡与"异化劳动"的四重规定性密切相关。在《手稿》"异化劳动和私有财产"部分,马克思把劳动产品与劳动者相异化、劳动行为本身与劳动者相异化、人的类本质与人相异化、人与人相异化界定为异化劳动的内容。但是,如果从哲学的角度出发,人与人的异化和人与自然的异化是这四重异化的根本。因此,要积极地扬弃私有财产就必须扬弃异化劳动,其实质就是扬弃人与人、人与自然界的异化。对人与人之间异化关系的扬弃其根本就在于把人与人之间的非异化的关系呈现出来,这种和谐关系马克思称为"人道主义";对应的对于人与自然界异化关系的扬弃,和谐关系的呈现,马克思把人与自然界之间的非异化关系称为"自然主义"。由此,马克思把作为"社会"状态的共产主义界定为两个不仅内在关联而且逐步递进的规定性,即积极扬弃私有财产关系才能实现共产主义,但现实是异化劳动导致了私有财产的产生。因此要真正扬弃私有财产就必须进而扬弃异化劳动,呈现自然主义和人道主义的同一状态。

必须指出的是,即使是作为马克思批判对象的"共产主义思潮",也都已经意识到并提出了对私有财产的积极扬弃。通过对异化劳动、异化关系进一步分析得出的"自然主义=人道主义"才是马克思的共产主义社会理论与"共产主义思潮"的根本区别。也即是说,"自然主义=人道主义"的实现才是马克思

① 《马克思恩格斯文集》第 1 卷,人民出版社 2009 年版。
② 《马克思恩格斯文集》第 1 卷,人民出版社 2009 年版。

共产主义学说的根本目标,而不仅是私有财产的积极扬弃。如果说积极地扬弃私有财产不过是达成共产主义的直接前提,那么只有从根本上扬弃异化劳动才能避免私有财产的平均主义,才能真正达成"自然主义 = 人道主义"。并且,正是在"自然主义 = 人道主义"的核心论断中,我们才更为清晰地看到当代中国共产党人所提出的"共同富裕""共享发展理念"的马克思主义实质。

何谓自然主义、人道主义?自然主义是就人与自然界的异化关系的扬弃而言的。在这种状态下,自然界是作为人的对象性存在,是作为人的劳动结果和劳动产品的自然界,是人在劳动中创造出的自然界,是人的本质力量的对象化存在。因此,从我的劳动对象中,在我的劳动产品中,我看到的是我的本质。通过劳动产品的自然,看到的是生产这个产品的人,自然就是人本身,作为劳动产品的自然就是人的对象性存在。人与自然的关系,实质上就是人与作为自我对象性存在的对象之间的关系。因此,马克思不仅谈论着"自然界的人的本质,或者人的自然的本质"[1],而且明确指出:"直接的感性自然界,对人说来直接是人的感性(这是同一个说法),直接是另一个对他说来感性地存在着的人……人——就是自然界、感性。"[2]马克思把人与自然之间的这种"感性对象性关系"称为"自然主义"。所谓人道主义,是就人与人的异化关系的扬弃而言的。在这种状态中,人与人的关系不再是互为手段的异化关系,而是一种对象性的关系,是把他人当作我的对象性本质的对象性关系;也就是作为对象性的存在才能存在的自我反身关系。"这种关系还表明,人的需要在何种程度上成为合乎人性的需要,就是说,别人作为人在何种程度上对他说来成了需要,他作为最具有个体性的存在在何种程度上同时又是社会存在物。"[3]人与人之间的对象性关系被马克思称为"人道主义"。尽管自然主义与人道主义的表述从某种意义上来说似乎带有浪漫主义色彩,但它所表达的不过是人与自然界、人与人之间的和谐状态。就前者来说,它就是中国共产党人提出的生态文明理念;就后者来说,它就是共同富裕和共享发展理念。马克思对共产主义的本质性规定就是破解人与自然界、人与人之间的对抗关系,就是人与自然界、人与人之间的和谐,就是生态文明与共同富裕、共享发展。据此,笔者认为,当代中

---

① 《马克思恩格斯文集》第1卷,人民出版社2009年版。
② 《马克思恩格斯文集》第1卷,人民出版社2009年版。
③ 《马克思恩格斯文集》第1卷,人民出版社2009年版。

国共产党人所强调的共同富裕与共享发展就是马克思共产主义思想的当代呈现。

二、共享发展与共同富裕的内涵及理论关系

（一）共享发展的理论内涵

作为对中国未来发展道路的科学规划,共享发展体现了社会主义制度的价值立场和公正性。共享是全体社会成员共同享有经济、政治、文化、社会等各个方面的成果和成果之外的机会、能力、水平等。

首先,共享是一种发展理念,是从非均衡发展到多元包容的共享式发展的转型,是实现持续发展、提高党的执政能力的客观要求。改革开放 30 多年来,我国人民的物质生活水平日益提高、民主政治权益不断提升、精神文化生活日益丰富、公共服务体系建设成效显著。但社会发展领域中贫富差距拉大、文化资源不均衡、公共服务不均等等制约因素依然存在。北京大学发布的《中国民生发展报告 2016》显示,中国社会不平等现象无论从社会结构、社会阶层还是从跨城乡、跨地区的视角来看,都呈现出扩大的趋势。2014 年,全国的家庭收入基尼系数为 0.5,农村为 0.52,城镇为 0.47。可见,不仅全国的收入差距很大,城市内部和农村内部的收入差距也非常大。"以 2014 年为例,农村最高 5% 收入家庭的人均家庭年收入高达 31800 元,而农村最低 5% 收入家庭的人均家庭年收入仅为 600 元,相差 53 倍。在城镇,最高 5% 收入家庭的人均家庭年收入高达 53300 元,而最低 5% 收入家庭的人均家庭年收入仅为 1600 元,相差 33 倍。"[1]财富分配的不平等不仅影响经济的发展,也造成了一系列的社会问题。"中国在现代化进程中一方面取得了极大规模的成就,但另一方面也在抵达现代性限度之际面临最严峻的危险。这危险就是环境的解体和社会生活的解体。"[2]作为"五大发展理念"核心和归宿的共享发展理念就是在这样的背景下提出的。共享成为化解利益矛盾、推进经济社会发展转型的新理念。

其次,共享是在特定生产方式之上形成的分配方式及相应的价值观,体现了社会主义的本质和公正性。一方面,共享主体的公正性,是立足于全体社会

---

① 谢宇等:《中国民生发展报告 2016》,北京大学出版社 2017 年版。

② 吴晓明:《马克思主义哲学创新需要怎样的国际视野》,《中国社会科学报》2014 年 11 月 26 日。

成员的发展与自我实现,旨在体现每个人的利益和价值,特别关注弱势群体在财富与机会分配中的公正性。另一方面,作为共享对象的涵盖经济、政治、文化、社会层面的发展成果,也是共享机会、共享能力、共享水平的公平正义的实现。共享是全体社会成员以自我贡献为依据的共享,是有差别的共享而不是平均主义,但共享也会关注于对任何人之作为社会人的基本权利的保障,是按照人权保障基本权利的共享。

(二)共同富裕的理论内涵

共同富裕是改革开放之初,邓小平在马克思主义共同富裕思想的基础上提出的目标。所谓共同富裕是过程与结果的统一。从过程上讲,共同富裕意味着"全民共同致富",是全体人民的共同发展、共同致富的过程;从结果上看,是无阶级差别的、社会利益最大化的全体人民共同富裕,不是两极分化和"均富"。共同富裕作为社会主义本质的最终目标,是社会主义优越性的体现,具有终极价值性,但也不能忽视共同富裕在每一具体的历史发展阶段的阶段性价值,这客观要求在向共同富裕迈进的过程中,要坚持公平正义的价值取向,谨防两极分化,坚持走内外矛盾较为协调解决的共同富裕之路。共同富裕体现了生产力发展基础之上生产关系层面消灭剥削与消除两极分化的统一,是发展生产力和变革生产关系的统一。共同富裕必须坚持以社会主义制度为前提,必须坚持走中国特色社会主义道路,同现代化建设的历史过程相统一。共同富裕是社会主义物质富裕和精神富裕的有机统一,是社会发展水平的综合反映,是在不断消灭剥削、消除两极分化基础上的全体社会成员的全面发展和完善。

(三)共享发展与共同富裕之间的关系

"十三五"规划(2016—2020年)建议指出:"……使全体人民在共建共享发展中有更多获得感,增强发展动力,增进人民团结,朝着共同富裕方向稳步前进。"①共享发展理念是关于发展问题和发展规律的认识,是对共同富裕理论基于客观实践的丰富和发展,承载着理解共同富裕目标的诸多功能和意蕴。共同富裕是社会主义的根本目标和本质体现,体现了马克思主义中国化的理

---

① 《中共中央关于制定国民经济和社会发展第十三个五年规划的建议》,《人民日报》 2015年11月4日。

论成果。共同富裕昭示着现实发展的可能性空间,催生着发展的动力和理念,对现实发展具有重要的指引作用,也是衡量发展速度和质量的根本标准。共享发展理念是关于"朝着共同富裕方向稳步前进"的内在规定,是对共同富裕的一种新诠释,是理解和把握共同富裕的一种新的发展理念。共同富裕是一个具体的、现实的运动,需要具体体现在具体的理念层面来推动共同富裕的实现,共享发展理念以当下中国的客观现实为出发点,以有效的制度安排强调全体人民共享发展成果,拥有更多获得感,这就使在实现共享发展理念的具体过程中,已内在地包含着对共同富裕的具体理解。共同富裕的实现不是一蹴而就的,若干与其所处历史现实相一致的理念、策略形成的阶段性目标,共同达成共同富裕目标的实现。共享发展理念就是立足改革开放 30 多年来,发展已取得了很大成就,但是发展的问题也日益暴露的历史发展阶段,是共同富裕展开的必然结果,是对于共同富裕的历史性理解。共享发展理念是通过共享的方式将人这一主体真正置于发展过程之中,通过强调发展的人民性来改变克服以往非均衡发展的弊端,实现共享式发展,使发展真正朝着共同富裕奋斗目标迈进。共享发展理念也是先富带动后富理论的客观实践,有效地整合了先富和后富的悬殊,强调两者都要有更多的获得感,为先富带后富搭建良好的平台,最终实现共同富裕。

三、共享发展理念是马克思"社会"思想的当代表达

当马克思通过对私有财产来历的追问和对私有财产本质的分析,在人与自然、人与人关系的维度理解"社会"概念时,呈现了马克思"社会"理论的本质所在。马克思把"劳动"创生出的社会关系之一的财产关系作为连接人与自然、人与人之间关系的最为本质的关系。

财产关系是人与自然、人与人之间关系的衍生物。因此,对于"社会"的理解和未来界定就只能从现实的财产关系出发,在现实生活中来界定和把握人与自然、人与人之间的关系。在原初而非异化的意义上,人与自然、人与人的关系本质上就是感性对象性关系,因而,马克思"社会"理论中呈现的真正状态就是人与自然、人与人之感性对象性关系的社会状态。对私有财产关系的扬弃,达成的人道主义等于自然主义的人与人、人与自然、人与社会矛盾的真正解决有赖于社会结构下的社会各阶层的和谐,而社会各阶层的和谐依赖于社

会各阶层人民能够共享社会发展成果。没有社会各阶层人民共享社会发展成果下实现的各阶层之间利益的合理调整和良性互动，没有各阶层的共同富裕就不能真正地消灭私有财产。因而，中国共产党人所倡导的共同富裕理论和共享发展理念正是马克思"社会"理论所表达的人与自然、人与人之间感性对象性关系的社会状态在中国具体语境下的呈现。共享发展理念和共同富裕本质上就包含了人与自然、人与人和谐关系的建构。共享发展理念用共享来规定和理解发展，体现了发展必须立足于人与自然、人与人矛盾关系的解决，将人与自然、人与人和谐关系的建构置于发展过程和发展成果中，以验证发展的效果，最终使得发展在人与自然、人与人和谐关系建构上取得了真正适合于中国特色社会主义发展要求的规定，向着共同富裕的目标迈进。

中国共产党所倡导的共享发展理念是马克思的共产主义社会理论在当代中国的实践和发展。马克思所主张的消灭私有财产，消灭的是表现为资本的私有财产，是异化关系产生根源的私有财产，而不是要消灭那种个人依靠自己的劳动所得的、不存在剥削占有他人劳动的个人占有的私有财产。"我们绝不打算消灭这种直接供生命再生产用的劳动产品的个人占有，这种占有并不会留下任何剩余的东西使人们有可能支配别人的劳动。"①在共产主义社会中，人自我成了生成资料的主人，摆脱了物对人的奴役，也即是不论在生产上还是在分配上人和他的劳动和劳动产品保持着和谐的关系。而这一切的实现都需要生产力的高度发展提供坚实的物质基础。私有制的消灭需要以现代高度发达的生产力创造的物质财富为基础。否则个人享有充分的社会财富从而达到"自然主义＝人道主义"也只能是空想而已。当前我国正处于社会主义初级阶段，生产力水平整体不高，对于私有财产本质的认识和扬弃也应以此为基础，应该在否定中肯定地扬弃私有财产。邓小平同志从中国的具体国情出发，在新的历史前提下重新界定了社会主义本质的内涵，把实现共同富裕作为我国社会主义的根本目标，作为实现共产主义的人的自由全面发展的必经阶段，是马克思主义在中国的新应用和新发展。共同富裕的目的是全体人民对财富的享有，在此基础上实现人与自然、人与人矛盾的真正解决。

立足国际、国内的新变化，江泽民同志提出的"三个代表"重要思想坚持、

---

① 马克思、恩格斯：《共产党宣言》，人民出版社 1997 年版。

发展了共同富裕思想。实现最广大人民的根本利益是发展生产力和先进文化的归宿,实现最广大人民的根本利益与实现共同富裕具有内在的一致性。"三个代表"重要思想是实现共同富裕目标的指南。江泽民同志还把共同富裕的目标诠释为物质富裕和精神富裕、经济社会进步和人的发展,强调经济、政治、文化、社会及人自身的全面、可持续的发展不仅是党执政兴国的第一要务,也是实现共同富裕目标的第一要务。进入 21 世纪,新的阶段性特征不断出现在经济社会领域。社会公平是实现共同富裕目标的前提和题中应有之义。胡锦涛同志依据中国已达到小康社会最低要求的历史背景,指出"妥善处理效率和公平的关系,更加注重社会公平"的思想,强调坚持人民共同建设中国特色社会主义,共同享有发展成果,在注重社会公平中实现共同富裕,并提出了构建社会主义和谐社会是实现共同富裕目标的内在要求。以和谐促发展,构建实现共同富裕的社会保障机制,以实现共同富裕的理想目标。和谐社会理论形象地描述了共同富裕状态下的社会领域的具体特征,直击现实中存在的利益主体多元化、贫富差距拉大、经济社会发展失衡的现实问题,以化解社会矛盾,协调社会关系,促进发展,赋予共同富裕目标以直接的现实性,是对共同富裕理论的丰富和发展。习近平同志将共享上升到中国特色社会主义的本质要求的高度,从做大经济发展"蛋糕"向共享发展成果转轨;依靠中国共产党的领导,推动共同富裕的实现。共享发展直击发展的公平正义问题、发展中的财富创造与财富共享的矛盾,是政治体系基于对人民利益的保障,将经济发展与社会历史发展历史地逻辑地统一到增进民生福祉上来。共享作为一种手段,是化解社会矛盾,强化执政合法性的客观要求;作为一种目的,共享体现了社会主义的本质要求和价值原则。为此,要加强利益共享来保障广大人民群众的平等权利和应得利益;构建共享发展的制度保障机制,以制度的刚性确保实效;社会各个阶层达成利益均衡与集体共识,进而让共享成为主流价值观。

(原载于《河南社会科学》2017 年第 6 期)

习近平共享理念的逻辑理路[*]

党的十八大以来,在马克思主义共享思想指导下,习近平不断吸收中国传统共享文化精华和我国共享发展的理论和实践成果,围绕为什么要共享发展、为谁共享发展、共享发展什么以及如何推进共享发展,对共享的逻辑起点、理论实质、主要内容及实施路径等进行了严密的逻辑架构和系统论述,形成了融前瞻性、科学性、系统性和实践性为一体的共享思想体系,既是指导我国未来发展的重要思想,又为开创全球治理新局面提供了"中国智慧"和"中国方案"。

一、习近平共享思想的逻辑起点

党的十八大以来,习近平从多个维度论述了命运共同体这一重要命题,从国家民族命运共同体(中华民族命运共同体)、国与国的命运共同体(如中巴命运共同体)、区域内命运共同体(如中国—东盟命运共同体)到人类命运共同体,命运共同体的构建成为习近平共享思想的逻辑起点。

第一,命运共同体间平等地位的确立是催生共享发展的基点。

所谓命运共同体,是指存在着诸多差异的国家、民族、个人所组成的命运攸关、利益相连、相互依存的集合体。地位平等是命运共同体的首要特征,也是共享的基点。人类最早的命运共同体是原始社会氏族命运共同体,氏族内部之间人与人平等使成果共享成为人类最早的共享实践。阶级社会出现后,统治阶级和被统治阶级之间地位的不平等使人民不再共享,统治阶级占有更

---

* 本文作者:任荣,女,湖南理工学院马克思主义学院副教授。

基金项目:2017年度教育部人文社会科学研究规划基金课题"习近平共享思想研究"(项目编号:17YJA710022)。

多的权利,被统治阶级承担更多的义务。资本主义殖民时代来到后,殖民地宗主国和被殖民国家分别构建了各自的国家命运共同体。二战结束殖民体系消失后,现代各国通过宪法使人民的平等地位不断制度化,用法律来保障人民地位平等使国家命运共同体走向成熟。现代国家中"共同享有人生出彩的机会,共同享有梦想成真的机会,共同享有同祖国和时代一起成长与进步的机会"①成为各国人民的梦想。二战后成立的联合国,通过宪章规定了国与国之间的地位平等,奠定了"世界命运应该由各国共同掌握,国际规则应该由各国共同书写,全球事务应该由各国共同治理,发展成果应该由各国共同分享"②的基础。

第二,命运共同体之间共同的利益是推动共享发展的内在动力。

命运共同体之间有着共同的利益。习近平提出"国家富强、民族振兴、人民幸福"三者紧密相连,"国家好、民族好,大家才会好"③。国家命运共同体中国家、民族和人民的利益日益融合。国家间、区域间以及人类命运共同体之中的共同利益在全球化时代也日益凸显。马克思在《共产党宣言》中提出:"由于开拓了世界市场,使一切国家的生产和消费都成为世界性的了。……旧的、靠本国产品来满足的需要,被新的、要靠极其遥远的国家和地带的产品来满足的需要所代替了。过去那种地方的和民族的自给自足和闭关自守状态,被各民族的各方面的互相往来和各方面的互相依赖所代替了。物质的生产是如此,精神的生产也是如此。"④21世纪,全球化的推进、互联网的创造让世界的联系越来越紧密,你中有我,我中有你的地球村出现,使和平、安全、发展等成为人类共同的利益。正因为共同利益的存在,所以"大家一起发展才是真发展,可持续发展才是好发展。要实现这一目标,就应该秉承开放精神,推进互帮互助、互惠互利。……我们要将承诺变为行动,共同营造人人免于匮乏、获得发展、享有尊严的光明前景"⑤。

---

① 《习近平谈治国理政》,外文出版社2014年版,第40页。
② 习近平:《共同构建人类命运共同体——在联合国日内瓦总部的演讲》,《人民日报》2017年1月20日。
③ 习近平:《在纪念孙中山先生诞辰150周年大会上的讲话》,人民出版社2016年版,第11页。
④ 《马克思恩格斯选集》第1卷,人民出版社1995年版,第276页。
⑤ 《习近平在联合国成立70周年系列峰会上的讲话》,人民出版社2015年版,第17页。

　　第三,命运共同体面临的共同危机是共享发展的外在动力。

　　危机包含着危险和机会,危机带来的巨大压力也是社会发展、人类生活发生巨大转型的重要外在动力。命运共同体的建构与共同的危机紧密相连。以中国为例,正是近代中华民族的危机使两千多年的封建等级社会被打破,保家卫国的平等、国破家亡的危机催生了中华民族命运共同体。人类命运共同体的构建也与解决人类面临的危机紧密相关。当前人类社会面临着日益增多的全球性问题,巨大的贫富差距、恐怖主义肆虐、生态环境恶化、毒品走私以及跨国犯罪等层出不穷,都与缺乏共享造成的危机紧密相连。正如英国古典经济学家亚当·斯密曾经指出的,"如果一个社会的经济发展成果不能真正分流到大众手中,那么它在道义上将是不得人心的,而且是有风险的,因为它注定要威胁社会稳定"①。习近平提出解决人类发展的困境需要共享发展,"国与国之间一荣未必俱荣,但一损俱损却是不争的客观事实。一幕幕血腥的事实提醒我们,求解人类的安全困境绝非一国所能应对"②,要让和平的薪火代代相传,让发展的动力源源不断,让文明的光芒熠熠生辉,就要构建人类命运共同体,实现共赢共享。

二、习近平共享思想的理论实质

　　命运共同体间平等的地位使每个主体都获得了平等的发展机会,满足属于自我的客观的需要或利益,是天经地义、客观必然的。这种自利性或利己性并不代表自私自利,不代表忽视利益的分享。但近代以来自我中心主义发展观错误地将"为我性"滥用为"唯我性",导致了人类发展的种种危机。"今天我们所遇到的社会问题以及人与自然的关系问题,都是由近代以来的自我中心主义造成的。"③因此,走出自我中心主义,促进以人民为中心的共生主义发展,推进现代公平正义成为习近平共享思想的理论实质。

　　第一,共享发展是以人民为中心的共生主义的发展。

　　自我中心主义是全球化时代西方主导的主要发展模式,它将自我置于至

---

①　[英]亚当·斯密:《道德情操论》,安徽教育出版社 2008 年版,第 115 页。
②　梁周敏、姚巧华:《"人类命运共同体"与共同利益观》,《光明日报》2016 年 10 月 2 日。
③　张康之、张乾友:《从自我到他人:政治哲学主题的转变》,《马克思主义与现实》2011年第 3 期。

上性地位,始终追求自我利益的最大化,甚至不惜损害他人或自然的利益或权益来实现自我利益。自我中心主义影响下的社会成员整体或集体意识缺乏,凝聚力极弱,社会运行成本大大增加,社会的整体安全性能慢慢降低,从而使现代社会出现了"纵""横"两维社会关系的对立和扭曲。在纵向关系上自我中心主义主张的自我利益最大化,"把还应属于子孙后代的生存资源或资料提前拿来为我所用,从而损害了子孙后代的利益,把他们逼入了生存的困境"①,导致了代际的不公正;在横向上自我中心主义"把属于别人的或别的主体的资源据为己有,或以别的主体的利益的受损为代价来满足自我的需求,实现自我的利益,从而导致了横向社会关系的紧张和对立"②。

因此,要走出世界观上的唯我化、利益观上的自私化以及在方法论上"走我的路,让别人无路可走"的自我中心主义困境,从局域的、眼前的角度认识世界、追求发展,走向以相互依存的整体性的角度认识世界并推动发展;要变国与国、人与人、人与社会之间的竞争或斗争的对立关系为相互依存、互利共荣的既对立又统一的关系。在一个国家内,要使人民"共同享有人生出彩的机会,共同享有梦想成真的机会,共同享有同祖国和时代一起成长与进步的机会"③。在全球治理中要"扩大合作、共同发展"。从而在共存、共利、共进、共荣中实现共享发展。

第二,共享发展是以人民为中心的现代公平正义的发展。

习近平指出:"共享发展注重的是解决现代公平正义问题。"④公平正义是由一定的经济关系及所产生的利益关系决定的,既表现为法律又表现为伦理的价值观念,具有阶级性和历史性。马克思恩格斯设想的代替资本主义的未来公平正义社会是要"把生产发展到能够满足所有人的需要的规模;结束牺牲一些人的利益来满足另一些人的需要的状况;彻底消灭阶级和阶级对立;通过消除旧的分工,通过产业教育、变换工种、所有人共同享受大家创造出来的福利"⑤。马克思主义者反对过去的一切为少数人的运动,以为绝大多数人的、

---

① 邱耕田:《自我中心主义走向共生主义》,《学习与探索》2015 年第 10 期。
② 邱耕田:《自我中心主义走向共生主义》,《学习与探索》2015 年第 10 期。
③ 《习近平谈治国理政》,外文出版社 2014 年版,第 40 页。
④ 习近平:《在党的十八届五中全会第二次全体会议上的讲话(节选)》,《求是》2016 年第 1 期。
⑤ 《马克思恩格斯选集》第 1 卷,人民出版社 1995 年版,第 243 页。

为绝大多数人谋利益的无产阶级的运动为目标。因此,习近平批判了"富者累巨万,而贫者食糟糠"的少数人独享,他提出不断实现共享的公平正义是现阶段最有实际价值的公平正义。要坚持以人民为中心的发展思想,让发展成果更多、更公平、更全面地惠及全体人民,要以增进人民福祉、朝着共同富裕方向、促进人的全面发展为目标,习近平提出"要推动变革全球治理体制中不公正不合理的安排"①,"数百年来列强通过战争、殖民、划分势力范围等方式争夺利益和霸权逐步向各国以制度规则协调关系和利益的方式演进。现在,世界上的事情越来越需要各国共同商量着办,建立国际机制、遵守国际规则、追求国际正义成为多数国家的共识"②,"特别是要增加新兴市场国家和发展中国家的代表性和发言权,推动各国在国际经济合作中权利平等、机会平等、规则平等,推进全球治理规则民主化、法治化,努力使全球治理体制更加平衡地反映大多数国家意愿和利益"③。

三、习近平共享思想的主要内容

立足于命运共同体对共享的要求,习近平对以人民为中心的共享主体、共享领域、共享原则和共享进程进行了系统的论述,共享思想的内容不断夯实。

第一,确立了全民是共享的主体。

全民是指全体人民,即所有为发展做了贡献的人。在国家存在的条件下全民首先是作为国家公民的全体人民。习近平提出国家内各阶层、各民族、各地区的人民都要享受改革发展的成果,而不是一部分人或少数人分享改革发展的成果。"我们追求的发展是造福人民的发展,我们追求的富裕是全体人民共同富裕"④,"我国全面建成小康社会的目标就是不能让任何一个地区、任何

---

① 《习近平在中共中央政治局第二十七次集体学习时强调:推动全球治理体制更加公正更加合理为我国发展和世界和平创造有利条件》,《人民日报》2015 年 10 月 14 日。
② 《习近平在中共中央政治局第二十七次集体学习时强调:推动全球治理体制更加公正更加合理为我国发展和世界和平创造有利条件》,《人民日报》2015 年 10 月 14 日。
③ 《习近平在中共中央政治局第二十七次集体学习时强调:推动全球治理体制更加公正更加合理为我国发展和世界和平创造有利条件》,《人民日报》2015 年 10 月 14 日。
④ 习近平:《征求对中共中央关于制定国民经济和社会发展第十三个五年规划的建议的意见》,《人民日报》2015 年 10 月 31 日。

一个民族落下"①。在全球治理新时代,全民还有一个更大的范围,即世界各国人民。世界多极化、经济全球化、社会信息化、文化多样化催生了大发展大变革大调整时代,世界各国之间的联系从来没有像今天这样紧密,世界人民对美好生活的向往也从来没有像今天这样强烈。因此,在 G20 杭州峰会时习近平提出要共同制定落实全球 2030 年可持续发展议程行动计划,支持非洲和最不发达国家工业化、提高能源可及性、发展普惠金融、鼓励青年创业等方式,减少全球发展不平等和不平衡,使各国人民共享世界经济增长成果。全民共享的第三个维度是代际之间的人民共享。习近平高度重视人类存在的可持续性,提出共享的主体需要超越当代人的局限,要通过绿色发展使当代的发展不以损害后代人的发展为代价。

第二,确定了全面共享的领域。

习近平提出全面共享涉及经济、政治、文化、社会、生态多个领域。在经济共享上提出所有的人都应该共享人类创造的物质财富。首先体现为消除贫困。在中国,提出要精准扶贫,把扶贫攻坚抓紧抓准抓到位,在 2020 年实现现有 7000 万贫困人口全部脱贫的目标。在全球治理中,他在 2015 年世界减贫与发展高层论坛上提出了"共建一个没有贫困、共同发展的人类命运共同体"的倡议,积极支持联合国《2030 年可持续发展目标》确立的世界减贫事业。其次高度重视缩小收入差距。2020 年我国全面建成小康社会,设立了将衡量贫富差距的基尼系数控制在 0.4 范围之内的目标。针对全球基尼系数处在 0.7 左右高位,超过了公认的 0.6"危险线"的现状,他警示世界长期发展不可能建立在一批国家越来越富裕而另一批国家却长期贫穷落后的基础之上,提出要改变那种以邻为壑、转嫁危机、损人利己的既不道德也难以持久的做法,主张每个国家在谋求自身发展的同时,要积极促进其他各国共同发展,从而不断缩小发展差距。

在政治共享上高度重视平等的政治地位和民主的治理方式。在人与人之间,习近平提出"任何人都没有法律之外的绝对权力"②,要保障人人享有平等的政治地位,通过依法治国、依法执政、依法行政不断推进了国家治理体系和

---

① 习近平:《解放思想真抓实干奋力前进,确保与全国同步建成全面小康社会》,《人民日报》2016 年 7 月 21 日。

② 《习近平谈治国理政》,外文出版社 2014 年版,第 388 页。

治理能力现代化来更好保障人民的共享发展权利。在国与国之间，"各国和国际司法机构应该确保国际法平等统一适用，不能搞双重标准，不能'合则用、不合则弃'，真正做到'无偏无党，王道荡荡'"①。习近平积极宣扬和落实 1986 年联合国通过的《发展权利宣言》，坚守主权平等、相互依赖、互利合作、人权发展权利平等原则，提出"世界的命运必须由各国人民共同掌握，世界上的事情只能由各国政府和人民共同商量来办，世界各国不分大小、强弱、贫富，都是国际社会的平等成员，应该共同推动国际关系民主化"②。

在文化共享上提出尊重差异，促进交融，实现"美美与共、天下大同"。要大力繁荣文化艺术、发展教育，使每个人更好共享人类文化发展成果，既要尊重差异，又要让人人都有人生出彩的机会。对于世界各国文明发展，他提出"物之不齐，物之情也"，"人类文明多样性是世界的基本特征，也是人类进步的源泉"③，"不同历史和国情，不同民族和习俗，孕育了不同文明，使世界更加丰富多彩"④，"每种文明都有其独特魅力和深厚底蕴，都是人类的精神瑰宝"⑤。不存在十全十美的文明，也不存在一无是处的文明，因此要尊重各文明之间的平等，不独尊某一种文明或者贬损某一种文明，推进文明交流互鉴。

在社会共享上提出要通过循序渐进改善民生，促进社会和谐。党的十八大后，我国通过大力发展教育使学有所教、推进健康中国建设使病有所医、推动养老事业多样化发展使老有所养、推动就业和维护劳动者权益使劳有所得、多渠道推进住房建设使住有所居，民生建设取得的巨大成就使共享变为和谐社会推进的重要动力。习近平也高度重视国际社会中发展中国家民生的改善，他提出国际社会各国要秉持义利相兼、以义为先的原则，帮助发展中国家建设更多民生项目。

① 习近平：《共同构建人类命运共同体——在联合国日内瓦总部的演讲》，《人民日报》2017 年 1 月 20 日。
② 习近平：《世界命运须由各国人民共同掌握》，《人民日报》海外版 2014 年 7 月 15 日。
③ 习近平：《共同构建人类命运共同体——在联合国日内瓦总部的演讲》，《人民日报》2017 年 1 月 20 日。
④ 习近平：《共同构建人类命运共同体——在联合国日内瓦总部的演讲》，《人民日报》2017 年 1 月 20 日。
⑤ 习近平：《共同构建人类命运共同体——在联合国日内瓦总部的演讲》，《人民日报》2017 年 1 月 20 日。

在生态共享上倡导共同保护资源环境,推进绿色低碳发展。习近平指出:"人与自然共生共存,伤害自然最终将伤及人类。空气、水、土壤、蓝天等自然资源用之不觉、失之难续。工业化创造了前所未有的物质财富,也产生了难以弥补的生态创伤。"①"我们不能吃祖宗饭、断子孙路,用破坏性方式搞发展。绿水青山就是金山银山。我们应该遵循天人合一、道法自然的理念,寻求永续发展之路。"②因此,要大力宣扬和遵循天人合一、道法自然的理念,牢固树立保护生态环境就是保护生产力、改善生态环境就是发展生产力的意识,倡导绿色、低碳、循环、可持续的生产生活方式,走出消费主义的陷阱,坚持节约资源和保护环境的基本国策,像保护眼睛一样保护生态环境,像对待生命一样对待生态环境,形成绿水青山就是金山银山理念,努力保护良好生态环境这个最公平的公共产品和最普惠的民生福祉。

第三,提出了共建共享的原则。

习近平指出,共建与共享联系紧密,共建是共享的基础和前提,共享则是共建的目的和归宿。因为人民是历史的创造者,是我们的力量源泉,所以共享发展首先需要人人参与、人人尽力,人人为发展贡献自己的力量。没有人民支持和参与,任何改革都不可能取得成功,无论遇到任何困难和挑战,只要有人民支持和参与,就没有克服不了的困难。众人拾柴火焰高、众人划桨开大船,充分调动人民群众的积极性、主动性、创造性,各施所长,各尽所能,把各自的优势和潜能充分发挥出来,才能聚沙成塔,积水成渊,举全民之力,做大做好蛋糕为共享创造物质基础。也正是因为劳动人民是一切物质财富和精神财富的创造者,所以要让建设成果更多更公平惠及人民,要让社会劳动所创造的财富为人民所掌握,用以满足人民群众日益增长的物质文化生活需要。没有共建的实践,就不会有实现共享的预期,反之,没有共享的体验,就难以激发共建的动力。因此,要通过共建夯实共享的根基,要通过共享激发共建的动力。不能只想共享而不共建,只要求权利不履行义务,也不能只重共建和义务,轻共享和权利。

---

① 习近平:《共同构建人类命运共同体——在联合国日内瓦总部的演讲》,《人民日报》2017 年 1 月 20 日。

② 习近平:《共同构建人类命运共同体——在联合国日内瓦总部的演讲》,《人民日报》2017 年 1 月 20 日。

第四,明晰了共享的渐进过程。

习近平指出:"一口吃不成胖子,共享发展必将有一个从低级到高级、从不均衡到均衡的过程,即使达到很高的水平也会有差别。"①共享发展首先体现在生存型共享,即在共享的起步期,生产力发展水平较低条件下,强调机会公平下摆脱贫困,保障人们享有基本的生产和生活资料条件。发展型共享是随着整体社会生产力水平提高,发展程度不断向前形成的共享的范围和层次进一步提高的较高层次共享。即在通过公共制度和政策有效解决现实问题的基础上,为个体的物质生活和精神生活发展积累可持续性条件,直接提升社会发展质量,推动个体与社会向全面发展的目标趋近。习近平提出,我们要立足国情、世情,立足经济社会发展水平来思考设计共享政策,正确处理当前和长远的关系,尽力解决当前必须和能够解决的民生问题,"既不裹足不前、铢施两较、该花的钱不花,又充分考虑各方面的条件和可承受能力,也不好高骛远、寅吃卯粮、口惠而实不至"②。要坚定信心、积极作为、真抓实干,根据现有条件把人民需要办、且能办得到的事做实做好,又要积极创造条件,努力解决人民群众急需的、却一时难以办到的问题,积小胜为大胜。

四、习近平共享思想的实践路径

习近平强调共享不仅仅停留在理论的建构上,更要注重推进实践,关键在于行动。因此要大力宣扬共享理念、不断完善共享制度,在大国引领下推进改革创新,实现共享发展的知行合一。

第一,弘扬平等和互惠理念,使共享发展获得足够的话语权。

平等是人类走向现代文明的重要宣言,1776 年美国的《独立宣言》提出"人人生而平等",1789 年法国的人权宣言进一步宣称"在权利方面,人们生来是而且始终是自由平等的"。但近代以来平等的理念却并没有真正得到弘扬,强国掠夺弱国、富人侵占穷人,导致了世界经济社会发展的极大差距。因此,习近平指出,"我们要随时随刻倾听人民呼声、回应人民期待,保证人民平等参

---

① 习近平:《在省部级主要领导干部学习贯彻党的十八届五中全会精神专题研讨班上的讲话》,人民出版社 2016 年版,第 27 页。

② 习近平:《在省部级主要领导干部学习贯彻党的十八届五中全会精神专题研讨班上的讲话》,人民出版社 2016 年版,第 27 页。

与、平等发展权利,维护社会公平正义,在学有所教、劳有所得、病有所医、老有所养、住有所居上持续取得新进展,不断实现好、维护好、发展好最广大人民根本利益,使发展成果更多更公平惠及全体人民,在经济社会不断发展的基础上,朝着共同富裕方向稳步前进"①。在全球治理中提出要坚持主权平等,推动各国权利平等、机会平等、规则平等,提高新兴市场国家和发展中国家的代表性和发言权。他指出,"东南亚朋友讲'水涨荷花高',非洲朋友讲'独行快,众行远',欧洲朋友讲'一棵树挡不住寒风',中国人讲'大河有水小河满,小河有水大河满'"②,只有合作共赢才能办大事,办好事,办长久之事。在当今世界国与国之间、人与人之间存在较大的不平等,因此,习近平提出要"从平等分配出发,使更有利者在任何情况下都不应以有损于更不利者变得更好的方式而变得更好"③。有效维护最不利者的最大利益,要从零和游戏、你输我赢、赢者通吃的自我中心主义发展观中走出来,"结束牺牲一些人的利益来满足另一些人的需要的状况"④,"要摒弃零和游戏、你输我赢的旧思维,树立双赢、共赢的新理念,在追求自身利益时兼顾他方利益,在寻求自身发展时促进共同发展"⑤。要在竞争中合作,在合作中共赢,"不能这边搭台、那边拆台,要相互补台、好戏连台"⑥,从而"共同增进全人类福祉"⑦。

第二,建构公平正义的制度体系,为共享发展提供制度保证。

罗尔斯提出正义的对象是社会的基本结构——即用来分配公民的基本权利和义务、划分由社会合作产生的利益和负担的主要制度⑧。制度建设具有根本性,如何在全体人民共同奋斗、经济社会不断发展的基础上,通过制度安排,

① 《习近平谈治国理政》,外文出版社 2014 年版,第 41 页。
② 习近平:《迈向命运共同体 开创亚洲新未来——在博鳌亚洲论坛 2015 年年会上的主旨演讲》,《人民日报》2015 年 3 月 29 日。
③ [美]罗尔斯:《作为公平的正义——正义新论》,上海三联书店 2002 年版,第 202 页。
④ 《马克思恩格斯选集》第 1 卷,人民出版社 1995 年版,第 243 页。
⑤ 《习近平在中共中央政治局第二十七次集体学习时强调:推动全球治理体制更加公正更加合理为我国发展和世界和平创造有利条件》,《人民日报》2015 年 10 月 14 日。
⑥ 习近平:《弘扬和平共处五项原则 建设合作共赢美好世界——在和平共处五项原则发表 60 周年纪念大会上的讲话》,人民出版社 2014 年版,第 9 页。
⑦ 《习近平出席 2016 年二十国集团工商峰会开幕式并发表主旨演讲》,《人民日报》2016 年 9 月 4 日。
⑧ [美]罗尔斯:《作为公平的正义——正义新论》,上海三联书店 2002 年版,第 10 页。

依法保障人民权益,让全体人民依法平等享有权利和履行义务是共享发展的首要任务。习近平高度重视革除身份不公平、权利不公平、机会不公平的制度,提出要加快完善体现权利公平、机会公平、规则公平的法律制度。要推动变革全球治理体制中不公正不合理的安排,推动各国在国际经济合作中权利平等、机会平等、规则平等,推进全球治理规则民主化、法治化,努力使全球治理体制更加平衡地反映大多数国家意愿和利益。他也高度重视推进消除贫困、缩小收入差距、保障民生的制度建设,提出要坚持普惠、持久、有效三条建设原则以切实推进共享。"普惠"即要让每一个人的基本生活都要得到保障,不管每个人禀赋、能力、业绩、机遇如何,社会应该提供基本生活保障。"持久"即改善民生要尽力而为、量力而行,既不为了取悦于民、取票于民,不切实际地在社会福利上作高承诺,又不使共享发展停滞不前,而是持久推进。"有效"即要通过积极行动分阶段有针对性改善民生,使民生建设获得实实在在的成果。

第三,推进改革创新,为共建共享提供不竭的动力。

全面深化改革和推动创新发展,既是决定当代中国命运的"关键一招"和引领中国发展的第一动力,也是中国发展取得巨大成果的成功经验。习近平指出:"要把促进社会公平正义、增进人民福祉作为一面镜子,审视我们各方面体制机制和政策规定,哪里有不符合促进社会公平正义的问题,哪里就需要改革;哪个领域哪个环节问题突出,哪个领域哪个环节就是改革的重点。"[①]对一个国家如此,对全球发展亦是相同。改革需要不断创新,创新驱动发展战略成为时代的必然选择。创新驱动发展战略首先应注重的是要治理体系的创新,这是共享发展制度保障的基础。要对由于制度安排不健全造成的有违公平正义的问题抓紧解决,更好实现好、维护好、发展好广大人民的根本利益。习近平指出,要支持多边贸易体制,按照共同制定的规则办事,充分发挥各个国家和个人的潜力,在政策沟通、设施联通、贸易畅通、资金融通、民心相通之中不断促进共建实现共享。另一方面要通过技术创新从根本上打开增长之锁的钥匙。习近平指出,与以往历次工业革命相比,第四次工业革命是以指数级而非线性速度展开。我们必须在创新中寻找出路。只有敢于创新、勇于变革,才能突破世界经济增长和发展的瓶颈。要共同为世界经济增长发掘新动力,充分

---

① 《习近平谈治国理政》,外文出版社 2014 年版,第 97 页。

利用互联网为核心的新一轮科技和产业革命时机,发展人工智能、虚拟现实等新技术,实现虚拟经济与实体经济的结合,为世界经济发展注入了新的增长源泉,他指出:"研究表明,全球95%的工商业同互联网密切相关,世界经济正在向数字化转型。我们要在数字经济和新工业革命领域加强合作,共同打造新技术、新产业、新模式、新产品。"①为人类创造更多的财富,也为发展中国家提供更多的发展机会,从而为共享发展提供更多的条件。

第四,抓住关键少数的责任担当,为共享发展目标实现提供保证。

习近平指出,为政之要,唯在得人;治国理政,关键在人。关键少数就是在发展中具有领导一方、带动一方重要作用的少部分国家和个人。在国内这个关键少数是领导干部,在全球治理中这个"关键少数"是大国和发达国家。新发展理念要落地生根、变成普遍实践,关键少数发挥着重要作用。关键少数既需要通过高效的服务和管理推进生产力发展,为共享发展创造物质基础,也需要通过共享制度的完善和执行使共享的底线得到切实保障,从而使共享的目标不断实现。在全面建成小康社会的新阶段,习近平指出:"我们要坚定信心、扎实工作,坚决打赢脱贫攻坚战,切实关心和扶持各类困难群众,努力建成人民群众满意、高质量的小康社会。"②在国际事务中习近平提出各国体量有大小、国力有强弱、发展有先后,各国尤其是发达国家要有得其大者可以兼其小的气度和胸怀,大国对小国要平等相待,走出唯我独尊、强买强卖的霸道,更多关心小国弱国的发展。还提出关键少数既要把准方向自觉从全局高度谋划推进改革,敢于担当,亲力亲为、又要做到率先垂范,抓实工作,做到实事求是、求真务实。所谓"教者,效也,上为之,下效之",只有关键少数发挥作用才能善始善终、善作善成。中国正在充分发挥自己的担当和责任。习近平指出:"中国经济增长是世界经济增长的重要动力……中国愿意为推动世界经济增长做出更大贡献、发挥更大作用。"③一方面引领建设丝绸之路经济带、21世纪海上丝绸之路、亚洲基础设施投资银行、丝路基金等,为世界经济发展做出自己的贡献。另一方面加大对发展中国家的扶持,注重和发展中国家分享发展的成果。

① 习近平:《坚持建设开放型世界经济大方向》,《人民日报》海外版2017年7月8日。
② 习近平:《在学习〈胡锦涛文选〉报告会上的讲话》,《人民日报》2016年9月30日。
③ 习近平:《推动创新发展 实现联动增长——在二十国集团领导人第九次峰会第一阶段会议上的发言》,《人民日报》2014年11月16日。

2015 年 9 月,习近平宣布设立 20 亿美元的"南南合作援助基金",增加对最不发达国家的投资,免除一系列国家债务;2016 年向叙利亚、约旦、黎巴嫩、利比亚、也门人民提供 2.3 亿元人民币人道主义援助;2017 年习近平宣布,将在未来 3 年向参与"一带一路"建设的发展中国家和国际组织提供 600 亿元人民币援助,向沿线发展中国家提供 20 亿元人民币紧急粮食援助,向南南合作援助基金增资 10 亿美元,在沿线国家实施 100 个"幸福家园"、100 个"爱心助困"、100 个"康复助医"等项目①。大国担当,将成为共享发展的重要引导力。

(原载于《毛泽东研究》2017 年第 5 期)

---

① 习近平:《携手推进"一带一路"建设——在"一带一路"国际合作高峰论坛开幕式上的演讲》,《人民日报》2017 年 5 月 15 日。